CSSCI 来源集刊

南大商学评论

Nanjing Business Review

51

2020-17(3)

图书在版编目（CIP）数据

南大商学评论．第51辑 / 刘志彪主编．—北京：经济管理出版社，2020.11
ISBN 978-7-5096-7459-8

Ⅰ.①南…　Ⅱ.①刘…　Ⅲ.①中国经济—文集　Ⅳ.①F12-53

中国版本图书馆CIP数据核字（2020）第248705号

组稿编辑：胡　茜
责任编辑：胡　茜　杜奕彤　杜羽茜
责任印制：黄章平
责任校对：董杉珊

出版发行：经济管理出版社
（北京市海淀区北蜂窝8号中雅大厦A座11层　100038）
网　　址：www. E-mp. com. cn
电　　话：（010）51915602
印　　刷：唐山昊达印刷有限公司
经　　销：新华书店
开　　本：880mm×1230mm /16
印　　张：13.75
字　　数：274千字
版　　次：2020年12月第1版　　2020年12月第1次印刷
书　　号：ISBN 978-7-5096-7459-8
定　　价：50.00元

主办单位

南京大学长江三角洲经济社会发展研究中心
教育部人文社科百所重点研究基地

南京大学经济转型和发展研究中心
教育部哲学社会科学创新基地

南京大学商学院

《南大商学评论》编辑委员会

主编的话

《南大商学评论》是由南京大学商学院主办的经济学、管理学类非连续的学术刊物。创刊以来，以其规范、严密、扎实的研究风格受到国内外学者的高度评价。在此我向关心支持本文集的同仁们表示衷心的感谢!

新一轮的全球化期待中国学术研究像中国经济一样，进入世界学术研究关注的焦点和前沿。为了鼓励源自于中国的原创性研究，《南大商学评论》的办刊方向进一步明确为立足于中国经济转型和发展实践，提倡从中国经济管理的实践中发现问题、提炼问题、分析问题和解决问题。

本刊将继续延续以前的传统，开放式办刊，广泛接受来自国内外学者的自由投稿，采用双向匿名审稿制度，主要发表原创性的规范和实证研究的学术论文，以及案例、综述和评论性的文章。研究领域不限，欢迎从宏观经济学、财政金融、产业组织、国际贸易、比较经济学、企业管理、市场营销、人力资源、电子商务、会计等相关具体领域进行专门化研究的成果。

南大商学评论

Nanjing Business Review

第 51 辑

目　录

证券分析师风险信息披露与金融市场稳定 ……………………………… 杨圣之　陈钦源　伊志宏（1）

企业的影子银行活动加剧了风险承担吗? …………………… 高洁超　汪晨涛　袁唯觉　刘　允（23）

声誉效应还是寒蝉效应?

——信用秩序强化与区域生产率增长 …………………………………………………… 陈海盛（46）

创业情境下的想象力：内涵、测量与未来展望 …………………………………… 钱佳蓉　蒋春燕（68）

中英双语品牌名称水平排列方式对品牌态度的影响 ……………………………… 李　蔚　刘思悦（81）

薪酬差距影响研究述评与展望 …………………………………………………… 张海燕　张正堂（102）

高绩效工作系统对员工的负面影响：理论视角与过程机制

…………………………………………………………… 黄　勇　田刘燕　李文莉　李　华（120）

组织中恢复体验的作用机制与本土化发展 ………………………………………… 袁　月　余　璇（143）

创业者认知图式如何影响新创企业商业模式创新性 ……………………………… 迟考勋　邵月婷（162）

基于组织学习视角的企业危机管理能力成长模型 ………… 戴万稳　罗庆仙　卢晓航　史冬冬（185）

Contents

Securites Analysts' Risk Disclosure and Financial Market Stability
…… Shengzhi Yang Qinyuan Chen Zhihong Yi (1)
Are Firms' Shadow Banking Activities Increasing Risk-taking?
…… Jiechao Gao Chentao Wang Weijue Yuan Yun Liu (23)
Reputation Effect or Chilling Effect?
—Strengthening Credit Order and Regional Productivity Growth
…… Haisheng Chen (46)
Imaginativeness in the Context of Entrepreneurship: Concept, Measurement and Future Prospects
…… Jiarong Qian Chunyan Jiang (68)
The Effect of Horizontal Location Combination of Chinese-English Bilingual Brand Names on Brand Attitude
…… Wei Li Siyue Liu (81)
Pay Dispersion Effects: A Literature Review and Research Agenda
…… Haiyan Zhang Zhengtang Zhang (102)
The Negative Effects of High Performance Work Systems on Employees: Theoretical Perspectives and Process Mechanisms
…… Yong Huang Liuyan Tian Wenli Li Hua Li (120)
Recovery Experience: A Review on Mechanisms and Localization Development
…… Yue Yuan Xuan Yu (143)
How Entrepreneur's Cognitive Schema Affect New Ventures' Business Model Innovativeness
…… Kaoxun Chi Yueting Shao (162)
A Growth Model of Enterprise Crisis Management Capability Based on Organizational Learning
…… Wanwen Dai Qingxian Luo Xiaohang Lu Dongdong Shi (185)

证券分析师风险信息披露与金融市场稳定*

□ 杨圣之 陈钦源 伊志宏

摘 要：风险信息是资产定价的基础，对金融市场的稳定具有重要的意义。本文以资本市场重要的信息中介——证券分析师为研究视角，实证检验证券分析师报告披露的风险信息对股票价格波动性的影响。本文发现证券分析师披露风险信息能够预测短期股价收益率，并且降低股价波动率，为稳定金融市场发挥作用。同时，当证券分析师为明星分析师、股票风险需求更高以及机构投资者持股比例更高时，风险信息披露降低股价波动率的效果更加显著。通过进一步研究本文发现，证券分析师报告中的风险信息越多，企业当年业绩越差。此外，本文还发现证券分析师提供的风险信息以行业层面信息为主，能够抑制公司的过度投资行为。

关键词：证券分析师；风险信息；金融市场稳定；过度投资；股价同步性

JEL 分类：G14

1 引言

资本市场的主要职能之一是为金融资产进行定价，金融风险对资产定价具有重要的作用，关于金融风险的评估和研究也是学术界与实务界共同关注的重要话题。2008 年全球金融危机的爆发表明对金融风险的低估会重创资本市场，进而影响到国家经济发展；2015 年下半年我国的“股灾”也表明金融风险的聚集和爆发会对资本市场发展造成严重危害。与此同时，随着融合多种金融功能的创新业务模式层出不穷，金融风险跨行业、跨市场的传染性逐步暴露。在此背景下，国内金融市场掀起了一场风险监管“风暴”。党的十九大提出“守住不发生系统性金融风险的底线”，严监管和防风险成为当前金融领域工作的重中之重。由于风险来自不确定性，而不

* 本文得到国家自然科学基金青年项目“官员变更、信息环境变化与分析师报告文本信息：基于机器学习方法的文本分析研究”（批号：71902087）、国家自然科学基金项目面上项目“上市公司社会关系与创新信息定价”（批号：71872175）的资助。

确定性来自信息缺陷，要防止发生系统性金融风险，需要做到对金融风险进行及时披露和及时疏导。因而，研究风险信息披露对金融市场稳定具有重要的实践指导意义，关于风险信息的研究也逐渐成为学术界讨论的重要话题（Kravet and Muslu，2013；Campell et al.，2014；Chiu et al.，2018；王雄元等，2017）。

上市公司的风险信息，是指与上市公司特点有关的、对企业未来发展战略和经营目标会产生不利影响的相关重要风险因素的消息（王雄元等，2018）。无论从中国还是全球范围来看，风险信息在资本市场上都是重要且稀缺的。从风险信息的披露对象来看，可以分为公司“内部人”和“外部人”披露的风险信息。其中，内部人往往掌握公司的一手信息，是风险信息的重要知情人。然而由于风险往往代表公司遭受损失的概率，风险信息常被视为“坏消息”，在资本市场上产生负面影响。与此同时，由于代理冲突的存在（Jensen and Meckling，1976），公司的知情“内部人”，如董事长、CEO、董事会秘书等往往出于私利考虑，不愿客观地披露风险信息。因此，尽管许多学者围绕内部人的风险信息披露进行了充分的讨论，但现有文献对内部人是否会披露有价值的风险信息的讨论一直存在争议。向投资者提供客观的风险信息的职责落到了如新闻媒体、证券分析师等“外部人”身上。

本文关注证券分析师（以下简称分析师）对上市公司的风险信息披露。证监会于 2010 年发布的《发布证券研究报告暂行规定》中明确要求，分析师所发布的研究报告必须“使用证券研究报告的风险提示”。在实践中，分析师在为投资者提供投资意见时，往往也会在研究报告末尾注明“风险提示”，揭示上市公司存在的风险因素。已有研究表明，分析师是资本市场重要的信息提供者和信息解读者，促进资本市场信息沟通和交流，从理论上而言，分析师的风险信息披露可以给投资者提供客观的投资参考：一方面，相对于“内部人”，分析师存在较少的“利益关联”，出于向资本市场提供有价值投资信息的职业要求，他们更愿意揭露公司的风险状况；另一方面，相对于“内部人”，分析师作为“外部人”不仅关注上市公司的特质风险，也同时关注上市公司所在的行业以及影响上市公司的宏观经济、产业政策、法律法规等外部影响因素，在掌握来自公司外部的“非特质风险”（系统性风险）信息方面也更加有优势，也更有能力提供有价值的系统性风险信息。但是实际工作中，分析师的工作能力和意愿存在异质性差异，作为“外部人”的分析师并不一定都能够客观、全面地掌握影响公司价值评估的内外部信息，不论是学术界还是实务界对分析师是否能够确实地提供有价值的风险信息尚存疑虑。与此同时，现有研究大多聚焦在分析师提供的评级信息、股价预测、EPS 预测信息等数值定量信息，对于分析师报告的文本信息关注不足，对分析师能否提供有价值的风险信息更未展开深入研究。换言之，分析师是否为资本市场提供了上市公司风险信息？分析师提供的风险信息对于稳定市场是否发挥了作用？分析师提供的风险信息有哪些经济后果？现有研究并未给出解答。

为此，本文参考 Kravet 和 Muslu（2013）、王雄元等（2017）的研究，借助文本分析的手段提取分析师报告的风险信息，对上述问题展开研究。通过实证检验本文发现：第一，分析师能够为资本市场提供有价值的风险信息，表现在分析师报告里的风险信息可以预测未来股价收益率，并且能够降低股价波动率，为稳定金融市场发挥重要作用。第二，本文从信息披露者、风险信息需求者和信息使用者的角度考察发现，当研究报告发布者为明星分析师、资本市场对风险需求更高、机构投资者持股比例更高时，分析师风险信息披露降低股价波动率的效果更加显著。第三，进一步研究本文发现，分析师报告中风险信息越多，企业当年业绩越差，这说明分析师提供的风险信息可以反映企业的基本面状况；同时，分析师所披露的风险信息主要是行业和宏观层面风险信息，这表明尽管分析师难以获取公司内部信息，但其风险信息披露仍然具有独到的信息含量。第四，最后，本文发现风险信息可以抑制企业过度投资行为，这是金融市场影响实体经济的重要体现。

本文的主要贡献如下：

（1）本文丰富了风险信息披露及其经济后果的研究。现有研究大多关注于企业风险信息披露的动机及影响（Kravet and Muslu，2013；Campell et al.，2014；Chiu et al.，2018；王雄元等，2017）。本文关注分析师披露的“风险信息”对金融市场的稳定作用。与企业“内部人”不同，分析师利益关联较少，具有行业信息的分析专长，其风险信息披露具有独特的价值。本文有助于认识分析师报告中披露风险信息的价值，以及对资本市场各方利益关联者的影响。

（2）本文丰富了有关分析师报告文本信息含量的研究。现有研究大多关注分析师报告中的定量数值信息（Givoly and Lakonishok，1979；Groth，Lewellen and Schlarbaum，1979；Brav and Lehavy，2003）。尽管近年来越来越多的研究者开始对分析师报告中的文本信息进行提取并研究，然而现有研究大多关注报告中的语气、行业信息、前瞻性信息等（Huang et al.，2014；伊志宏等，2019；马黎珺等，2019），忽视了分析师报告中的风险信息。本文通过提取分析师报告中的风险信息，并对股票波动性的影响展开研究，丰富了有关分析师报告文本信息的研究，也有助于我们进一步全面认识分析师报告文本信息的价值。

（3）本文丰富了分析师与公司治理领域的研究。现有关于分析师的研究大多关注分析师对资本市场的直接影响，对分析师如何影响公司财务行为和治理行为的关注较少。虽然近年来有研究利用分析师关注人数、分析师预测数值作为自变量，为分析师对公司高管发挥监督和约束作用提供了间接证据（Yu，2008；Chen et al.，2015）。然而实际上，分析师若要监督和约束管理层，更可能的途径是在分析师报告文本中披露公司真实的状况，比如对公司的风险进行曝光。本文通过对分析师报告风险信息披露可以抑制企业过度投资的研究弥补了现有文献的不足，为分析师如何发挥公司治理作用提供了更直接的证据。

（4）本文丰富了股价同步性领域的研究。现有研究对分析师关注与股价同步性之间的关系存在争议（Chan and Hameed，2006；朱红军等，2008），其主要争议点在于分析师是提供行业层面信息还是提供公司特质信息。本文研究发现分析师提供的风险信息主要提供了行业层面和宏观层面信息，因而与股价同步性之间存在正相关关系。本文从文本信息分类的视角关注股价同步性的影响进一步丰富了分析师与股价同步性领域的研究，也为后续相关研究提供了新的启示。

余文结构安排如下：第二部分通过文献综述引出研究问题，并进行理论分析且提出研究假设；第三部分介绍研究设计；第四部分报告主要实证结果；第五部分为拓展性研究和稳健性检验；最后是研究结论及启示。

2 文献综述与研究假设

2.1 文献综述

本文的研究主要与以下两大领域的文献相关联。

2.1.1 风险信息披露

从研究内容上来看，关于风险信息披露的研究，大致可以分为两类：一类研究的是风险信息披露的动机和决定因素；另一类研究的是风险信息披露的有效性，即风险信息披露的后果与市场影响（Elshandidy et al.，2018）。

从现有研究看，风险信息披露的决定因素主要包括：公司的风险特征、投资者风险信息需求、公司治理以及国家与法律制度。公司的风险特征是风险披露的主要影响因素，当公司的个体风险或者整体市场风险更高时，信息披露者会在报告中进行更多的披露（Elshandidy et al.，2013）。投资者风险信息需求是风险信息披露的主要驱动因素，大量的研究表明，投资者非常看重企业的风险信息披露，会根据企业风险信息进行投资组合管理（Solomon，1999；Solomon et al.，2000），特别是长期投资者，往往倾向于持有风险更低的公司（Abraham and Cox，2007）。公司治理水平是影响企业风险信息披露的内部因素，研究表明，由于资本市场更多地将企业风险信息视为负面信息，因此风险信息披露往往会导致股价下跌（Li，2006）。经理人为维护个人职业生涯，倾向于隐瞒风险信息，而公司治理水平较好的公司对经理人的风险信息隐藏有更好的监督和约束机制，会披露更多公司风险信息（Taylor et al.，2000）。国家与法律制度是影响信息披露的重要外部因素，当前，风险信息披露受到全球金融市场监管者重视，并出台了相关的会计制度或法律制度，对金融市场风险信息披露作出要求。已有研究表明，风险信息披露呈现出国家特征（Elshandidy et al.，2015），国家的法律体系、文化价值观都会影响到企业的风险信息披露。

由于风险信息常常被视作负面信息，而大多数资本市场存在卖空限制，这意味着很难通过负面信息进行获利，因此，公司自身以及资本市场的其他参与者是否有意愿进行风险信息披露是值得研究的。现有文献将风险信息披露分为三类：模板化的无用信息、未知的风险信息以及已知的风险信息（Kravet and Muslu，2013）。

第一，模板化的风险信息，是指风险信息披露只是为了迎合监管或者投资者的硬性要求，并没有实质信息含量，不会对资本市场造成实质的影响。就公司自身来说，出于以下原因，公司可能只会披露模板化的风险信息：首先，公司的风险信息往往被视作负面信息（Li，

2006)，因而披露风险信息会危及经理人职业生涯，经理人因此倾向于隐藏（Kothari，2009）；其次，风险信息可能包含了专有信息，披露风险信息可能会影响到企业的竞争地位，因此公司不愿意披露风险信息（Dye，1985）；最后，由于风险发生在未来，这造成风险很难感知（Kaplan，2011），比如，2008 年美国金融危机爆发的一个重要原因，是因为华尔街对未来的风险进行了错误预判。

第二，未知的风险信息，指的是风险信息指出了未来可能发生的事情，但对发生的可能性无法进行准确估计（Slovic et al.，1980；Kravet and Muslu，2013）。披露这一信息会增加投资者的风险感知，但由于无法给出具体的风险概率，这不能增加投资者对这一事项的了解程度，反而会增加投资者的分歧。

第三，已知的风险信息，指的是风险信息不仅指出了未来可能发生的各种状况，而且对每一状况发生的可能性有着准确的估计（Slovic et al.，1980；Kravet and Muslu，2013）。因此，披露已知的风险信息会降低投资者分歧。

尽管现有研究对风险信息披露的原因和后果进行了研究，然而，现有的研究大多局限在企业自身的风险信息披露。然而，分析师与企业年报发布者作为不同的信息发布主体，存在完全不同的利益冲突，面临的监管背景也完全不一致，分析师所披露的风险信息是否具有信息含量值得进一步研究。

2.1.2 分析师与资本市场定价效率

围绕着分析师究竟能否以及多大程度地缓解资本市场上的信息不对称，学者们进行了大量研究。早期的文献大多关注报告中的定量预测数据、分析师关注人数。关于分析师报告定量预测数据的研究表明，分析师提供的信息具有信息含量，能够提升资本市场定价效率。比如 Givoly 和 Lakonishok（1979），Groth、Lewellen 和 Schlarbaum（1979），Brav 和 Lehavy（2003）等分别发现分析师的盈余修正、评级调整、目标股价修正与报告发布日的股价超额收益率呈显著正相关关系，从而表明分析师提供的定量信息具有信息含量。此外，学者发现，分析师关注人数能够显著降低投资者接收上市公司信息的速度、降低公司的盈余管理（Yu，2008），表明分析师对上市公司的关注促进了资本市场定价效率的提升。

关于分析师报告文本信息的研究起步较晚。近年来，针对报告中的定性文字论证的信息含量的研究开始涌现。已有研究表明，分析师提供的文本信息与数值信息相比，具有更丰富的信息含量（Huang et al.，2014；伊志宏等，2018；马黎珺等，2019）。与数值信息类似，分析师文本信息中所传递的乐观与悲观情绪同样可以预测未来股价的收益率。同时，文本信息是多维度的，通过对文本进行分类所区分的前瞻性信息、公司特质信息与行业层面信息、创新信息等更为立体地刻画了上市公司状况，具备更深层次的信息含量。对上市公司、投资者能够产生深远的影响。

虽然文本信息可以划分出多维度，但现有文献对分析师文本信息的研究当前所挖掘的维度较少。分析师究竟提供了什么样的信息，对资本市场产生了怎样的影响仍然值得深入研究。

2.2 理论分析与研究假设

本文的研究对象为分析师报告中的风险信息

披露。本文认为，相对于公司“内部人”，分析师有动机、有能力提供风险信息，其所提供的风险信息具有信息含量，能够降低股票波动性。

首先，分析师有能力获取风险信息。现有文献一般认为，风险信息属于一种特殊的负面信息。早期研究认为，上市公司的高管出于利益冲突而隐瞒负面信息，会使作为公司“外部人”的分析师难以获取风险信息。然而近年的研究表明，分析师不仅能够提供企业负面信息，而且相比于报告中的数值信息、正面积极的信息更具信息含量（Huang et al.，2014；马黎珺等，2019；伊志宏等，2019）。本文认为，出现这一现象的原因在于，与上市公司价值有关的负面信息可以分为两类：①公司特质信息；②行业与宏观层面信息。所谓公司特质信息，指的是对公司产生影响，但是不影响其他企业的信息；行业与宏观层面信息则不仅影响某一家上市公司，还对行业甚至整个资本市场产生影响（伊志宏等，2019）。分析师属于“外部人”，因此在获取特质信息上处于相对劣势的地位；与之相对的是，分析师往往按照行业对企业进行关注研究，且跟踪时间往往长达数年，这使分析师在获取行业、宏观层面信息方面具备更强的能力（Brown et al.，2015；Brown et al.，2016）。同时，在实践中，分析师往往熟练掌握行业法规和财会专业知识，这使他们具备专业的信息解读能力，对企业价值评估产生影响。因此在风险信息方面，分析师尽管可能难以获取公司特有的风险信息，但能够获取行业、宏观层面的与企业价值相关的风险信息，并利用其专业能力进行解读，帮助投资者识别这些风险对企业未来可能造成的影响。

其次，分析师有动机提供风险信息。尽管分析师为了迎合管理层，有动机隐瞒风险信息，然而除了上市公司管理层之外，分析师的信息披露行为还受到监管层、投资者等多方面的影响，使分析师也有提供风险信息的动机：①出于免责的动机，分析师需要披露企业风险信息。监管层要求分析师披露研究报告时，必须严谨、准确、客观，这就要求分析师不能只披露“好消息”，而对企业存在的风险视而不见。比如，2016年4月27日，中国证券业协会通告发现个别分析师报告用语中存在不审慎、不客观的现象，并对6名相关分析师进行惩戒。因此，尽管分析师需要迎合管理层，但也需要权衡监管的力度。显然，通过披露风险信息，可以使分析师规避相应的监管压力。②为了机构投资者的利益，分析师需要披露风险信息。Brown等（2016）对基金经理发放调查问卷的结果表明，基金经理看重分析师所了解的与企业价值相关的负面信息，他们会询问许多分析师，从而获取分析师对企业最乐观的看法和最悲观的看法。机构投资者是分析师的主要客户和服务对象，如果分析师不能够揭示企业相应的投资风险，可能会使机构投资者遭受损失。因此，分析师在发布研究报告时，需要考虑到主要的服务对象为机构投资者。为维护客户利益，分析师也需要披露企业风险信息。此外，通过披露企业风险信息，分析师可以规避相应的责任，这也是维护自身声誉的必然选择。

最后，与其他信息发布者不同，分析师不仅是信息发布者，还是信息解读者，因此其所提供的风险信息应当是“已知的”风险信息。按照Kravet和Muslu（2013）的划分方法，“已知的”风险信息是指风险未来发生的概率是确定的，而“未知的”风险信息指的是风险未来发生的概率是不确定的。Kravet 和 Muslu（2013）研究美国上市公司的风险信息披露发现，上市公司提供的风险信息提高了市场的波动性。他们给出的解释认为，上市公司提供的风险信息往往是“未知的”风险信息，即公司披露了风险，但无法对风险发生的可能性进行估计，因此会加大投资者分歧。然而，与上市公司的信息披露角色不同，由于分析师在资本市场中还扮演着信息解读者、预测者的角色，这使其提供的信息必须是明确的，才能够为机构投资者提供具体的投资建议。这意味着，分析师必须要对未来风险发生的概率进行明确的预测。因此，分析师报告所提供的风险信息应当是“已知的”。与不确定的风险信息不同，在确定性的风险信息下，投资者可以得到一致的期望，因此应当降低投资者分歧，表现为降低股票波动性。

综上，本文提出研究假设：

假设 1：证券分析师通过在报告中披露风险信息，可以降低股票波动性。

3 研究设计

3.1 研究样本与数据来源

本文采用 2009~2018 年 A 股所有上市公司的分析师报告作为研究样本。其中，分析师报告数据来自今日投资数据有限公司。文中使用的财务数据、股票交易数据等来源于国泰安数据库（CSMAR）和锐思数据库（RESSET）。样本的筛选过程如下：①剔除报告中无法被文本分析程序读取的样本；②剔除报告中分析师评级、分析师数值预测缺失的样本；③剔除上市公司财务数据缺失的样本。最终本文得到 225460 个分析师报告观测值。由于新增变量、采用不同衡量方法等原因，部分实证结果中样本数量略有增减。

3.2 实证模型与变量设定

为了检验假设，本文构建了如下两个模型：

$$Car_{i,t,j}=\alpha_0+\alpha_1\ \Delta Risk\_Report_{i,t,j}+\sum\alpha_j Control\ Variables_{i,t}+\varepsilon \quad (1)$$

$$\Delta Volatility_{i,t,j}=\alpha_0+\alpha_1\ \Delta Risk\_Report_{i,t,j}+\sum\alpha_j Control\ Variables_{i,t}+\varepsilon \quad (2)$$

本文的解释变量为，衡量了上市公司 i 在 t 年第 j 位分析师发布的第 k 篇分析师报告中的风险信息含量的变化量。参考 Kravet 和 Muslu（2013）、王雄元等（2017）对年报风险信息的衡量方法，本文采用词典法衡量文本报告中的风险信息内容。根据王雄元等（2017），本文界定“风险”“不确定性”“潜在”“影响”“波动”为风险信息词汇。借助计算机文本分析技术中词频统计，本文统计每一篇中风险信息词汇的数量（*Nrisk*）。为保证所提取的风险信息是准确的，本文参考王雄元等（2017），定位风险词汇的前面 5 个字，若其中包含“无”“没有”“低”这些表示否定意味的词，则这一风险词汇不纳入全文风险词汇的统计中。为排除文本总字数的干扰，本文利用风险词汇总数量（*Nrisk*）除以报告总字数（*Nchar*），得到风险词汇占全文的比例（$Risk\_Report_{i,t,j}$）。利用公司

i 第 t 年第 j 位分析师所发布的第 k 份报告的风险信息词汇比例减去同一分析师对同一公司所发布的上一篇分析师报告中的风险信息词汇比例，即可得到每一篇报告风险信息的增量（$\Delta Risk\_Report_{i,t,j}$）。具体公式如下：

$$Risk\_Report_{i,t,j} = Nrisk/Nchar \quad (3)$$

$$\Delta Risk\_Report_{i,t,j} = Risk\_Report_{i,t,j} - \Delta Risk\_Report_{i,t,j-1} \quad (4)$$

本文的被解释变量分别为 $Car_{i,t,j}$ 和 $\Delta Volatility_{i,t,j}$。其中，$Car_{i,t,j}$ 为报告发布后三天（即窗口期为[0，2]）的股票累计超额收益率，本文采用市场模型衡量超额收益率。$\Delta Volatility_{i,t,j}$ 为报告发布后 5 天股票收益率的标准差减去报告发布前 5 天股票收益率的标准差。如果分析师报告中的风险信息具有信息含量，由于风险信息会提升投资者的要求回报率，对现有股价的估计具有负面影响，加之风险信息直观上被认为是一种特殊的负面信息，那么 $Car_{i,t,j}$ 应当显著为负。如果分析师报告中的风险信息有助于维护金融市场的稳定，那么 $\Delta Volatility_{i,t,j}$ 应当显著为负。

本文同时控制了以下控制变量：①报告层面控制变量：包括报告总字数（*Nchar*）、报告标准评级（*Rec*）、预测 EPS 调整（ΔEPS）、报告是否为调研报告（*SV*）；②公司层面控制变量：包括公司规模（*Size*）、公司杠杆率（*Lev*）、公司的分析师关注总人数（*Ana*）、公司账面市值比（*BM*）。此外，为控制遗漏变量干扰，本文还进一步将公司、券商、年度纳入控制变量。

本文主要变量的定义如表 1 所示。

表 1　主要变量定义

变量类型	变量符号	变量定义
因变量	$Car_{i,t,j}$	企业 i 在 t 年第 j 个分析师发布的第 k 份分析报告发布后［0，2］个交易日的累计超额收益率
	$\Delta Volatility_{i,t,j}$	企业 i 在 t 年第 j 个分析师发布的第 k 份分析师报告发布后 5 天与发布前 5 天股价波动率的差值
解释变量	$\Delta Risk\_Report_{i,t,j}$	企业 i 在 t 年第 j 个分析师发布的第 k 份分析师报告与其本人对同一公司发布的上一篇分析师报告风险信息的差值
控制变量	$Nchar_{i,t,j}$	企业 i 在 t 年第 j 个分析师发布的第 k 份分析师报告的总字数的对数值
	$Rec_{i,t,j}$	企业 i 在 t 年第 j 个分析师发布的第 k 份分析师报告的标准评级
	$\Delta EPS_{i,t,j}$	企业 i 在 t 年第 j 个分析师发布的第 k 份分析师报告的盈余预测调整
	$SV_{i,t,j}$	企业 i 在 t 年第 j 个分析师发布的第 k 份分析师报告是否为调研报告
	$Size_{i,t}$	企业 i 在 t 年的总资产的对数值
	$Lev_{i,t}$	企业 i 在 t 年的资产负债率
	$Nanalyst_{i,t}$	企业 i 在 t 年的分析师关注总人数的对数值
	$BM_{i,t}$	企业 i 在 t 年的账面市值比

表 2 报告了本文主要变量的描述性统计。从描述性结果来看，本文控制变量与前期文献相关变量的统计结果基本一致。

表 2　主要变量的描述性统计

变量名称	观测值	均值	标准差	中位数	最小值	最大值
$Car_{i,t,j}$	225460	0. 0058	0. 0466	0. 0024	−0. 2720	0. 3770
$\Delta Volatility_{i,t,j}$	225460	0. 0003	0. 0175	0. 0006	−0. 1120	0. 1113
$\Delta Risk\_Report_{i,t,j}$	225460	0	0. 0014	0	−0. 0155	0. 0546
$Nchor_{i,t,j}$	225460	7. 3040	0. 7027	7. 1017	2. 6391	11. 0763
$Rec_{i,t,j}$	225460	4. 4697	0. 5951	5. 0000	1. 0000	5. 0000
$\Delta EPS_{i,t,j}$	225460	−0. 0236	0. 2994	−0. 0055	−46. 7813	9. 4496
$SV_{i,t,j}$	225460	0. 0591	0. 2358	0	0	1. 0000
$Size_{i,t}$	225460	23. 2075	1. 8538	22. 7994	16. 5195	30. 9524
$Lev_{i,t}$	225460	0. 4553	0. 2161	0. 4469	0. 0075	6. 2808
$Nknalyst_{i,t}$	225460	2. 8864	0. 6168	2. 9957	0	4. 1109
$BM_{i,t}$	225460	0. 6073	0. 2567	0. 5955	0. 0143	6. 5459

资料来源：笔者根据 CSMAR、RESSET 整理计算。

4　实证结果

本文首先检验了分析师报告风险信息披露对股价波动性和股价累计超额收益率的影响。表 3 中 Panel A 按照分析师报告风险信息词汇比例的中位数将全样本分为两组，检验了两组未来累计超额收益率的差异。可以看到，当报告中的风险信息含量高时，股票未来 3 个交易日内（即窗口期为［0，2］）股价的超额收益率显著更低（组间差异 t 值为−11. 8207）。本文同时检验了两组股票未来 10 个交易日内（即窗口期为［3，10］）的累计超额收益率的变化，可以看到，两组之间并无显著差异（组间差异的 t 值为−0. 4583）。这表明，投资者对分析师报告中风险信息反应比较及时，没有表现出动量或反转效应。这也同时印证了本文采用［0，2］天作为计算累计超额收益率的合理性。表 3 中 Panel B 列（1）报告了报告中风险信息的变化对股价波动性的影响。可以看到，系数 $\Delta Risk\_Report_{i,t,j}$ 为−0. 0940（t 值为−2. 40），表明分析师报告披露更多风险信息后，企业股价波动率显著下降。同时，这一结果与 Kravet 和 Muslu（2013）检验年报的风险信息披露结果相反。这可能是年报中披露的风险信息往往是出于合规要求，而分析师的职业是提供投资建议，在报告中要给出明确的预测，因此所提供的风险信息往往是确定性的风险信息。表 3 中 Panel B 列（2）的结果为风险信息披露后股价［0，2］天的累计超额收益率。其中系数 $\Delta Risk\_Report_{i,t,j}$ 为−1. 0423（t 值为−9. 1623），表明分析师报告提供的风险信息与上篇报告相比每增加 1%，股价累计超额收益率会下降 1. 04%。这一结果具有显著经济含义，与以往文献认为风险信息属于特殊的负面信息相吻合。

表 3　分析师报告风险信息披露的市场反应

Panel A：累计超额收益率检验——按照分组

组别	样本量	$Car_{i,t,j}$	
		窗口期：[0，2]	窗口期：[3，10]
(1) 大于中位数	121442	0.0047154	−0.0033592
(2) 小于中位数	104018	0.0070395	−0.0034797
Diff=（1）−（2）		−0.0057877	0.0001205
T：组间差异 T 检验		−11.8207***	−0.4483

Panel B：分析师报告风险信息披露回归检验

	(1)	(2)
	$\Delta Volatility_{i,t,j}$	$Car_{i,t,j}$
$\Delta Risk\_Report_{i,t,j}$	−0.0940** (−2.4013)	−1.0423*** (−9.1623)
$Nchar_{i,t,j}$	0.0003*** (4.3922)	0.0014*** (8.1814)
$Rec_{i,t,j}$	−0.0000 (−0.1837)	0.0042*** (18.6874)
$\Delta EPS_{i,t,j}$	0.0004* (1.7564)	0.0024*** (2.8778)
$SV_{i,t,j}$	0.0001 (0.6611)	0.0040*** (8.0906)
$Size_{i,t}$	−0.0004 (−1.3102)	−0.0021** (−2.2521)
$Lev_{i,t}$	0.0011 (1.0812)	0.0075** (2.2432)
$Nanalyst_{i,t}$	0.0003 (1.3111)	−0.0002 (−0.3468)
$BM_{i,t}$	0.0003 (0.4197)	−0.0076*** (−3.7853)
Constant	0.0069 (0.9768)	0.0263 (1.3126)
年度	控制	控制
公司	控制	控制
券商	控制	控制
Cluster	公司	公司
Observations	225460	225460
R^2	0.0333	0.0455

注：显著性水平：*** 代表 p<0.01，** 代表 p<0.05，* 代表 p<0.1，下同。
资料来源：笔者整理，下同。

接下来，为检验分析师披露风险信息在什么情况下更能发挥稳定金融市场的作用，本文进一步研究信息披露者、信息需求者和信息接收者对分析师风险信息披露的影响。①信息披露者：已有研究认为，分析师个体之间存在异质性，不同的分析师报告中信息含量不同，所导致的市场反应也存在差异。能力较强的分析师，对信息的挖掘、解读更加充分，更能引起投资者关注。因此，其所披露的风险信息会造成更大的市场反应。参考已有文献，本文采用分析师是否曾经获得过明星分析师这一指标来衡量分析师的能力，检验不同分析师风险信息披露对股价波动性的影响。②信息需求者：对于风险不同的上市公司，投资者对于风险信息的需求程度不一致。对于高风险的企业，投资者会更注重搜集和利用分析师所提供的风险信息。本文通过企业流动比率衡量投资者的风险信息需求。当流动比率高时，企业偿债风险低，因此投资者风险信息需求低。反之，当流动比率低时，企业面临的偿债风险高，因此投资者的风险信息需求高。③信息接收者：与散户等非专业投资者相比，机构投资者往往更加依赖分析师报告，因此，机构投资者持股比例更高的上市公司，分析师报告发布后稳定金融市场的作用应当更加突出。综上，本文根据报告是否由明星分析师出具、投资者的风险信息需求、所跟踪上市公司的机构投资者持股比例，将全样本分为两组，并通过如下模型检验以上三者对风险信息影响股票波动性的调节作用：

$$\Delta Volatility_{i,t,j}=\alpha_0+\alpha_1 Crossterm+\alpha_2 Groupvar+\alpha_3\,\Delta Risk\_Report_{i,t,j}+\sum\alpha_j ControlVariables_{i,t}+\varepsilon \quad (5)$$

其中，*Crossterm* 为报告风险信息增量 $\Delta Risk_Report_{i,t,j}$与分组变量 *roupvar* 的交乘项，当报告由明星分析师出具、投资者的风险信息需求高、所跟踪上市公司的机构投资者持股比例高时，则 *Groupvar* 取值为 1，否则 *Groupvar* 为 0。

实证结果如表 4 所示。从交乘项结果可以看到，当信息发布者为明星分析师、外部风险信息需求高、机构投资者持股比例高时，分析师报告风险信息披露降低股价波动性的效果更加显著。

表 4　信息发布者、信息需求者与信息接收者交乘项检验

	$\Delta Volatility_{i,t,j}$		
	(1)	(2)	(3)
	是否为明星分析师	投资者风险信息需求	机构投资者持股比例
	Star	*Risk_Demand*	*insthold*
Crossterm	-0.1293*	-0.1384**	-0.1639***
	(-1.6621)	(-1.7548)	(-2.1113)
Groupvar	-0.0472	-0.0154	-0.0080
	(-0.9053)	(-0.2696)	(-0.1515)
$\Delta Risk\_Report_{i,t,j}$	-0.0002	-0.0001	0
	(-1.2556)	(-0.1763)	(-0.1763)
$Nchar_{i,t,j}$	0.0002***	0.0003***	0.0003***
	(3.0478)	(4.3425)	(4.3986)

续表

	$\Delta Volatility_{i,t,j}$		
	(1)	(2)	(3)
	是否为明星分析师	投资者风险信息需求	机构投资者持股比例
	Star	*Risk_Demand*	*insthold*
$Rec_{i,t,j}$	-0.0001 (-0.4953)	0 (-0.3736)	0 (-0.1730)
$\Delta EPS_{i,t,j}$	0.0005 (1.5136)	0.0004 (1.6247)	0.0005*** (1.7663)
$\Delta SV_{i,t,j}$	-0.0002 (-0.7573)	0.0001 (0.6226)	0.0001 (0.6712)
$Size_{i,t}$	-0.0002 (-0.5179)	-0.0004 (-1.0978)	-0.0004 (-1.3233)
$Lev_{i,t}$	0.0005 (0.4558)	0.0010 (0.9242)	0.0010 (1.0711)
$Nannalyst_{i,t}$	0.0004 (1.6090)	0.0002 (1.0247)	0.0003 (1.3125)
$BM_{i,t,j}$	0.0003 (0.3107)	0.0003 (0.3589)	0.0003 (0.4046)
Constant	0.0017 (0.2105)	0.0057 (0.7953)	0.0072 (0.9946)
年度	控制	控制	控制
公司	控制	控制	控制
券商	控制	控制	控制
Cluster	公司	公司	公司
Observations	116191	213332	225460
R^2	0.0476	0.0338	0.0333

5 进一步研究

5.1 分析师报告风险信息披露是否提供了企业基本面信息

在前文中，本文实证表明，证券分析师所提供的风险信息可以预测短期的股票收益率。那么，这种收益率预测是因为证券分析师提供了有价值的基本面信息还是仅仅是一种噪音呢？Li（2006）为验证年报所提供的风险信息是否包含有价值的基本面信息，实证检验了年报风险信息含量与企业未来业绩之间的关系。本文参考Li（2006）这一思路，通过检验证券分析师风险信息披露是否可以预测企业当年经营业绩，来验证证券分析师报告中的风险信息是否提供了有价值的基本面信息。由于年报一般是在一个完整的会计年度之后才披露，往往具有滞后性。与年报相比，证券分析师报告更具及时性。因此，是否可以通过分析师报告所提供的风险信息判断企业当年的业绩呢？由于风险信息属于特殊的负面信息，如果分析师报告中风险信息披露提供了有价值的基本面信息，那么分析师披露较多风险信息的企业，当年的经营业绩应当更差。为验证这一想法，本文构建以下模型：

$$Roe_{i,t}=\alpha_0+\alpha_1 Risk\_Firm_{i,t}+\alpha_2+\sum \alpha_j Control+\varepsilon \tag{6}$$

式（6）中，$Roe_{i,t}$是企业 i 在 t 年的净资产收益率，衡量了企业当年的经营业绩。$Risk_Firm_{i,t}$为企业 i 在 t 年所有分析师报告平均的风险信息词汇所占比例。

表 5 中为式（6）的检验结果。可以看到，分析师报告中披露了越多的风险信息，当年企业的实际经营绩效越差。在控制了相关控制变量和年度、公司固定效应后，这一结果仍然显著（$Risk_Firm_{i,t}$系数为 -5.4264，t 值为 -1.7226）。这一结果表明，分析师报告中所提供的风险信息可以反映企业的基本面状况，并非噪音。

表 5　分析师风险信息披露与企业当年经营业绩

	$Roe_{i,t}$	
	(1)	(2)
$Risk\_Firm_{i,t}$	-14.2677*** (-4.1329)	-5.4264* (-1.7226)
$Suze_{i,t}$		0.0836*** (3.9015)
$Lev_{i,t}$		-0.4884*** (-3.1677)
$Turnover_{i,t}$		0.0004 (0.7506)
$Nanalyst_{i,t}$		0.0389*** (7.4790)
$BM_{i,t}$		-0.0629 (-1.2660)
$Idiorisk_{i,t}$		0.0007 (1.3153)
$Inst_{i,t}$		0.0433 (0.2675)
Constant	-14.2677*** (-4.1389)	-5.4264* (-1.7205)
年度	控制	控制
公司	控制	控制
Observations	19323	18405
R^2	0.2424	0.2669

5.2 分析师报告提供的风险信息类型

现有部分文献认为，分析师作为企业“外部人”，难以获取企业内部信息，因此其提供的信息可能是没有价值的。同时，考虑到企业“内部人”对风险信息的披露，如年报等，属于一手信息，显然是十分重要的。而分析师获取信息只能通过其他渠道，经常只能获得二手信息，这使部分研究者可能质疑分析师风险信息是否具有独特价值。因此，有必要检验分析师报告中的风险信息的类型与来源，了解分析师披露风险信息的侧重点和企业风险信息披露侧重点的差异。

本文认为，与企业“内部人”所披露的公司风险不同，分析师由于长期专注于某一行业，往往具有行业专长，可能更侧重于提供行业层面的风险信息。同时，对于“外部人”来说，公司内部信息获取确实存在较高难度，因此，相对于公司特质风险信息，分析师可能能够获取更多行业层面的风险信息。最后，由于分析师往往与上市公司管理层存在利益关联，使他们可能不愿披露公司特质风险信息。为验证这一想法，本文构建以下模型：

$$Syn_{i,t}=\alpha_0+\alpha_1\ Risk\_Firm_{i,t}+\alpha_2+\sum\alpha_j Control+\varepsilon \tag{7}$$

式（7）中，$Syn_{i,t}$是参考 Morck 等（2000）、许年行等（2011）所衡量的企业 i 在 t 年的股价同步性。已有研究一般认为，股价同步性衡量了企业股票价格中的行业与宏观信息含量。当股票价格中拥有更多的行业和宏观层面信息时，企业股价与大盘同涨同跌的现象会更加严重。反之，如果股票价格中包含更多的公司特质信息，那么股价同步性就会降低。$Risk_Firm_{i,t}$为企业 i 在 t 年所有分析师报告平均的风险信息词汇所占比例。若分析师提供的风险信息主要是行业层面的风险信息，那么股价同步性应当上升；反之，则会下降。控制变量包括：企业规模（$Size_{i,t}$）、企业杠杆率（$Lev_{i,t}$）、分析师跟踪人数（$Nanalyst_{i,t}$）、企业账面市值（$BM_{i,t}$）、企业换手率（$Turnover_{i,t}$）、机构投资者持股比例（$Inst_{i,t}$）、无形资产占比（$Intan_{i,t}$）。

实证结果如表 6 第（1）列所示，可以看到，$Risk\_Firm_{i,t}$ 的系数为 6.3631（t 值为 3.2357）。这表明，分析师披露的风险信息越多，企业的股价同步性越高。这意味着分析师报告披露的风险信息主要是行业与宏观层面的风险信息。由于分析师具有行业专长，对行业信息具有较强的获取能力，因此，分析师提供的行业信息对于“内部人”所提供的公司特质信息是很好的信息补充。

表 6 风险信息的类型、风险信息与过度投资

	$Overinvest_{i,t+1}$	
	(1)	(2)
$Risk\_Firm_{i,t}$	6.3631***	-6.3825*
	(3.2357)	(-1.8878)
$Suze_{i,t}$	0.0166***	0.0278***
	(4.7583)	(4.3252)
$Lev_{i,t}$	-0.0019	-0.2228***
	(-0.6580)	(-10.6258)

续表

	$Overinvest_{i,t+1}$	
	(1)	(2)
$Turnover_{i,t}$	-0. 0023 *** (-5. 9926)	-0. 0011 (-1. 6393)
$Nanalyst_{i,t}$	0. 0102 *** (4. 7596)	0. 0068 * (1. 7647)
$BM_{i,t}$	-0. 0102 (-1. 0046)	-0. 0814 *** (-4. 6220)
$Idiorsk_{i,t}$	-0. 0627 *** (-39. 4884)	-0. 0022 (-1. 1973)
$Intan_{i,t}$	0. 0384 (0. 9821)	-0. 1281 * (-1. 9383)
Constant	-0. 2385 *** (-3. 1515)	-0. 4753 *** (-3. 4970)
年度	控制	控制
公司	控制	控制
Observations	17402	15034
R^2	0. 5933	0. 5597

5. 3 风险信息披露的公司治理作用

在前文中，本文已经检验了分析师风险信息披露对股票价格的影响。已有研究表明，分析师通过向资本市场提供信息，除了可以影响股票价格外，还能发挥公司治理作用。比如，伊志宏等（2019）的研究表明，分析师通过及时将公司负面信息传递至资本市场，有助于抑制上市公司的过度投资行为，从而降低公司的股价崩盘风险。那么，分析师通过风险信息披露，是否可以抑制公司的过度投资等高风险行为呢？为进一步验证这一想法，本文构建以下实证模型，检验了分析师风险信息披露对上市公司过度投资的影响。

$$Overinvest_{i,t+1}=\alpha_0+\alpha_1 Risk\_Firm_{i,t}+\alpha_2+\sum \alpha_j ControlVariables_j+\varepsilon \quad (8)$$

式（8）中，$Overinvest_{i,t+1}$是参考 Richardson（2006）、辛清泉等（2007）、姜付秀等（2009）计算出的企业 i 在 t+1 年的投资效率，若这一指标大于 0 则为投资过度。$Risk_Firm_{i,t}$为企业 i 在 t 年所有分析师报告平均的风险信息词汇所占比例。控制变量包括：上一年的企业规模（$Size_{i,t}$）、上一年企业杠杆率（$Lev_{i,t}$）、上一年分析师跟踪人数（$Nanalyst_{i,t}$）、上一年企业账面市值（$BM_{i,t}$）、上一年度企业换手率（$Turnover_{i,t}$）、上一年企业特质性风险（$Idiorisk_{i,t}$）、上一年无形资产占比（$Intan_{i,t}$）。

实证结果如表 6 列（2）所示，可以看到，$Risk_Firm_{i,t}$的系数显著为负。这表明，当分析师披露了企业风险信息后，企业过度投资行为得到显著的抑制。这意味着分析师报告披露风险信息不仅可以缓解信息不对称，而且分析师信息披露作为企业外部治理机制，可以有效地防范企业的高风险行为。

5.4　稳健性检验

为保证文章主结果的稳健性，本文进行了如下稳健性检验：

（1）控制分析师报告作者的影响，并在分析师报告作者层面上进行聚类。实证结果如表7所示，与本文主结果基本一致。

表7　控制分析师并在分析师层面进行聚类

	(1)	(2)
	$\Delta Volatility_{i,t,j}$	$Car_{i,t,j}$
$\Delta Risk\_Firm_{i,t}$	-0.0986*** (-3.54)	-1.0591*** (-14.08)
$Nchar_{i,t,j}$	0.0003*** (4.85)	0.0015*** (8.48)
$Rce_{i,t,j}$	0 (0.29)	0.0044*** (18.18)
$\Delta Eps_{i,t,j}$	0.0004*** (2.79)	0.0023*** (5.97)
$SV_{i,t,j}$	0.0003 (1.37)	0.0042*** (8.12)
$Size_{i,t,j}$	-0.0004* (-1.85)	-0.0019*** (-3.93)
$Lev_{i,t,j}$	0.0010* (1.67)	0.0071*** (4.48)
$Nanalyst_{i,t,j}$	0.0003* (1.96)	-0.0001 (-0.28)
$BM_{i,t,j}$	0 (0.07)	-0.0083*** (-7.50)
Constant	0.0057 (1.24)	0.0219** (2.00)
年度	控制	控制
公司	控制	控制
分析师	控制	控制
Cluster	分析师	分析师
Observations	223283	223283
R^2	0.0491	0.0635

（2）分别更换被解释变量的计算方式。在前文中，为报告发布后5天与报告发布前5天股票价格波动性的差值。为保证结果的稳健性，本文更换了不同的计算波动性变化的窗口。如

表 8 所示，其中，第（1）列中 $\Delta Volatility_{i,t,j}$ 的采用报告发布后 7 天的股票价格波动性减去报告发布前 7 天的股票价格波动性得到；第（2）列中 $\Delta Volatility_{i,t,j}$ 的采用报告发布后 10 天的股票价格波动性减去报告发布前 10 天的股票价格波动性得到。同时，在前文中，$Car_{i,t,j}$ 是采用市场模型计算的研究报告发布［0，2］天的收益率。在第（3）列和第（4）列中，本文进一步采用 Fama-French 三因子计算得到分析师报告发布［0，2］、［0，10］天的累计超额收益率。主要系数与主结果基本一致。

表 8 更换被解释变量衡量方式

	$\Delta Volatility_{i,t,j}$		$Car_{i,t,j}$	
	采用前后各 7 天窗口期	采用前后各 10 天窗口期	采用 FF3 因子计算（窗口期［0，2］）	采用 FF3 因子计算（窗口期［0，10］）
	(1)	(2)	(3)	(4)
$\Delta Risk\_Firm_{i,t}$	-0.1229***	-0.1186***	-0.9633***	-0.8454***
	(-4.1825)	(-4.68)	(-8.74)	(-4.3498)
$Nchar_{i,t}$	0.0003***	0.0004***	0.0011***	0.0020***
	(6.6864)	(9.3095)	(6.7932)	(7.1686)
$Rec_{i,t}$	0.0001	0.0001	0.0042***	0.0040***
	(0.7585)	(1.5632)	(19.3226)	(10.8969)
$\Delta Eps_{i,t}$	0.0005**	0.0003*	0.0025***	-0.0009
	(2.0790)	(1.7846)	(3.1345)	(-0.5064)
$SV_{i,t}$	0.0002	0.0002*	0.0030***	0.0050***
	(1.2696)	(1.7656)	(6.4467)	(6.1988)
$Size_{i,t}$	-0.0003	-0.0002	-0.0021**	-0.0030*
	(-1.3949)	(-0.7478)	(-2.3636)	(-1.9443)
$Lev_{i,t}$	-0.0001	-0.0007	0.0063*	0.0024
	(-0.0873)	(-1.0348)	(1.9574)	(0.4622)
$Nanalyst_{i,t}$	0	-0.0001	0.0001	-0.0036***
	(0.2915)	(-0.8023)	(0.0976)	(-3.7136)
$BM_{i,t}$	0.0003	-0.0001	-0.0084***	-0.0123***
	(0.4767)	(-0.1246)	(-4.3342)	(-3.9032)
Constant	0.0047	0.0007	0.0304	0.0547
	(0.8886)	(0.1342)	(1.5309)	(1.6133)
年度	控制	控制	控制	控制
公司	控制	控制	控制	控制
券商	控制	控制	控制	控制
Cluster	公司	公司	公司	公司
Observations	222028	217246	225460	225460
R^2	0.0394	0.0463	0.0457	0.0414

(3) 剔除掉日内有多份分析师报告同时发布的样本和分析师报告发布当日企业披露年报、季报、半年报、盈余预测、业绩快报的样本。结果如表9所示，主要系数与主结果基本一致。

表9 剔除分析师报告发布日有其他报告发布的样本

	$\Delta Volatility_{i,t,j}$	$Car_{i,t,j}$
	(1)	(2)
$\Delta Risk\_Firm_{i,t}$	-0.1545*** (-3.5812)	-0.9259*** (-7.6132)
$Nachar_{i,t}$	0.0004*** (5.3835)	0.0017*** (9.4452)
$Rec_{i,t}$	-0.0001 (-0.6363)	0.0050*** (17.0511)
$\Delta Eps_{i,t}$	0.0006** (2.4687)	0.0023*** (4.3070)
$SV_{i,t}$	0.0004* (1.8263)	0.0033*** (6.4386)
$Size_{i,t}$	-0.0002 (-0.6247)	-0.0004 (-0.5300)
$Lev_{i,t}$	-0.0002 (-0.2572)	0.0039 (1.5853)
$Nanalyst_{i,t}$	0.0001 (0.3457)	-0.0007 (-1.3732)
$BM_{i,t}$	-0.0008 (-1.2197)	-0.0091*** (-4.6478)
Constant	0.0021 (0.3522)	-0.0145 (-0.9384)
年度	控制	控制
公司	控制	控制
券商	控制	控制
Cluster	公司	公司
Observations	117613	117613
R^2	0.0342	0.0504

6 结论

现有研究大多关注于公司“内部人”风险信息披露所产生的影响，本文聚焦分析师这一公司“外部人”披露的风险信息对资本市场以及上市公司产生的影响。本文使用2009~2018年我国A股上市公司的所有分析师报告作为研究样本，结合文本分析的研究方法提取风险信息，从微观层面检验了分析师在稳定金融市场方面发挥的作用。本文发现：①分析师通过为市场提供有价值的风险信息，降低了股票的波动性，促进了金融市场稳定。②当分析师是明星分析师、市场风险信息需求更高、机构投资者持股比例更高时，分析师风险信息披露降低股价波动率的效果更加显著。③分析师报告披露的风险信息越多，企业当年业绩越差；同时分析师所披露的风险信息主要是行业和宏观层面的风险信息。因此，尽管分析师难以获取公司内部信息，但其风险信息披露仍然具有独到的信息含量。④分析师风险信息披露抑制了企业过度投资，发挥了公司治理的作用。

本文的研究结论表明，分析师通过及时地披露风险信息，对金融市场的稳定发挥了重要作用。本文的研究丰富了分析师信息内容、资本市场与公司治理领域的文献，具有较强的理论与实践意义，对投资者和政策制定者具有重要的启示：①对于投资者而言，研究表明，风险信息对于股票价格具有重要影响，可以预测股票价格未来涨跌。因此，投资者应当注重分析师报告中所披露的风险信息。②对于监管者而言，如何提高企业风险信息披露，防范和疏解金融风险是重要的问题。本文的结果表明，监管层需要引导和发挥资本市场信息中介者对风险信息传递的作用。通过引导资本市场信息中介机构的建设和壮大，降低市场的信息不对称程度。③对于上市公司而言，分析师风险信息披露能够约束管理层行为，发挥公司治理作用。因此，上市公司管理者也应当注重外部信息披露者对公司信息的评价，调整和改进公司发展战略。

参考文献

[1] Abraham S., Cox P. Analysing the Determinants of Narrative Risk Information in UK FTSE 100 Annual Reports [J]. British Accounting Review, 2007, 39 (3): 227-248.

[2] Brav A., Lehavy R. An Empirical Analysis of Analysts' Target Prices: Short-term Informativeness and Long-term Dynamics [J]. Journal of Finance, 2001, 58 (5): 1933-1967.

[3] Brown L. D., Call A. C., Clement M. B., et al. Inside the "Black Box" of Sell—Side Financial Analysts [J]. Journal of Accounting Research, 2015, 53 (1): 1-47.

[4] Brown L. D., Call A. C., Clement M. B., et al. The Activities of Buy-side Analysts and the Determinants of their Stock Recommendations [J]. Journal of Accounting and Economics, 2016, 62 (1): 139-156.

[5] Campbell J. L., Chen H., Dhaliwal D. S., et al. The Information Content of Mandatory Risk Factor Disclosures in Corporate Filings [J]. Review of Accounting Studies, 2014, 19 (1): 396-455.

[6] Kalok C., Allaudeen H. Stock Price Synchronicity and Analyst Coverage in Emerging Markets [J]. Journal of Financial Economics, 2006, 80 (1): 115-147.

[7] Tao C., Jarrad H., Chen L. Do Analysts Matter for Governance? Evidence From Natural Experiments [J]. Journal of financial Economics, 2015, 115 (2): 383-410.

[8] Chiu T. T., Guan Y., Kim J. B. The Effect of Risk Factor Disclosures on the Pricing of Credit Default Swaps [J]. Contemporary Accounting Research, 2018, 35 (4): 2191-2224.

[9] Dye R. Disclosure of Nonproprietary Information [J]. Journal of Accounting Research, 1985, 23 (1): 123-145.

[10] Elshandidy T., Fraser I., Hussainey K. Aggre-

gated, Voluntary, and Mandatory Risk Disclosure Incentives: Evidence from UK FTSE All-share Companies [J]. International Review of Financial Analysis, 2013, 30: 320-333.

[11] Elshandidy T., Neri L. Corporate Governance, Risk Disclosure Practices, and Market Liquidity: Comparative Evidence from the UK and Italy [J]. Corporate Governance An International Review, 2015, 23 (4): 331-356.

[12] Elshandidy T., Shrives P. J., Bamber M., et al. Risk Reporting: A Review of the Literature and Implications for Future Research [J]. Journal of Accounting Literature, 2018, 40: 54-82.

[13] Givoly D., Lakonishok J. The Information Content of Financial Analysts' Forecasts of Earnings: Some Evidence on Semi-strong Inefficiency [J]. Journal of Accounting and Economics, 1979, 1 (3): 165-185.

[14] Groth J. C., Lewellen W. G., Schlarbaum G. G., et al. An Analysis of Brokerage House Securities Recommendations [J]. Financial Analysts Journal, 1979, 35 (1): 32-40.

[15] Huang A. H., Zang A. Y., Zheng R. Evidence on the Information Content of Text in Analyst Reports [J]. Accounting Review, 2014, 89 (6): 2151-2180.

[16] Kaplan R. S. Accounting Scholarship that Advances Professional Knowledge [J]. The Accounting Review, 2011, 86 (2): 367-383.

[17] Kothari S. P., Shu S., Wysocki P. D. Do Managers Withhold Bad News? [J]. Journal of Accounting Research, 2009, 47 (1): 241-276.

[18] Kravet T. D., Muslu V. Textual Risk Disclosures and Investors' Risk Perceptions [J]. Review of Accounting Studies, 2013, 18 (4): 1088-1122.

[19] Li F. Do Stock Market Investors Understand the Risk Sentiment of Corporate Annual Reports? [EB/OL]. https://ssrn.com/abstract=898181, 2006-04-21.

[20] Morck R. K., Yeung B., Wu W. The Information Content of Stock Markets: Why do Emerging Markets have Synchronous Stock Price Movements? [J]. Journal of Financial Economics, 2000, 58 (1-2): 215-260.

[21] Richardson S. Over-investment of Free Cash Flow [J]. Review of Accounting Studies, 2006, 11 (2-3): 159-189.

[22] Slovic P., Lichtenstein S., Fischhoff B. Informing People about Risk [EB/OL]. https://scholarsbank.uoregon.edu/xmlui/handle/1794/22515, 1980.

[23] Solomon J. F., Solomon A., Norton S. D., et al. A Conceptual Framework for Corporate Risk Disclosure Emerging from the Agenda for Corporate Governance Reform [J]. The British Accounting Review, 2000, 32 (4): 447-478.

[24] Solomon J. F. Do Institutional Investors in the UK Adopt a Dual Strategy for Managing Foreign Exchange Risk? [J]. The British Accounting Review, 1999, 31 (2): 205-224.

[25] Taylor G., Tower G., Neilson J. Corporate Communication of Financial Risk [J]. Accounting and Finance, 2014, 50 (2): 417-446.

[26] Yu F. Analyst Coverage and Earnings Management [J]. Journal of Financial Economics, 2008, 88 (2): 245-271.

[27] 姜付秀，伊志宏，苏飞，黄磊. 管理者背景特征与企业过度投资行为 [J]. 管理世界，2009 (1): 130-139.

[28] 马黎珺，伊志宏，张澈. 廉价交谈还是言之有据？——分析师报告文本的信息含量研究 [J]. 管理世界，2019，35 (7): 182-200.

[29] 王雄元，高曦，何捷. 年报风险信息披露与审计费用——基于文本余弦相似度视角 [J]. 审计研究，2018，205 (5): 98-104.

［30］王雄元，李岩琼，肖忞. 年报风险信息披露有助于提高分析师预测准确度吗？［J］. 会计研究，2017（10）：37-43.

［31］辛清泉，林斌，王彦超. 政府控制、经理薪酬与资本投资［J］. 经济研究，2007（8）：110-122.

［32］许年行，洪涛，吴世农，徐信忠. 信息传递模式、投资者心理偏差与股价"同涨同跌"现象［J］. 经济研究，2011（4）：136-147.

［33］伊志宏，杨圣之，陈钦源. 分析师能降低股价同步性吗——基于研究报告文本分析的实证研究［J］. 中国工业经济，2019（1）：156-173.

［34］伊志宏，朱琳，陈钦源. 分析师研究报告负面信息披露与股价暴跌风险［J］. 南开管理评论，2019，22（5）：192-206.

［35］朱红军，何贤杰，陶林. 中国的证券分析师能够提高资本市场的效率吗——基于股价同步性和股价信息含量的经验证据［J］. 金融研究，2007（2）：110-121.

论文执行编辑：皮建才

论文接收日期：2020 年 4 月 12 日

作者简介：

杨圣之（1994-），中国人民大学博士生。主要研究方向为公司金融与资本市场、证券分析师、企业创新。E-mail：ysz@ruc.edu.cn。

陈钦源（1989-）（通讯作者），南京大学经济学院讲师、管理学博士。研究方向为资本市场与公司金融、证券分析师、信息披露。E-mail：chenqinyuan@nju.edu.cn。

伊志宏（1965-），中国人民大学商学院教授、博士生导师，经济学博士。研究方向为资本市场与公司金融、机构投资者、企业创新。E-mail：yizhihong@rmbs.ruc.edu.cn。

Securites Analysts' Risk Disclosure and Financial Market Stability

Shengzhi Yang[1] Qinyuan Chen[2] Zhihong Yi[1]

(1. Business School, Renmin University of China, Beijing , China

(2. Business School, Nanjing University, Nanjing, China)

Abstract: As the basis of asset pricing, risk information is of great significance to the stability of financial market. From the perspective of securities analysts that constitute an important information intermediary in the capital market, this paper empirically examines the effect of risk disclosure in analysts′ reports on stock price volatility. This paper finds that analysts are able to disclose risk information, which could predict stock price yield in the short-term, and reduce stock price volatility, thus play an important role in stabilizing the financial market. The risk information disclosure reduces the stock price volatility more significantly when the analysts are star analysts, the stock risk demand is higher and the institutional investors have a higher shareholding ratio. Further research shows that the more risk information in analysts' reports, the worse the performance of enterprises in the current year. This paper also finds that the risk information provided by analysts is mainly industry level information, and can inhibit the overinvestment behavior of the company.

Key Words: Securities Analysts; Risk Information; Financial Market Stability; Over-investment; Stock Price Synchronicity

JEL Classification: G14

企业的影子银行活动加剧了风险承担吗？*

□ 高洁超　汪晨涛　袁唯觉　刘　允

摘　要：本文利用2007~2018年A股非金融上市企业的数据，实证检验企业的影子银行活动对风险承担水平的影响。结果表明：影子银行活动显著提高了企业风险水平，所有制差异、影子银行投资渠道差异等因素对影子银行的风险效应具有异质性影响；进一步发现金融环境具有显著的调节效应，金融环境越紧，企业影子银行化的风险效应越低；但是基于风险—收益权衡视角的分析发现，影子银行的边际收益无法支撑其风险变化，企业影子银行化弊大于利。本文的启示在于，对企业的影子银行活动应做到“有保有压”，宏观调控宜维持稳健偏宽松，以削弱企业的影子银行动机；同时，坚定推进企业混合所有制改革，引导民间资本和国有资本交叉融合，以缓解信贷所有制歧视。

关键词：影子银行；风险承担；金融环境；风险—收益

JEL分类：D21，E44，G3

1　引言

进入经济新常态以来，实体投资增速放缓与金融活动方兴未艾并立，引发了理论界和政策部门关于金融与实体关系问题的广泛热议。2017年第五次全国金融工作会议明确指出，金融要把为实体经济服务作为出发点和落脚点，全面提升服务效率和水平，促进融资便利化、降低实体经济成本、提高资源配置效率。以商业银行为主的传统金融中介在服务中小企业方面存在动力不足和一系列体制机制障碍，而且由于实体经济低迷，许多企业的实体业务利润率持续下滑，导致越来越多的非金融企

* 本文受到教育部人文社会科学研究青年基金项目“影子银行与中国双支柱调控框架优化研究”（18YJC790030）、国家自然科学基金青年项目“影子银行扩张背景下中国货币政策与宏观审慎政策的协调研究”（71803127）、上海市教育委员会和上海市教育发展基金会“晨光计划”项目“平行银行体系下中国双支柱调控的政策效应模拟：基于DSGE模型的分析”（18CG64）、教育部创新团队发展计划滚动支持项目“经济转型期稳定物价的货币政策”（IRT_17R52）的资助。

业将资金从固定资产投资转入金融市场以获取高额利润。这种企业间的资金错配，最终催生了非金融企业的影子银行活动。客观来讲，非金融企业通过影子信贷市场缓解了企业间资金错配，提高了资源配置效率，但是同时也加剧了“脱实向虚”的趋势，扩大了经济的金融风险。

我国非金融企业影子银行的迅速扩张始于2010年宏观政策的突然转向。彼时，为应对2008年国际金融危机，政府于当年底推出“一揽子”刺激内需的“四万亿计划”，同时，为防止经济过热，2010年宏观经济政策旋即全面收紧。受到存贷比、资本金和合意贷款规模的限制，传统表内信贷业务难以满足超额的贷款需求，此后以理财产品、银信合作、委托贷款等为代表的企业影子银行业务应运而生。基于国有企业和大型企业的融资优势，使它们很容易从银行获得低息贷款或是从金融市场上获得额外资金，一旦实体业务陷入低迷，就将资金投入影子银行业务以谋得远高于实体经营的利润回报。

根据我们的计算，2007~2018年，我国非金融上市企业的影子银行规模翻了近29倍，如此巨幅的增速与实体经济现状极不相称，难免引人忧虑。这种担心体现在企业影子银行化可能导致的双重效应上：一方面，一定时期内企业的融资规模是相对固定的，影子银行投资的迅速增加意味着实体主业投资的萎缩，即“虹吸效应”，由此导致实体经济的下滑风险；另一方面，企业的影子银行投资缺乏必要的监管，投资风险较大，由此可能将局部风险传染至整个企业，甚至是与之关联的金融中介，即“扩散效应”。毋庸置疑，实体企业的影子银行化是扭曲金融与实体关系的重要诱因。

当前，对中国影子银行体系的研究非常丰富，但规范的研究较少且主要集中在商业银行层面，而鲜有对企业的影子银行行为及其经济后果的严谨分析。本文运用2007~2018年我国A股非金融上市企业的季度数据实证检验了企业影子银行活动对风险承担水平的影响，探讨了在不同微观特征的企业中，影子银行风险效应的异质性；通过构建衡量整体融资条件松紧程度的金融条件指数，分析了金融环境在影子银行对风险承担影响中的调节作用，并基于风险—收益权衡视角，进一步检验了企业从事影子银行活动的利弊。

2 文献综述

在我国的影子银行体系中，实体企业的影子银行化是一个十分尖锐的问题。以委托贷款为例，2008年9月其存量约为1550亿元，仅占当月社会融资规模的0.5%，此后狂飙突进，到2016年底已达13.2万亿元，占社会融资规模的8.46%。在原银监会下发的《商业银行委托贷款管理办法》严控委贷资金来源和用途后，委托贷款增速明显回落，但目前规模仍有12万亿元之多。委托贷款是中国特有的现象（余琰、李怡宗，2016），在以银行为主导的间接融资体系下，中小民营企业囿于抵押价值不足、财务管理体系不健全以及信息不对称等因素，难以从银行获得足够的正规信贷（Hodgman，1961；Stiglitz，1981），银行贷款往往更倾向于国有企业或大企业（Dewatripont and Maskin，1995），由此导致信贷资源在不同融资约束的企业间产生二次分配。

McKinnon（1973）提出长期的金融抑制必然导致金融市场的二元结构，即非正规金融市场作为正规金融市场的补充，填补市场的资金需求缺口。主流观点认为，实体投资收益率的下降与金融市场巨大的投资回报之间的差异是造成企业金融化的主要原因（Amin，2003；Demir，2007）。张成思和郑宁（2018）则提出一个新观点，认为我国非金融企业参与金融活动的主要动机是规避固定资产与金融资产的投资风险缺口，而非出于固定资产与金融资产的收益率缺口。企业在主营业务之外持有一定的金融资产通常有两类动机：预防性储备和追逐利润。研究发现，企业对交易性金融资产和现金的配置主要出于预防储备目的，对其他金融资产的配置主要出于逐利动机（杨筝等，2017；胡奕明等，2017），而绝大部分实体企业持有金融资产主要是出于逐利动机，并非资金管理动机（Orhangazi，2008；Seo et al.，2012；杜勇等，2017）。

从对宏观经济影响的角度看，影子信贷在直接融资不够发达的情况下，的确起到了补充正规信贷的作用，但同时必须关注实体企业金融化可能给经济发展带来的系统性风险（黄群慧，2017）。对于企业的影子银行等金融活动，学术界有不同看法。一部分文献认为，企业的金融化会对实体投资产生“挤出效应”（Dumenil and Levy，2004；Orhangari，2006），从而加剧企业的财务风险（黄贤环等，2018）。另一部分文献则认为，企业的金融化可以降低企业财务困境、改善资产负债表，能够为实体企业增加必要的财务缓冲器（Smith and Stulz，1985；Stulz，1996；Demir，2009；许罡、朱卫东，2017；吴军、陈丽萍，2018）。

对于影子银行的实证文献主要是对以银行为主体的银行影子进行分析，对于非金融企业的影子银行活动，目前主要有两类文献：一类文献偏重从微观实证角度考察企业影子银行活动。例如，李建军和胡凤云（2013）基于我国15个省的调研发现，有40.6%的企业借助影子信贷融资，平均融资成本高达18.28%。由此可见，影子银行拉长的信用链条本质上是以“融资贵”替代了“融资难”，融资风险并未消除甚至可能只是延缓发生而已。李建军和马思超（2017）研究了我国中小板非金融上市企业的过桥贷款投融资活动的财务效应，认为企业参与过桥贷款这种过度的金融化选择，会恶化财务绩效。李建军和韩珣（2019）的研究进一步明确，无论企业以“实质性信用中介”还是以“间接参与影子信贷市场”的方式开展影子银行业务，都会显著增加经营风险。另一类文献则基于DSGE框架进行分析。裘翔和周强龙（2014）、林琳等（2016）、高然等（2018）基于DSGE框架的研究得出，影子银行会积累金融风险、弱化货币政策传导效应。卢盛荣等（2019）运用DSGE模型研究发现，影子银行尽管缓解了民营企业的融资难问题，但同时加剧了宏观经济的不稳定性。

从主要文献看，已有研究对非金融企业影子银行业务参与的理论分析和实证分析还比较匮乏。本文作为对非金融企业影子活动的研究补充，拟从三个方面进一步推进：首先，通过构建理论模型，在企业的二元结构环境下，勾勒企业的影子银行活动与风险效应的逻辑关联；

其次，在细化探究影子银行对不同微观特征企业的风险影响的基础上，进一步考虑宏观金融环境松紧的作用，通过构建可有效衡量宏观融资环境松紧程度的变量，深入分析其在企业影子银行活动中的风险调节效应；最后，尝试从风险—收益权衡的新视角，分析影子银行活动对各类型企业风险承担的综合利弊。这些工作对于更加深入地理解企业从事影子银行活动的动机与后果提供了更多的微观证据。

3 理论模型

我们从中国广泛存在的企业二元结构这一基本特征事实出发，借鉴刘珺等（2014）的成本函数设定形式，构建了一个关于异质性企业的影子银行活动的理论模型。模型中，假设国有企业可以利用自身的优势地位获取低成本资金，民营企业则没有这种融资优势，从而嵌入影子银行的信贷再分配和风险特征，勾勒出企业影子银行活动与风险的关联与传导的可能性。为实证研究从所有制特征、盈利能力特征等角度进一步细化企业的微观特征对影子银行活动的风险效应的影响奠定理论基础。

假设市场上有两个代表性企业，一个是融资优势企业 s，另一个是融资劣势企业 p，以 AK 模型作为其生产函数，即 $y_i = A_i k_i (i = s, p)$。其中，A_i 代表产出效率，k_i 代表投入资本，假设企业初始资本为零，投入资本均来自借贷。劣势企业需要抵押 m 比例的融资给银行，$0 \leqslant m \leqslant 1$。假定银行的总可借出资本为 $\bar{k}$，$\bar{k} \leqslant \sum \frac{A_i - r}{\theta_i}$，其中，$\frac{A_i - r}{\theta_i}$ 为企业不进行任何影子银行活动仅进行生产活动时需要的借贷量。假设企业的借款成本由两部分组成：第一部分是社会融资成本 $r k_i$；第二部分是企业承担的融资成本，其与借贷难易程度有关，定义 θ_i 为融资的难易程度，且 $\theta_p > \theta_s$，令 $c_i = \frac{1}{2} \theta_i k_i^2$。

3.1 融资优势企业

假设融资优势企业 S 为风险中性企业，且因为其独特的地位，不会有违约行为。生产函数为 $y_s = A_s k_s$，融资成本为 $C_s = r k_s + \frac{1}{2}\theta_s k_s^2$，其中，$r$ 为一般利率。当企业参与金融类业务时，假设其参与金融类业务的比例为 δ，$0<\delta<1$，其收益为 r^*，$r^* > r$。则其利润最大化问题为：

$$\max_{k_s} \pi_s = A_s (1-\delta) k_s + (1-\Re(e)) r^* \delta k_s - r k_s - \frac{1}{2}\theta_s k_s^2 \tag{1}$$

其中，e 为融资劣势企业面临的风险，$\Re(e)$ 为其违约的概率，且有：

$$\frac{\partial \Re(e)}{e} \geqslant 0 \tag{2}$$

最大化问题求解可得：

$$k_s = \frac{A_s (1-\delta) + (1-\Re(e)) r^* \delta - r}{\theta_s} \tag{3}$$

由此可见，当银子银行业务的利率 r^* 越高，融资优势企业有激励向银行融到更多的资金，将提高开展影子银行业务的比例。从而压缩融资劣势企业的融资额度，造成劣势企业融资难的现象。

3.2 融资劣势企业

融资劣势企业 P 的生产函数为 $y_p = A_p k_p$。

融资来自两个方面：一方面是来自银行的低利率资金，另一方面是来自融资优势企业的银子银行业务，其融资成本为$C_p = r\,k_p + \frac{1}{2}\theta_p k_p^{\,2} + r^* \delta\, k_s$。假设融资劣势企业面临的风险为 e ，且需要抵押 m 比例的融资额度，所以其利润最大化问题为：

$$\max_{k_p} \pi_p = A_p(1-e)((1-m)\,k_p + \delta\, k_s) - (1-em)r\,k_p - \frac{1}{2}\theta_p\, k_p^{\,2} - r^*\delta\, k_s \tag{4}$$

由一阶条件可得：

$$k_p = \frac{A_p(1-e)(1-m) - (1-em)r}{\theta_p} \tag{5}$$

由于：

$$\frac{\partial k_p}{\partial m} = \frac{-A_p(1-e)+er}{\theta_p} \leqslant 0 \tag{6}$$

故当优势企业融资额度增加时，由于银行的可借出资金有上限，银行通过增加劣势企业的融资抵押比例来缩减劣势企业的融资额度，劣势企业的贷款额度缩减，且：

$$\frac{\partial \pi_p}{\partial \delta\, k_s} = A_p(1-e) - r^* \tag{7}$$

当影子资金的利息 $r^* \leqslant A_p(1-e)$ 时：

$$\frac{\partial \pi_p}{\partial \delta\, k_s} \geqslant 0 \tag{8}$$

故当银行提高融资抵押比例时，劣势企业会更多地增加影子资金的需求。当$\frac{\partial \pi_p}{\partial \delta\, k_s} \leqslant 0$，即 $r^* \geqslant A_p(1-e)$ 时，劣势企业对影子资金的需求才会降低。

另一方面，由于：

$$\max_{k_p} \pi_p = A_p(1-e)((1-m)\,k_p + \delta\, k_s) - (1-em)r\,k_p - \frac{1}{2}\theta_p\, k_p^{\,2} - r^*\delta\, k_s = A_p(1-e)((1-m)\,k_p + \delta\, k_s) - (1-em)r\,k_p - \frac{1}{2}\theta_p\, k_p^{\,2} - r^*\delta(\bar{k} - k_p) \tag{9}$$

可知：

$$e = \frac{A_p(1-m) - r - \theta_p\, k_p + r^*\delta}{A_p(1-m) - mr} \tag{10}$$

且：

$$\frac{\partial e}{\partial \delta} \geqslant 0 \tag{11}$$

由此，当 δ 增大时，即当融资优势企业加大影子银行业务时，会挤出融资劣势企业在银行可以得到的融资额，融资劣势企业面临的风险也将加大。由于民企相对国企来说规模更小，更缺乏抵押品，当更多的资金来自影子银行业务时，风险随之加大。由于风险增加，劣势企业的违约率也将增高，由此导致从事影子银行活动的融资优势企业面临的风险也将增加。

综上所述，企业的影子银行活动无疑会导致风险，而这一风险可以由异质性企业在信贷市场上的竞争关系所引致，因此本文提出如下几点可能的假设以备通过实证分析论证：

假设 1：企业的影子银行活动提高了风险效应，而且不同所有制、不同盈利能力的企业的影子银行活动可能具有显著不同的风险效应。

假设 2：企业的影子银行活动导致的风险效应不仅与自身微观特征有关，而且可能与外部条件密切相关，不同经济发展阶段、不同的影子银行活动渠道以及不同的宏观金融环境均可能导致不同的影响效果。

4 研究设计

4.1 变量设定

4.1.1 被解释变量

本文回归模型中的被解释变量是企业的风险承担水平，我们采用 Altman（2002）提出的修正的 Z-score 指标来度量财务风险，具体公式为 Z-score=（0.717×营运资金+0.847×留存收益+3.107×息税前利润+0.998×销售收入）/资产总额+0.42×股票总市值/总负债。需要注意的是，Z-score 的值越大，表明企业的风险越小。该指标可较好地刻画企业影子银行活动对个体破产风险的影响效应。

4.1.2 解释变量

本文的核心解释变量是企业的影子银行投资规模。企业的影子银行投资活动主要通过过桥贷款、委托贷款和委托理财三项进行（韩珣等，2017），我们通过对企业参与影子银行活动的机制分析和相关法律规定，在财务报表中提取出了相应的会计科目。过桥贷款等民间借贷形式，在资产负债表上反映在“其他应收款”科目中（王永钦等，2015）。根据国家对金融工具的相关规定，委托贷款应根据其贷款期限，分别在“其他流动资产”“一年内到期的非流动资产”“其他非流动资产”科目中列示，我们用这三类科目的加总作为企业委托贷款的代理变量。委托理财数据则从企业公告中获得。需要说明的是，其他应收款中还包括为员工垫付的水电费、保险公司理赔等，以及一部分不属于民间借贷的影子银行业务，而其他流动资产、其他非流动资产还包括待认证进项税额等难以归类为一般流动资产和非流动资产的项目。但是囿于数据的细分可得性，我们参考目前的普遍做法，将这些科目作为委托贷款和民间借贷的近似替代，并在此基础上对影子银行规模代理变量进行对数化处理。

在控制变量方面，我们选取了对数企业规模（ln*size*）、财务杠杆率（*lev*）、成长性（*growth*）、资产回报率（*roa*）、托宾 q（*tuobinq*）、企业股权集中度（*sharehold*）、权益乘数（*equity*）和流动比率（*ratio_liq*）来控制企业微观层面的特征对企业风险承担的影响。同时，我们选取了 GDP 增长率（gdpg）以控制宏观经济增速对企业风险承担的影响。变量的具体含义和说明见表 1。

表 1　变量的具体含义说明

名称	变量	具体含义
企业风险承担	*Z-score*	（0.717×营运资金+0.847×留存收益+3.107×息税前利润+0.998×销售收入）/资产总额+0.42×股票总市值/总负债
影子银行规模	ln*sb*	（其他应收款+其他流动资产+一年内到期的非流动资产+其他非流动资产+委托理财）的对数
企业规模	ln*size*	企业总资产的对数
资产负债率	*lev*	总负债/总资产
成长性	*growth*	本期主营业务收入/上期主营业务收入-1

续表

名称	变量	具体含义
股权集中度	*sharehold*	企业第一大股东季末的持股比例
托宾 q	*tuobinq*	企业市值/总资产
资产回报率	*roa*	税后净利润/总资产
权益乘数	*equity*	总资产/所有者权益
流动比率	*ratio_liq*	流动资产/流动负债
经济增长	*gdpg*	本期国内生产总值/上期国内生产总值-1

4.2 模型表达

本文的核心研究目的是分析企业的影子银行活动对风险承担的影响，故构建以下回归方程：

$$Z\text{-}score_{it}=\alpha_1+\alpha_2\times\ln sb_{it}+\alpha_3\times\ln size_{it}+\alpha_4\times lev_{it}+\alpha_5\times growth_{it}+\alpha_6\times roa_{it}+\alpha_7\times tobinq_{it}+\alpha_8\times sharehold_{it}+\alpha_9\times equity_{it}+\alpha_{10}\times ratio\_liq_{it}+\alpha_{11}\times gdpg_{it}+u_i+\varepsilon_{i,t} \quad (12)$$

其中，α_1 是模型的截距项，u_i 是衡量个体间的异质性，$\varepsilon_{i,\ t}$ 是反映个体随时间变化的扰动项。如果 α_2 的系数显著为负，则可以判定企业增加影子银行活动将提高其风险承担水平。在后文的分析中，我们还将引入刻画社会融资条件松紧的调节变量，以进一步分析在不同的宏观金融环境下，影子银行对风险承担的影响会如何变化。

4.3 样本和数据

由于 2007 年推出新会计准则，基于可比性考虑，本文的样本时间为 2007 年第一季度到 2018 年第四季度，对象为我国所有 A 股非 ST 上市企业，其中剔除金融企业样本，并去除数据缺省和错误样本，共计 3412 家企业，96648 个非平衡面板观测值。企业的微观数据来源于国泰安数据库，宏观数据来源于国家统计局。为了避免异常值影响结果，对所有企业层面的连续变量做 1%水平下的缩尾处理，数据处理和实证分析均使用 Stata 15 软件。

5 实证分析

结合研究目的，本文的实证分析分为两部分：第一，基于全样本数据，分析企业的影子银行活动对风险承担的总体影响，然后在分样本数据下，区分不同的发展阶段、企业所有制性质、主营业务状态和影子银行渠道在影子银行对风险承担影响中的作用；第二，构建可反映宏观金融整体松紧程度的金融条件指数，将其作为调节变量纳入基准回归模型，分析社会融资环境如何作用于企业影子银行对自身风险承担的影响。此外，本文还进一步基于风险—收益权衡视角，综合判断企业从事影子银行活动的利弊。由此，全面、系统地对理论模型中提出的两个假设进行深入、细致的研判。

5.1 基准分析

5.1.1 全样本回归

首先采用普通最小二乘法和固定效应模型估计方程（12），并考虑是否采取稳健标准误，回归结果如表 2 所示。由表 2 可知，各组回归都显示企业的影子银行化程度提高会显著增加风险承担水平。豪斯曼检验结果显示，强烈拒绝个体效应与解释变量无关的原假设，故我们以固定效应模型为基准。表 2 列（4）为考虑了稳健标准误的固定效应模型，可以看出，影子银行增加 1%会使企业的风险放大 0.1998%，且在 1%的统计水平下显著。就控制变量来看，企业规模越大、托宾 q 值越高、股权越集中则越有利于控制风险，而杠杆率越高、成长越快速则更容易积聚风险，宏观上经济增速放缓也是导致企业风险增加的重要诱因。

表 2　企业影子银行化对风险承担的影响：全样本回归

变量	(1)	(2)	(3)	(4)
	Z-score	Z-score	Z-score	Z-score
ln*sb*	-0.0854***	-0.1998***	-0.0854***	-0.1998***
	(0.0102)	(0.0106)	(0.0138)	(0.0338)
ln*size*	0.6662***	0.2894***	0.6662***	0.2894***
	(0.0198)	(0.0288)	(0.0244)	(0.1004)
lev	-13.6804***	-13.6103***	-13.6804***	-13.6103***
	(0.0840)	(0.1070)	(0.5191)	(0.6027)
growth	-0.1379***	-0.1645***	-0.1379***	-0.1645***
	(0.0303)	(0.0233)	(0.0367)	(0.0251)
Sharehold	0.0008	0.0133***	0.0008	0.0133***
	(0.0010)	(0.0012)	(0.0009)	(0.0023)
tobinq	2.1350***	1.9173***	2.1350***	1.9173***
	(0.0094)	(0.0094)	(0.0225)	(0.0448)
roa	-1.4970***	-0.7727**	-1.4970***	-0.7727
	(0.3752)	(0.3130)	(0.5620)	(0.7333)
equity	0.0088***	0.0024***	0.0088**	0.0024*
	(0.0012)	(0.0009)	(0.0034)	(0.0013)
ratio_liq	0.1001***	0.0511***	0.1001*	0.0511*
	(0.0012)	(0.0009)	(0.0534)	(0.0306)
gdpg	2.1913***	2.2460***	2.1913***	2.2460***
	(0.2523)	(0.1918)	(0.2822)	(0.2038)
Constant	-7.0141***	3.5736***	-7.0141***	3.5736*
	(0.3449)	(0.5252)	(0.4966)	(1.9485)
固定效应	否	是	否	是
稳健标准误	否	否	是	是
Observations	96648	96648	96648	96648
R-squared	0.620	0.460	0.620	0.460

注：*** 表示 $p<0.01$，** 表示 $p<0.05$，* 表示 $p<0.1$，下同。

5.1.2　分样本回归

2008年国际金融危机发生后，我国于当年底开始实施“四万亿计划”以遏制经济颓势，此后从2010年开始，在多轮政策转向和重点领域整治的作用下，正规信贷浪潮逐渐减弱并借助银行理财、银信合作、委托贷款等多种影子银行渠道规避监管，影子银行由此得到迅速发展。因此，我们首先以2010年为界，将样本划分为2010年以前、2010年及其后两部分，观察影子银行在兴起前后对于企业风险承担的影响效果。表3显示，2010年以来，企业的影子银行规模增加会显著提高自身风险承担水平（-0.2149），且在1%的统计水平下显著，而2010年以前，这一影响明显减小（-0.1068），且统计不显著。这一结果表明企业影子银行活动的风险效应在后危机时代得到了显著增强。为了减少模型的估计偏差，我们进一步采用DID方法进行检验。由于“四万亿计划”政策同时对所有企业造成了影响，所以难以区分实验组和对照组，所以我们在此使用广义DID的方法。我们认为不同企业虽然同时受到政策冲击，但是由于企业规模和业务能力不同，最终政策对于每个企业影子银行活动的影响力度并不相同，故我们使用企业规模和负债率作为敏感性指标进行广义DID检验。结果显示，“四万亿计划”之后，企业影子银行的风险效应确实出现了显著增强（见表4）。

表3　企业影子银行化对风险承担的影响：分时段检验

变量	（“四万亿计划”前） Z-score	（“四万亿计划”后） Z-score
ln*sb*	-0.1068 * (0.0567)	-0.2149 *** (0.0354)
ln*size*	0.5676 *** (0.1889)	0.3868 *** (0.1186)
lev	-6.2113 *** (0.6761)	-16.4251 *** (0.6646)
growth	-0.1710 *** (0.0358)	-0.1422 *** (0.0276)
Sharehold	-0.0040 *** (0.0014)	0.0274 *** (0.0064)
tobinq	1.3499 *** (0.0476)	1.9720 *** (0.0471)
roa	1.5956 *** (0.5699)	-1.0288 (1.0997)
equity	-0.0003 (0.0005)	0.0068 ** (0.0030)
ratio_liq	0.8025 *** (0.1361)	0.0473 * (0.0285)
gdpg	2.0857 *** (0.3796)	2.2131 *** (0.2309)
Constant	-7.8151 ** (3.9674)	2.2933 (2.4324)
固定效应	是	是
稳健标准误	是	是
Observations	10667	85981
R-squared	0.542	0.470

表4　企业影子银行化对风险承担的影响：DID检验

VARIABLES	(1) DID_size	(2) DID_lev
diff	-1.7220 *** (0.0439)	-12.1323 *** (0.3493)
Observations	103527	103527
R-squared	0.171	0.376

既然整体上过多地从事影子银行活动会加剧企业的风险承担水平，那么这种负面影响是否在不同的企业中又会存在显著差别呢？一个

自然的想法是，从资金可得性来看，国有企业拥有政府的隐性担保，是银行放贷的优先对象，债务融资优势明显，有更多的低廉资金可投入影子银行业务，即使面临相同的投资损失，由于其成本更低，因此风险承担水平仍低于民营企业。表5的结果佐证了上述猜想，影子银行对民企风险的影响（-0.2358）明显大于对国企风险的影响（-0.0806），且显著程度更高。而从业务替代的角度来看，影子银行作为一种高风险、高收益的投资活动，非金融企业开展影子银行业务的动机当然是追逐利润，但由此也会在一定程度上导致对主营业务资金的侵占。我们认为企业的主营业务经营得越好，其从事影子银行活动的意愿就会越低，因为影子银行对主营业务的替代可能导致更高的机会成本。反过来说，即影子银行规模的边际增加对高主营业务收益率企业的风险影响更大。表5的结果同样验证了上述猜测，当影子银行规模增加1%，高主营业务收益率企业的风险会提高0.3031%，且在1%的统计水平上显著，而低主营业务收益率企业的风险只会提高0.0349%，且统计不显著①。此外，在表6中，我们用交互项对样本间差异进行了检验，结果显示存在显著差异，出于篇幅考虑，只给出交互项系数。

表5　企业影子银行化对风险承担的影响：分所有制和主营业务收益率检验

变量	（国有企业） Z-score	（民营企业） Z-score	（高收益率） Z-score	（低收益率） Z-score
ln*sb*	-0.0806** (0.0350)	-0.2358*** (0.0481)	-0.3031*** (0.0714)	-0.0349 (0.0597)
ln*size*	0.3761*** (0.0870)	0.0676 (0.1472)	0.1011 (0.2660)	0.6967*** (0.1684)
lev	-7.4959*** (0.6605)	-17.4264*** (1.0663)	-29.4679*** (3.3390)	-10.7888*** (0.8539)
growth	-0.0910*** (0.0206)	-0.2121*** (0.0399)	-0.4032*** (0.0700)	-0.0151 (0.0407)
Sharehold	-0.0008 (0.0016)	0.0144*** (0.0048)	0.0326*** (0.0077)	0.0051 (0.0034)
tobinq	1.4558*** (0.0746)	1.9279*** (0.0558)	2.4424*** (0.0684)	1.6401*** (0.1012)
roa	3.4040*** (1.2766)	-0.4674 (1.4074)	-4.6924* (2.4373)	-1.8140 (1.1965)
equity	0.0018 (0.0013)	0.0009 (0.0010)	0.9905 (0.8013)	0.0009 (0.0012)
ratio_liq	0.0240** (0.0122)	0.0500 (0.0385)	0.0391 (0.0288)	0.0287 (0.0185)

① 将样本按照主营业务利润率分成四组，并分别取主营业务利润率最高组和最低组进行回归。在这里，我们并不像大多数文献那样使用资产收益率表示，资产收益率中有很大一部分是企业的金融资产收益，不利于厘清企业主业与影子银行业务的关系。

续表

变量	（国有企业） Z-score	（民营企业） Z-score	（高收益率） Z-score	（低收益率） Z-score
gdpg	1.7794*** (0.1725)	2.2975*** (0.3496)	3.7627*** (0.7000)	1.5355*** (0.3261)
Constant	-2.5909 (1.6377)	10.4834*** (2.8641)	11.7795** (5.0656)	-8.8353*** (3.2445)
固定效应	是	是	是	是
稳健标准误	是	是	是	是
Observations	35725	47014	24294	23855
R-squared	0.454	0.445	0.520	0.452

表 6　样本差异检验

变量	（企业性质） Z-score	（收益率） Z-score
ln*sb_property*	0.3223*** (0.0501)	
ln*sb_ratio_pro*		-0.6962*** (0.0865)
固定效应	是	是
稳健标准误	是	是
Observations	82739	48149
R-squared	0.426	0.458

进一步来看，企业开展影子银行业务可以通过委托贷款、委托理财、民间借贷等多种方式进行，那么不同渠道的影子银行活动对企业的风险承担水平是否具有异质性影响？这一点是现有文献鲜有关注的，代表性文献如李建军和韩珣（2019），从企业是否直接参与放贷这一角度将影子银行区分为“实质性信用中介”和“影子信贷链条”。但是我们认为其中存在两点问题：第一，将委托贷款纳入“实质性信用中介”的做法存疑，因为在我国很多时候委托贷款实际上也可被银行用于变相突破信贷额度限制的途径，[①] 当其用于“企—银合作”时，企业确实充当了“实质性信用中介”的角色，而当其用于“银—企合作”时，企业则类似于一个中转站，起到的是帮助银行突破信贷额度限制的服务角色。第二，“影子信贷链条”中的许多科目掺杂着一般性的金融投资活动，难以分离干净，由此导致企业的影子银行化与企业的金融化界限进一步模糊。

考虑到影子银行活动具有隐蔽性、关联性、链条长等特点，目前还没有公认的普适方法来测算微观企业的真实影子银行规模，但委托贷款、委托理财、民间借贷三种方式是比较公认的也是研究较多的渠道（王永钦等，2015；韩珣等，2017）。基于上述传统渠道，我们将企业借由委托贷款和委托理财渠道进行的影子银行活动归为“金融中介渠道”，在这一渠道下，企业的影子银行资金由银行等金融中介进行周转、投放。虽然金融中介扮演的是中间服务商角色，

① 比如当银行在对某家企业的授信额度用完后，可以借助于授信额度有余缺的企业，约定将新增贷款转换为委托贷款，用于对信用额度受限的企业融资，这一操作不仅可以规避信用额度控制，还可以做大银行的中间业务。这一做法在很长一段时间内成为委托贷款迅猛增长的主要来源，后于 2015 年被银监会《商业银行委托贷款管理办法（征求意见稿）》所禁止，2018 年《商业银行委托贷款管理办法》正式出台。

但其肯定会利用专业能力和信息优势来保障企业的影子银行活动，毕竟如果投资失败将影响其声誉，我们猜想其中存在的“隐性声誉担保”可以降低企业的影子银行投资风险。将过桥贷款等民间借贷归为“直接渠道”，在这一渠道下，影子银行的放贷企业直接与融资需求企业达成协定，由于这类活动多数处在法律的灰色地带，通常利率很高，资金短缺企业不到万不得已不会使用，因此存在严重的逆向选择问题。我们猜测相比较“金融中介渠道”，“直接渠道”下的影子银行既缺乏金融中介的声誉担保和识别能力，又存在逆向选择等诸多问题，因此其投资风险应该明显更大。表 7 的检验结果很好地支持了上述猜想，我们发现影子银行对企业风险的影响系数在中介渠道下为-0.0435，而在直接渠道下则高达-0.2254，两者相差超过 5 倍，且均在 1%的统计水平下显著。由此可见，同样是企业的影子银行活动，由于存在是否借助了金融中介渠道的差异，其带来的风险效应大小是截然不同的。

表 7　企业影子银行化对风险承担的影响：分影子银行渠道检验

变量	（中介渠道） Z-score	（直接渠道） Z-score
ln*sb*1	-0.0435*** (0.0064)	
ln*sb*2		-0.2254*** (0.0401)
ln*size*	0.2867*** (0.0942)	0.1457* (0.0867)
lev	-13.6652*** (0.8450)	-13.3539*** (0.5910)
growth	-0.1715*** (0.0288)	-0.1619*** (0.0250)
Sharehold	0.0142*** (0.0027)	0.0136*** (0.0023)
tobinq	1.9628*** (0.0445)	1.8938*** (0.0448)
roa	-1.4587 (0.9091)	-0.4809 (0.7143)
equity	0.0033* (0.0018)	0.0024* (0.0013)
ratio_liq	0.1005 (0.0632)	0.0514* (0.0307)
gdpg	2.3717*** (0.2225)	2.2204*** (0.2040)
Constant	0.3268 (2.1481)	6.8453*** (1.8651)
固定效应	是	是
稳健标准误	是	是
Observations	81942	96648
R-squared	0.494	0.460

5.2　进一步分析

5.2.1　金融环境的调节作用检验

企业从事影子银行活动本质上是对信贷资金的二次分配，在长期的金融压抑环境下，可以在一定程度上起到优化信贷配置、缓解融资歧视的作用。具体来看，如果金融环境较为宽松，则企业从事影子银行业务的可替代性就会提高，风险—收益关系趋于恶化。反之当金融环境紧张时，企业的影子银行业务可替代性会降低，即重要性上升，风险—收益关系则趋于优化。因此，在影子银行对企业风险的影响中，整体金融环境的松紧状态可能起到重要的调节作用。

遗憾的是，已有关于实体企业与金融活动的微观实证文献鲜有对于整体金融环境的刻画，因而无法分析其在企业金融活动影响中的调节效应。李建军和韩珣（2019）通过多种方法刻画了上市企业的个体融资约束指标，以此衡量企业所处融资环境的好坏。这类方式在计算时可能无法排除影子银行资金占用的影响，而且融资约束越强、主业经营越困难的企业有可能更多地寻求影子银行这种替代投资方案，由此导致测算结果出现较大误差或内生性；更重要的是，上市公司基本上都是影子银行信贷的净供给者，其影子信贷业务的可替代程度主要取决于资金的净需求方，即广大的中小企业，因此基于上市公司计算的个体融资约束指标并不能考察整体金融环境的松紧状态和调节作用。而刘贯春等（2018）以经济增长和 M2 指标作为宏观环境变量分析其在企业金融资产配置中的调节效应，同样无法考察整体金融环境的具体作用。

本文参考范从来和高洁超（2019）的指数合成方法以及第一财经研究院对于中国金融条件指数的测算方式，运用主成分分析构建衡量中国金融环境松紧波动的时间序列指标（金融条件指数，Financial Conditianal Index，FCI）。为尽可能全面地涵盖整个金融体系，指标体系包含了七个方面：货币市场、债券市场、股票市场、信贷市场、影子银行、房地产市场、整体金融指标；并分别在这七个方面中选取其中具有代表性的、涵盖市场交易规模量大的指标，共计 44 个。[①] 具体合成结果如图 1 所示。

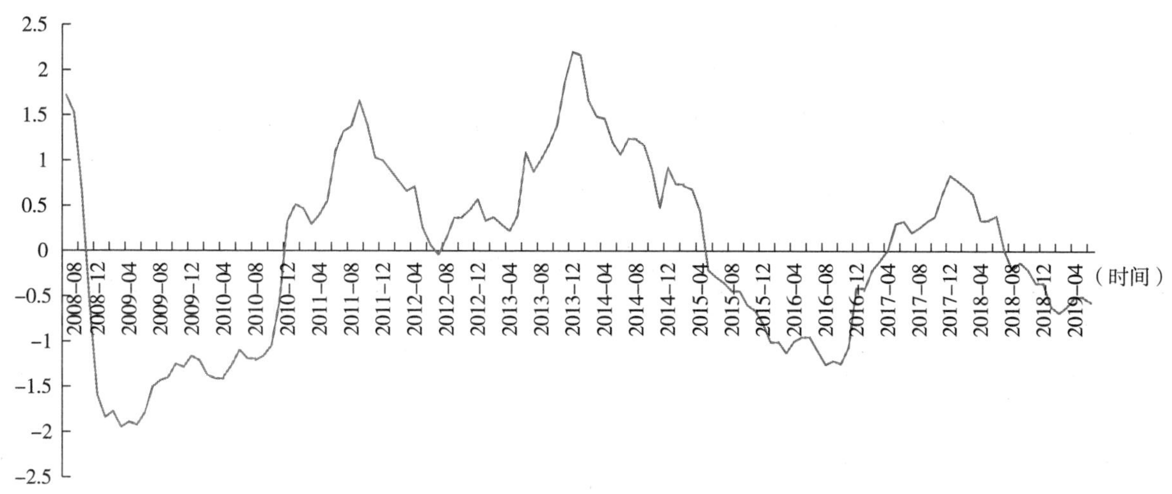

图 1　金融条件指数

注：金融条件指数是为衡量融资条件、融资可得性，以及宏观金融综合松紧程度而创建的指标，0 代表指数运行均值，指数越高代表金融环境越紧缩，指数越低代表金融环境越宽松。

由图 1 可知，我国的整体金融环境自金融危机以来一直在松紧之间持续切换，例如 2008 年底推出的“四万亿计划”刺激计划使金融环境显著改善，社会融资条件明显变宽松，之后在宏

① 限于篇幅，具体指标和因子分析过程详见附录。

观政策转向和监管趋严的作用下，金融环境再次收紧。总体来看，这一指数对于我国金融环境波动的刻画是比较良好的，我们将其以交乘项的形式引入回归模型（13），以考察其调节效应：

$$Z\text{-}score_{it} = \beta_1 + \beta_2 \times \ln sb_{it} + \beta_3 \times FCI_{it} + \beta_4 \times FCI_{it} \times \ln sb_{it} + \beta_5 \times \ln size_{it} + \beta_6 \times lev_{it} + \beta_7 \times growth_{it} + \beta_8 \times sharehold_{it} + \beta_9 \times tobinq_{it} + \beta_{10} \times roa_{it} + \beta_{11} \times equity_{it} + \beta_{12} \times ratio\_liq_{it} + \beta_{13} \times gdpg_{it} + u_i + \varepsilon_{i,t} \tag{13}$$

在模型（13）中，在控制了 FCI 对于企业风险的独立影响后，我们重点关注的是交乘项系数 β_4 的方向和显著性。我们在表 8 中分别基于全样本、分所有制、分主营业务收益率、分影子银行渠道进行了回归。从表 8 中可知，FCI 对于企业风险的影响系数基本都是显著为负的，表明整体金融环境越紧张，企业的风险也就越高，这是符合直觉的，因为不管企业的具体微观特征如何，宏观的融资条件越紧，则对企业的正常运行势必会造成负面影响。就我们关注的交乘项系数 β_4 来看，大部分回归结果都是显著为正的，表明金融环境的调节作用确实存在，而且 FCI 提高将显著抑制影子银行对企业风险的影响程度，这是因为金融环境越紧张，融资约束企业的影子信贷资金需求就越旺盛，从而资金富余企业从事影子银行放贷业务的可替代性下降，在相同的投资风险下可以获取更高的利息率，进而可以改善影子银行活动对自身风险状况的负面影响。

细分来看，调节效应 β_4 在民营企业、低主营业务收益率的企业和影子银行直接渠道的组别中表现得更突出，这反映出金融环境的反向调节作用对融资优势相对较低、主营业务相对较弱、影子银行投资缺乏专业机构保障的企业更大。在全社会融资条件趋紧时，这些企业正常的经营活动相对受到的影响更大，因此也更容易倾向于选择影子银行这一替代投资方案，因此这种调整带来的边际作用也就更加明显。

表 8　金融环境的调节作用检验

变量	（全样本）Z-score	（国有企业）Z-score	（民营企业）Z-score	（高主营收益率）Z-score	（低主营收益率）Z-score	（中介渠道）Z-score	（直接渠道）Z-score
ln*sb*	-0. 2221*** （0. 0364）	-0. 0930*** （0. 0343）	-0. 2592*** （0. 0520）	-0. 3128*** （0. 0746）	-0. 0714 （0. 0612）		
ln*sb*1						-0. 0462*** （0. 0072）	
ln*sb*2							-0. 2463*** （0. 0447）
FCI	-0. 6750** （0. 2843）	-0. 2487 （0. 2141）	-1. 8659*** （0. 4641）	-0. 7020 （0. 6837）	-1. 3643** （0. 5595）	0. 0681 （0. 0682）	-1. 7945*** （0. 2919）
FCI×ln*sb*	0. 0432*** （0. 0146）	0. 0176* （0. 0107）	0. 1050*** （0. 0243）	0. 0382 （0. 0352）	0. 0829*** （0. 0293）		
FCI×ln*sb*1						0. 0061 （0. 0038）	

续表

变量	（全样本） Z-score	（国有企业） Z-score	（民营企业） Z-score	（高主营收益率） Z-score	（低主营收益率） Z-score	（中介渠道） Z-score	（直接渠道） Z-score
FCI×ln*sb*2							0.1111*** （0.0159）
Constant	1.5760 （2.4327）	-2.4966 （2.2234）	7.5895** （3.4403）	12.1569* （6.4352）	-10.9895*** （4.1646）	-1.7477 （2.5627）	5.5447** （2.3489）
控制变量	是	是	是	是	是	是	是
固定效应	是	是	是	是	是	是	是
稳健标准误	是	是	是	是	是	是	是
Observations	85981	29159	42965	22337	20356	76274	85981
R-squared	0.470	0.430	0.465	0.554	0.458	0.497	0.470

5.2.2 基于风险与收益权衡视角的检验

前面的研究表明，尽管影子银行对企业风险承担水平的影响效应在不同特征的企业或环境下会表现出异质性，但其影响基本上都是负面的，即非金融企业从事的影子银行业务越多其自身风险则越大。相比于一般的金融投资，影子银行是一种高风险、高收益的金融活动，如果以增加风险为代价可以换取更高的收益，那么在某种程度上讲，就没有理由禁锢或抑制这样的企业行为。

为考察上述猜想是否属实，需要将原来的被解释变量 Z-score 替换为经风险与收益权衡后的新指标。我们借鉴夏普比率（对任意资产与无风险资产组合的报酬—波动性比率）的构造思路，以 ROA×Z-score 作为经风险与收益权衡后的被解释变量。由于 Z-score 值越高，企业风险越低，两者呈反向变化，故以 Z-score 的倒数作为风险度量放于分母，以企业的总资产收益率作为收益度量放于分子，即 ROA×Z-score。前面的回归结果表明影子银行增加会降低 Z-score，因此排除表 9 中的 case1、case2、case4 表明影子银行增加会同时恶化收益与风险，不符合理性原则，可能的 case3 表明影子银行增加会提高 ROA、降低 Z-score，则企业从事影子银行将面临风险—收益权衡。如果回归结果显示影子银行系数显著为正，说明影子银行增加导致了 ROA×Z-score 提高，其中要么是使 ROA 提高的比例大于 Z-score 降低的比例，要么是使 ROA 降低的比例小于 Z-score 增加的比例，而后一种情况已被前述回归结果所否定，因此如果影子银行系数显著为正说明企业从事影子银行是符合风险与收益权衡后的“合理”行为。反之，如果影子银行系数显著为负，则表明影子银行增加使 ROA 提高的比例小于 Z-score 降低的比例，从事影子银行将是一种非理性行为。

表 9 风险—收益的可能情形

	ROA 提高	ROA 降低
Z-score 提高	完美（case1）	权衡（case2）
Z-score 降低	权衡（case3）	放弃（case4）

表 10 给出了基于风险与收益权衡视角的检验结果。我们发现，无论是基于全样本、分所

有制样本、分主营业务收益样本还是分影子银行渠道样本，其结果都显示影子银行的扩张将对 ROA×Z-score 变量产生显著的负面影响。此外，我们进行了敏感性检验，分别用 ROE×Z-score 和 ROC×Z-score 替换了 ROA×Z-score，结果仍然十分稳健。这表明，企业参与影子银行活动对自身盈利能力的边际促进作用小于风险的边际增加，即影子银行的高收益无法支撑其高风险代价，企业的影子银行化从根本上来说仍是弊大于利。

表 10　基于风险与收益权衡视角的检验

变量	（总样本） ROA* Z-score	（国有企业） ROA* Z-score	（民营企业） ROA* Z-score	（高主营收益率） ROA* Z-score	（低主营收益率） ROA* Z-score	（中介渠道） ROA* Z-score	（直接渠道） ROA* Z-score
ln*sb*	-0.0200*** (0.0039)	-0.0106*** (0.0041)	-0.0268*** (0.0080)	-0.0181*** (0.0052)	-0.0100** (0.0042)		
ln*sb*1						-0.0038*** (0.0009)	
ln*sb*2							-0.0161*** (0.0042)
控制变量	是	是	是	是	是	是	是
固定效应	是	是	是	是	是	是	是
稳健标准误	是	是	是	是	是	是	是
Observations	96648	35725	47014	24294	23855	81942	96648
R-squared	0.184	0.140	0.256	0.504	0.020	0.217	0.183

5.2.3　内生性检验

考虑到企业的风险承担和企业影子银行活动可能存在互为因果问题，我们以滞后一期影子银行活动作为工具变量，表 11 给出了 IV 的基准回归结果，表 12 给出了交互项下的检验结果，结果显示内生性问题并没有显著影响结论的可靠性。

表 11　内生性检验

变量	（总样本） Z-score	（国有企业） Z-score	（民营企业） Z-score	（高主营收益率） Z-score	（低主营收益率） Z-score
ln*sb*	-0.2421*** (0.0220)	-0.1725*** (0.0199)	-0.2337*** (0.0325)	-0.2788*** (0.0484)	-0.1375*** (0.0373)
控制变量	是	是	是	是	是
固定效应	是	是	是	是	是
稳健标准误	是	是	是	是	是
Observations	85354	29096	42366	22102	20295
R-squared	0.468	0.430	0.462	0.551	0.457

表 12　缓解内生性下的交互项检验

变量	（企业性质）Z-score	（收益率）Z-score
lnsb_property	0.0958*** (0.0274)	
lnsb_ratio_pro		-0.0909*** (0.0238)
固定效应	是	是
稳健标准误	是	是
Observations	71463	42397
R-squared	0.431	0.463

6　结论与政策启示

本文利用 2007 年第一季度至 2018 年第四季度我国 A 股非金融上市企业的数据，实证检验了企业的影子银行活动对其风险承担水平的影响，考察了在影子银行兴起前后、企业的所有制差异、主营业务差异及影子银行投资渠道差异对上述风险效应的异质性影响；进一步运用主成分分析方法构建了可衡量中国金融环境松紧变化的宏观时间序列指标，研究了金融环境在影子银行对风险承担影响中的调节效应，并基于风险—收益权衡视角，明确了企业影子银行行为的利弊。实证结果表明：第一，在整个样本期内，企业的影子银行化显著增加了风险承担水平，这种影响在 2010 年我国影子银行兴起以来尤其显著，而之前则并不明显；第二，影子银行对民营企业的风险影响大于国有企业，因为民营企业的资金成本更高，在高主营业务收益的企业中，影子银行对风险的影响大于低主营业务收益企业，因为投资影子银行的资金机会成本更高，受益于金融中介的专业能力和声誉担保，企业的影子银行投资经由“中介渠道”导致的风险效应要明显小于“直接渠道”；第三，整体金融环境对于企业影子银行化的风险效应具有显著的调节作用，金融环境越紧，企业投资影子银行的收益就越高，从而有利于改善其风险承担状况，在考虑了风险与收益的权衡后，影子银行的边际收益无法支撑其风险变化，因此从根本上看，企业的影子银行化仍是弊大于利。

根据本文相关研究结论，总结出以下几点政策启示：第一，在直接融资体系尚未得到充分发展前，应该允许影子银行合理存在以补充正规信贷的供给不足问题，但是要做到“有保有压”，即维持一定规模的“中介渠道”影子银行业务、严控“直接渠道”的影子银行投资，因为后者可能给企业带来较大风险，这就要求进一步完善企业财务管理和监督制度、加强顶层设计和严控机制；第二，应坚持推进国有企业和民营企业的混合所有制改革，引导社会资本和国有资本合理交叉融合，以有效缓解正规信贷市场的所有制歧视，引导资金从影子银行通道回流正规体系；第三，在当前经济转型进入攻坚克难时期，宏观调控应格外注重稳增长和防风险的托底作用，维持稳健偏宽松的信用水平，将有助于降低企业影子银行化的动机，引导资金“脱虚入实”；第四，从长远看，培育出新兴增长点、建立高质量的经济发展体系和直接融资体系是防治实体企业影子银行化和经济“脱实向虚”的根本之道。

参考文献

[1] Altman E. I. Predicting Financial Distress of Com-

panies: Revisiting the Z－score and ZETA Models [J]. Journal of Finance, 2000 (7): 428-456.

[2] Amin S. Obsolescent Capitalism: Contemporary Politics and Global Disorder [M]. New York: Zed Books, 2003.

[3] Dewatripont M., Maskin E. Credit and Efficiency in Centralized and Decentralized Economies [J]. The Review of Economic Studies, 1995, 62 (4): 541-555.

[4] Duménil G., Lévy D., The Real and Financial Components of Profitability (United States, 1952－2000) [J]. Review of Radical Political Economics, 2004, 36 (1): 82-110.

[5] Demir F. The Rise of Rentier Capitalism and the Financialization of Real Sectors in Developing Countries [J]. Review of Radical Political Economics, 2007, 39 (3): 351-359.

[6] Demir F. Financial Liberalization, Private Investment and Portfolio Choice: Financialization of Real Sectors in Emerging Markets [J]. Journal of Development Economics, 2009, 88 (2): 314-324.

[7] Gorton G., Metrick A., Shleifer A., Tarullo D. K. Regulating the Shadow Banking System with Comments and Discussion [J]. Brookings Papers on Economic Activity, 2010 (2): 261-312.

[8] Hodgman D. R. The Deposit Relationship and Commercial Bank Investment Behavior [J]. The Review of Economics and Statistics, 1961, 43 (3): 257-268.

[9] McKinnon R. I. Money and Capital in Economic Development [M]. Washington: Brookings Institution Press, 1973.

[10] Orhangazi Ö. Financialisation and Capital Accumulation in the Non－financial Corporate Sector: A Theoretical and Empirical Investigation on the US economy: 1973－2003 [J]. Cambridge Journal of Economics, 2008, 32 (6): 863-886.

[11] Stiglitz J. E., Weiss A. Credit Rationing in Markets with Imperfect Information [J]. The American Economic Review, 1981, 71 (3): 393-410.

[12] Smith C. W., Stulz R. M. The Determinants of Firms' Hedging Policies [J]. Journal of Financial and Quantitative Analysis, 1985, 20 (4): 391-405.

[13] Stulz R. M. Rethinking Risk Management [J]. Journal of Applied Corporate Finance, 1996, 9 (3): 8-25.

[14] Seo H. J., Kim H. S., Kim Y. C. Financialization and the Slowdown in Korean Firms' R&D Investment [J]. Asian Economic Papers, 2012, 11 (3): 35-49.

[15] 杜勇，张欢，陈建英．金融化对实体企业未来主业发展的影响：促进还是抑制 [J]．中国工业经济，2017 (12): 113-131.

[16] 方先明，权威．信贷型影子银行顺周期行为检验 [J]．金融研究，2017 (6): 64-80.

[17] 范从来，高洁超．经济金融周期分化与中国货币政策改革的逻辑 [J]．社会科学战线，2019，287 (5): 92-99.

[18] 高然，陈忱，曾辉，龚六堂．信贷约束、影子银行与货币政策传导 [J]．经济研究，2018，53 (12): 68-82.

[19] 靳浩．论新时期中国实体经济的发展研究 [J]．营销界，2019 (25): 22+26.

[20] 韩珣，田光宁，李建军．非金融企业影子银行化与融资结构——中国上市公司的经验证据 [J]．国际金融研究，2017，366 (10): 44-54.

[21] 胡奕明，王雪婷，张瑾．金融资产配置动机："蓄水池"或"替代"？——来自中国上市公司的证据 [J]．经济研究，2017，52 (1): 181-194.

[22] 黄贤环，吴秋生，王瑶．金融资产配置与企业财务风险："未雨绸缪"还是"舍本逐末" [J]．财经研究，2018，44 (12): 101-113+126.

[23] 林琳，曹勇，肖寒．中国式影子银行下的金融

系统脆弱性［J］. 经济学（季刊），2016（2）：1113-1136.

［24］李建军，胡凤云．中国中小企业融资结构、融资成本与影子信贷市场发展［J］. 宏观经济研究，2013（5）：7-11.

［25］李建军，马思超．中小企业过桥贷款投融资的财务效应——来自我国中小企业板上市公司的证据［J］. 金融研究，2017（3）：116-129.

［26］李建军，韩珣．非金融企业影子银行化与经营风险［J］. 经济研究，2019（8）：21-35.

［27］卢盛荣，郭学能，游云星．影子银行，信贷资源错配与中国经济波动［J］. 国际金融研究，2019，384（4）：66-76.

［28］刘贯春，张军，刘媛媛．金融资产配置、宏观经济环境与企业杠杆率［J］. 世界经济，2018，41（1）：148-173.

［29］刘珺，盛宏清，马岩．企业部门参与影子银行业务机制及社会福利损失模型分析［J］. 金融研究，2014（5）：96-109.

［30］裘翔，周强龙．影子银行与货币政策传导［J］. 经济研究，2014（5）：91-105.

［31］孙国峰，贾君怡．中国影子银行界定及其规模测算——基于信用货币创造的视角［J］. 中国社会科学，2015（11）：92-110.

［32］王永钦，刘紫寒，李嫦，杜巨澜．识别中国非金融企业的影子银行活动——来自合并资产负债表的证据［J］. 管理世界，2015（12）：24-40.

［33］许罡，朱卫东．金融化方式、市场竞争与研发投资挤占——来自非金融上市公司的经验证据［J］. 科学学研究，2017（5）：72-82+91.

［34］阎庆民，李建华．中国影子银行监管研究［M］. 北京：中国人民大学出版社，2014.

［35］余琰，李怡宗．高息委托贷款与企业创新［J］. 金融研究，2016（4）：99-114.

［36］杨筝，刘放，王红建．企业交易性金融资产配置：资金储备还是投机行为？［J］. 管理评论，2017，29（2）：13-25.

［37］张成思，郑宁．中国非金融企业的金融投资行为影响机制研究［J］. 世界经济，2018，41（12）：3-24.

附 录

附表 1 构建 FCI 的指标体系

货币市场	A1	Shibor-1D
	A2	Shibor-7D
	A3	债券质押回购利率-1D
	A4	债券质押回购利率-7D
债券市场	B1	中债国债到期收益率：3 个月
	B2	中债国债到期收益率：6 个月
	B3	中债国债到期收益率：1 年
	B4	中债国债到期收益率：5 年
	B5	中债国债到期收益率：10 年
	B6	中债企业债到期收益率（AAA）：3 个月
	B7	中债企业债到期收益率（AAA）：6 个月
	B8	中债企业债到期收益率（AAA）：1 年
	B9	中债企业债到期收益率（AAA）：5 年
	B10	中债企业债到期收益率（AAA）：10 年
	B11	政策性金融债（进出口和农发行）到期收益率：6 个月
	B12	政策性金融债（进出口和农发行）到期收益率：1 年
	B13	政策性金融债（进出口和农发行）到期收益率：5 年
	B14	政策性金融债（进出口和农发行）到期收益率：10 年
	B15	中债城投债到期收益率（AAA）：6 个月
	B16	中债城投债到期收益率（AAA）：1 年
	B17	中债城投债到期收益率（AAA）：3 年
	B18	中债城投债到期收益率（AAA）：5 年
	B19	中债城投债到期收益率（AAA）：10 年
股票市场	C1	上证指数同比变化率
	C2	深圳指数同比变化率
信贷市场	D1	银行基准利率—短期贷款利率：6 个月（含）（月）
	D2	银行基准利率—短期贷款利率：6 个月至 1 年（含）（月）
	D3	银行基准利率—中长期贷款利率：1 至 3 年（含）（月）
	D4	银行基准利率—中长期贷款利率：3 至 5 年（含）（月）
	D5	银行基准利率—中长期贷款利率：5 年以上（月）
	D6	人民银行对金融机构贷款利率：20 天以内（月）
	D7	人民银行对金融机构贷款利率：3 个月以内（月）
	D8	人民银行对金融机构贷款利率：6 个月以内（月）
	D9	人民银行对金融机构贷款利率：1 年（月）

续表

影子银行	E1	理财产品预期年收益率：人民币：全市场：1 个月
	E2	理财产品预期年收益率：人民币：全市场：3 个月
	E3	理财产品预期年收益率：人民币：全市场：6 个月
	E4	理财产品预期年收益率：人民币：全市场：1 年
	E5	信托产品预期年收益率：贷款类信托：1 年以下（含 1 年）
	E6	信托产品预期年收益率：贷款类信托：1~2 年（含）
房地产	F1	全国住宅房价格同比变化率
	F2	全国商业用房价格同比变化率
宏观金融整体状况	G1	社会融资规模存量同比增速
	G2	M2 增速

根据数据的最长可得性和最高频率原则，指标选取的时间范围为 2008 年 8 月到 2019 年 6 月，为月度数据。为匹配正文的实证样本，我们在得到金融条件指数后，将月度数据取平均得到季度数据，再截取 2009 年第一季度到 2018 年第四季度的样本进行分析。为了去除各指标间的量纲不同的影响，本文将指标进行标准化处理，具体操作方式为减去各指标的均值再除以其标准差，进行标准化后指标均值为 0，方差为 1。在进行因子分析前，先对标准化数据进行检验其是否适合因子分析，44 个指标的 KMO 检验值为 0.6，大于 0.5，Bartlett's 检验的 P 值为 0，说明该指标数据集适合进行因子分析。本文进行了进一步的因子分析，并选定因子个数为 3 个，3 个因子的累计方差贡献率能达到 82%，说明因子分析效果良好，因子分析结果具体见附表 2、附表 3。通过分析其因子载荷矩阵我们发现，因子 1 主要代表债券市场、股票市场和银行理财，因子 2 主要代表人民银行对金融机构贷款、房地产市场、社会融资规模增速和 M2 增速，因子 3 主要代表银行人民币贷款和信托市场，而银行间拆借利率则对这 3 个因子都有较为显著的影响。

附表 2　因子载荷矩阵

	FA1	FA2	FA3
A1	0.35	0.38	0.25
A2	0.4	0.31	0.31
A3	0.39	0.48	0.15
A4	0.49	0.45	0.14
B1	0.69	0.46	-0.08
B2	0.71	0.45	-0.12
B3	0.72	0.44	-0.12
B4	0.98	0.02	-0.1
B5	0.98	-0.29	0.12
B6	0.73	0.4	-0.07
B7	0.74	0.37	0.03
B8	0.79	0.3	0.03
B9	0.96	-0.14	0.16
B10	0.88	-0.28	0.31
B11	0.75	0.38	-0.03
B12	0.84	0.31	-0.08
B13	1.01	0.03	-0.15
B14	1.01	-0.19	0
B15	0.73	0.34	0.08
B16	0.79	0.25	0.09
B17	0.89	-0.02	0.19
B18	0.9	-0.22	0.29
B19	0.79	-0.35	0.43
C1	0.62	-0.5	-0.46
C2	0.56	-0.65	-0.39
D1	0.09	0.05	0.92
D2	0.03	-0.05	0.98
D3	0.05	0.04	0.95

续表

	FA1	FA2	FA3
D4	0.03	-0.08	0.98
D5	0.03	-0.09	0.98
D6	-0.08	0.91	0.14
D7	-0.06	0.91	0.11
D8	-0.04	0.92	0.1
D9	-0.04	0.92	0.09
E1	0.52	0.62	-0.3
E2	0.53	0.6	-0.18
E3	0.48	0.57	0
E4	0.56	0.05	0.41
E5	0.14	0.15	0.54
E6	0.23	-0.02	0.55
F1	0.06	-0.57	-0.28
F2	0.07	-0.55	0.15
G1	-0.03	-0.82	0.52
G2	-0.21	-0.76	0.57

附表 3　因子分析结果

综合因子	方差贡献率（%）	累计方差贡献率（%）	方差解释比例
FA1	0.40	0.40	0.49
FA2	0.24	0.64	0.29
FA3	0.18	0.82	0.22

我们在得到这 3 个因子的得分后，以其方差解释比例为权重，合成了综合指数 FCI，其具体公式为：$FCI = 0.49 \times FA1 + 0.29 \times FA2 + 0.22 \times FA3$。

论文执行编辑： 皮建才

论文接收日期： 2020 年 1 月 18 日

作者简介：

高洁超（1989-），上海对外经贸大学国际经贸学院经济学系讲师、硕士生导师，经济学博士。研究方向为影子银行、货币政策、宏观审慎政策。E-mail：gaojiechao1989@163.com。

汪晨涛（1998-），上海对外经贸大学国际经贸学院经济学创新实验班本科生。研究方向为影子银行。E-mail：2231163549@qq.com。

袁唯觉（1994-），上海对外经贸大学国际经贸学院硕士研究生。研究方向为国际金融。E-mail：yuanweijue@foxmanl.com。

刘允（1995-），上海对外经贸大学国际经贸学院硕士研究生。研究方向为经济建模。E-mail：971014207@qq.com。

Are Firms' Shadow Banking Activities Increasing Risk-taking?

Jiechao Gao　Chentao Wang　Weijue Yuan　Yun Liu

(School of Business, Shanghai University of International Business and Economics, Shang hai)

Abstract: This paper empirically tests the influence of firms' shadow banking activities on the level of risk-taking by using the data of A-share non-financial listed firms from 2007 to 2018. The results show that: shadow banking activities significantly improve the risk level of firms, and ownership's differences, shadow banking investment channels and other factors have heterogeneous influences on the risk effect of shadow banking; further, we find that the financial environment has a significant regulatory effect. The tighter the financial environment, the lower the risk effect of shadow banking. However, we also find the marginal income of shadow banking can not support its risk change, and the disadvantages of firms' shadow banking outweigh the advantages from the trade-off perspective of risk-return. The enlightenment of this paper is that firms' shadow banking activities should be "maintained and restrained", and macro-control should be kept steady and loose, so as to weaken firms' motivation of shadow banking. Meanwhile, it should promote the reform of mixed ownership of firms and guide the cross-integration of private capital and state capital, so as to ease the discrimination of credit ownership.

Key Words: Shadow Banking; Risk Taking; Financial Environment; Risk-return

JEL Classification: D21, E44, G3

声誉效应还是寒蝉效应？
——信用秩序强化与区域生产率增长*

□陈海盛

摘　要：借鉴两区制空间 Durbin 固定效应模型对信用秩序强化的空间互动形式进行检验，并构建 SLX 模型将声誉效应和寒蝉效应进行嫁接综合，探讨信用秩序强化空间互动对地区生产率影响。研究证实：①“逐底竞争”和“竞相向上”非对称性并存是信用秩序强化空间互动典型形式；信用秩序强化实质为制度供给过程，兼具声誉效应和寒蝉效应，声誉效应倒逼企业加强创新促进区域生产率增长，寒蝉效应则驱使企业选择跨地迁址；②非正式信用制度在缓冲正式信用制度对地区生产率冲击的同时，在某种程度上降低其跨区域互动溢出能力，保持行政区划内社会信用网络相对稳定；③信用秩序引致企业跨地区迁移进而导致区域生产率重新布局现象集中于西部地区内部；信用秩序强化对国有企业和私营企业生产率具有显著的声誉效应，而外资企业更多受寒蝉效应影响，侧面印证“污染避难所假说”在中国的存在性；④信用秩序对区域生产率增长传导机制更多地体现为技术效率而非技术进步。本文的政策启示有：一方面，正视信用建设区域异质性问题，优化信用治理结构及机制，加强规范性监管与内生性激励，强化跨地区有效治理与合作共治，挖掘声誉效应对地区生产率潜在支持；另一方面，重视正式与非正式制度间耦合交互，创建能带来可靠承诺的社会环境，提高信用制度执行适应性和有效性。

关键词：信用秩序；空间互动；区域异质性；寒蝉效应；声誉效应

JEL 分类：X322，F273.1

1　引言

作为区域现代化治理的重要内容，地区信用秩序建立及强化与企业微观反应日

---

*　浙江省软科学研究计划项目“浙江省打造国际一流信用环境研究”（2019C35078）；浙江省哲学社会科学规划课题“推动我省第三方信用服务业发展的建议”（19NDYD43YB）。

益受到社会关注（Milani，2016）。现有文献关于信用秩序对企业行为研究重点集中于企业创新激励问题上，认为存在两种差异化效应，即声誉效应和寒蝉效应。根据制度基础观论点，通过合法性机制有助于企业优化制度管理决策，在地区信用秩序不断强化的背景下，企业生产率必然受到外部制度约束力作用。一是声誉效应。一方面，通过划定门槛并认定守信红名单，在声誉机制作用下，守信企业在行政审批、执法监管和公共服务等领域可以取得更大范围的"合法性"激励，有助于企业获得更广泛市场认同并获得潜在发展机会；另一方面，在外部企业示范影响下，市场营商环境不断提升，企业获得更优质的外部发展条件，有利于其进一步加强自身发展，通过创新研发提高自身生产率。二是寒蝉效应。采取更严格信用规制强化信用秩序有可能会对企业生产率造成一定消极影响，一方面，对严重失信主体进行跨部门和跨领域联合惩戒，倒逼企业在进行创新投资决策时不得不考虑项目回收周期及成功概率，以免因为资金链断裂而被纳入失信黑名单，这将导致部分企业采取保守策略，弱化技术创新动力；另一方面，因为不同地区在信用政策制定和执行存在异质性，对强化信用秩序较为敏感的企业，考虑自身实际情况，有可能在邻近地区之间选择跨地迁址，以弱化投资不确定性和缓解可能存在的外部规制风险。

实际上，中国社会信用体系建设方兴未艾，社会信用立法、国家信用示范城市创建、红黑名单规范认定、城市信用分应用等工作正在全国范围内深入开展实施。在地方政府经济锦标赛和区域治理现代化双重目标导向下，不同地区社会信用政策往往呈现出明显的阶段性和不平衡性，信用秩序的异质性特征长期存在。不同地区为固化本地要素吸引域外资源，可能放松信用规制措施而进行逐底竞赛（李永友、沈坤荣，2008；李胜兰等，2014；张华，2016）。而为追求优质要素，尤其是在中国积极优化营商环境背景下，各地区也有可能加强信用秩序约束，形成竞相向上的发展格局（Konisky，2007；朱平芳等，2011）。事实上，逐底竞争和竞相向上都难以对现实进行准确刻画，前者与中国总体信用秩序渐进强化态势相矛盾，后者忽略了不同地区尤其是东中西部地区经济发展阶段的明显差异性。因此，信用秩序空间互动很可能存在逐底竞赛和竞相向上并存形式，信用秩序异质性及空间互动能力如何影响企业创新激励及选址，进而实质作用于地区生产率增长？在积极寻找经济增长新动能关键时点上，探讨信用秩序影响地区增长率潜在通道具有深刻的现实价值。

本文的创新点如下：①重点关注随着社会信用体系建设信用秩序不断强化过程中的空间互动性问题，并对互动形式进行相应检验，是对现有文献强调信用建设垂直指导而忽视地区横向联系的有益补充；②将信用建设引致的声誉效应和寒蝉效应嫁接起来进行综合考虑，为更科学地分析信用体系对企业行为创新及地区生产力布局作用提供更全面思路；③提出"区域信用综合体"概念，分析了正式制度与非正式制度在区域信用体系建设中的差异化影响，并对如何发挥制度耦合作用进而提高信用制度执行适应性和有效性进行了探讨。

2 文献综述

2.1 地区间信用秩序互动

国内外研究均证实地方政府并非独立的个体，在政策制定及执行时倾向于采取策略性行为，三种可能机制分别为标尺竞争机制（Besley and Case，1995）、资源流动机制（Brueckner and Saavedra，2001）和溢出效应机制（Case et al.，1993；Fredriksson and Millimet，2002）。其中，资源流动机制可以较好地分析地方政府的规制互动行为，并在实践中形成较丰硕的成果，主要分为三类：一是为追逐要素资源，采取放松地区政策规制（弱化信用秩序）策略（Woods，2006），即地区信用秩序互动表现为逐底竞赛；二是对优质要素偏好而采取强化信用秩序政策（Vogel，1995；Fredriksson and Millimet，2002），即地区信用秩序互动表现为竞相向上；三是认为以上两者形式兼而有之，以 Konisky（2007）为代表，他指出逐底竞赛仅在竞争地区政策实施弱化本地区吸引要素优势情况下才会发生，学者张文彬等（2010）、金刚和沈坤荣（2018）从中国经验出发进一步证实了 Konisky 的观点。

2.2 信用秩序互动与企业决策行为

关于信用秩序互动如何作用于本地生产率的文献较为缺乏，而主要探讨地区政策互动对企业投资或者跨地迁址影响。对于信用秩序互动如何作用于企业创新研发并进而造成地区生产率变化的机制分析是目前学术界需要正视的课题。事实上，地区信用秩序强化进一步导致了地区间信用制度的异质性，并对企业行为决策造成差异化影响。实际上，强化地区信用秩序对企业的作用主要有两种：一种是倒逼企业适应政策变化要求，进一步加强创新投入提高企业生产率；另一种是迫使企业搬迁到信用秩序相对较弱的地区，由于不同地区政策制定及秩序存在差异性，跨地迁移有利于缓解强信用监管压力，降低由于不可控因素而被纳入重点监管名单并被实施联合惩戒的风险，这与“污染避难所假说”（Copeland and Taylor，2004）十分类似，如 Wu 等（2017）研究发现，由于中国各省份政策规制存在差异性，新建污染型企业自东部逐渐向西部进行转移，不利于生态环境的空间治理。此外，Porter 和 Linde（1995）提出的波特效应具有较大理论价值，指出更严格环境规制（强化信用秩序）有可能促进企业进行创新，而创新带来效应将抵消适应规制成本。尹建华等（2020）基于地区环保处罚记录分析，同样验证了失信惩戒有助于正向影响企业污染违规，提高企业创新效率。

2.3 信用秩序与区域经济发展质量

信用秩序强化实质为制度供给过程，信用制度对经济绩效具有重要影响。青木昌彦把制度定义为“经济行为者就现实中的博弈如何进行而达成的共有信念（shared beliefs）”。好的经济制度可以保护产权（Rotschid，2001），从而鼓励个人进行资本投资和自身人力投资，进而促进经济增长。Beck、Demirguc-Kunt 和 Maksimovic（2001）用世界银行世界商业环境调查数据进行研究，发现各国在制度质量方面有很大差别，而且有证据表明商业增长缓慢的国家同时也被认为是制度缺失的国家。德姆塞茨（1968）和诺斯（1981，1990）说明了制度建立存在固定成本，当国家越富裕市场越扩展时，制度收益将超过成本，好制度将不断涌现。考察美国制度变迁历史，发现现代经济制度与交易活动拓展密切相关。而美国“安然事件”则启示，市场体系有效运作必须有一套完整的制度和规则以及执行规则的手段。一个有效运作的市场经济必须受到不同层次（法律与监管）、不同领域的网络式制度体系的约束。任何一个纬度的缺失，都将导致市场运作的出轨。根据法治原则，通过社会信用体系建立和强化市场信用秩序，形成与法律相互补充的信用监管格局，有利于降低法律和诉讼成本，促进市场经济平稳有效运行。例如，美国在 20 世纪 20 年代开始以监管补充和代替产业的监管，有效地遏制了商业大亨们的权力和影响（Glaese and Shleifer, 2001）。事实上，进一步市场化及区域经济质量跃升需要寻求更有效的市场治理结构基础，而建立在信息成本基础上的社会信用秩序，为双方提供了一个在长距离和非人际关系化交换中实施合约的机制。

2.4 简要评述

从已有文献看，尽管对地区规制互动与企业迁址研究较为深入，但是规制互动研究主要以环境、资源、民间金融等子类型为主，鲜有以信用秩序强化程度作为切入点的相关研究成果。不同地区信用秩序差异性引起企业面临创新还是迁址的现实选择，而信用秩序空间互动也对地区信用差异造成影响。当地区间实施非对称性信用秩序时，政策的空间异质性不断强化，将放大企业的寒蝉效应，而当地区间实施对称性信用秩序时，政策差异性逐渐弱化，将增强企业的声誉效应。鉴于此，本文对地区间信用秩序的空间互动形式进行检验，并以此为基础，深入探讨互动形式对地区生产率的作用及内部影响机理。

3 实证策略

3.1 机制分析

在经济质量提升和治理能力现代化双重目标下，不同地区信用政策往往呈现出明显阶段性和不平衡性，地方政府面临“无信不立”和“水至清则无鱼”的两难困境。信用秩序不断强化实质为制度供给过程，兼具声誉效应和寒蝉效应，两种效应对区域生产率可能产生异质性影响。

声誉效应倒逼企业加强创新促进区域生产率增长，主要体现为以下三个方面：首先，通过划定门槛并认定守信激励名单并在行政监管和公共服务等领域提供最大程度的“合法性”激励，有助于信用良好企业获得更广泛市场认同并获得潜在发展机会，提升发展质量。其次，尽管正式制度可能在较短时间取得突破，但嵌入在习俗、传统和行为准则中的非正式制度是普遍存在的。在声誉效应下，社会形象较好企业更容易获得优质资源要素，如在正规金融发展不充分尤其是在叠加疫情防控常态化背景下，声誉机制对企业资本配置具有重要影响，通过降低信息搜寻和甄别成本，可以有效地缓解其融资约束，提升企业乃至区域的整体生产率。最后，在中国特殊国情下，企业通过自身发展并积极履行社会责任，有助于高管通过谋取人大代表、政协委员等职务建立起非正式、特殊的政企关系，进而巩固企业生存空间并稳定合理发展预期，同时在声誉效应下，弱化隐性违约违法动机，通过加强创新投入以更好适应政策并促进区域生产率增长。

寒蝉效应驱使企业选择跨地迁址并引致区域生产率重新布局。一方面，在跨部门跨地域失信联合惩戒力度逐渐加强背景下，一些本可以借助创新获得发展提质的企业，因为考虑到存在被纳入严重失信名单风险，最终选择迁址以缓解强信用监管压力。因为迁址企业一般来说经济实力较弱，生产率较低，迁出地区整体生产率由于企业外迁获得一定提升，而迁入地区总体生产率则有所降低。另一方面，根据藤田昌久、保罗·克鲁格曼等（1999）的观点，收益递增和运输成本节约促进企业集聚，并在路径依赖和自我预期影响下形成锁定效应（lock-in effect），加之行政割据背景下地方保护和地域歧视并存，事实上对部分企业来说，跨地迁址存在较大难度。而对于跨地迁移的企业来说，由于面临较弱信用约束从而获得了相对低成本的市场竞争优势，改变了不同企业间竞争格局，从而导致区域间生产率差异化。

3.2 实证模型

借鉴 Konisky（2007）及金刚和沈坤荣（2018）的研究思路，建立两区制空间 Durbin 固定效应模型对地区间信用秩序强化的空间互动形式进行检验，如下：

$$E_{it}=\lambda_1 D_{it}\sum_{j\neq 1}\omega_{it}E_{jt}+\lambda_2(1-D_{it})\sum_{j\neq 1}\omega_{it}E_{jt}+X_{it}+\varsigma_i+\varsigma_t+\varepsilon_{it} \quad (1)$$

$$E_{it}=\lambda_1 I_{it}\sum_{j\neq 1}\omega_{it}E_{jt}+\lambda_2(1-I_{it})\sum_{j\neq 1}\omega_{it}E_{jt}+X_{it}+\varsigma_i+\varsigma_t+\varepsilon_{it} \quad (2)$$

$$\underset{\sim}{D_{it}}\begin{cases}1，如果\sum_{j\neq 1}\omega_{it}E_{jt}<\sum_{j\neq 1}\omega_{it}E_{j-t}\\0，其他\end{cases}$$

$$\underset{\sim}{I_{it}}\begin{cases}1，如果 E_{jt}>\sum_{j\neq 1}\omega_{it}E_{jt}\\0，其他\end{cases}$$

其中，i 和 t 分别代表特定地区和年份，E_{it} 代表地区 i 在年份 t 信用秩序强化程度，$\sum_{j\neq 1}\omega_{it}E_{jt}$ 代表除地区 i 之外所有地区在 t 年份信用秩序强化程度加权平均和，ω 代表空间权重矩阵，X_{it}、ς_i 和 ς_t 分别代表地区层面控制变量、地区固定效应和时间固定效应。对于式（1），当邻近地区信用秩序强化程度弱于上一年度时，本地信用秩序强化程度反应系数为 λ_1，反之则为 λ_2；对于式（2），当本地区信用秩序强化程度强于邻近地区时，本地信用秩序强化程度反应系数为 λ_1，反之则为 λ_2。在 $\lambda_2>0$ 而 λ_2 不显著异于 0 的情况下，信用秩序强化的空间互动表现为纯粹逐底竞赛形式；在 $\lambda_2>0$ 而 λ_1 不显著异于 0 的情况下，信用秩序强化空间互动表现为纯粹竞相向上形式；在 $\lambda_1>0$ 且 $\lambda_2>0$ 的情况下，信用秩序强化空间互动则呈现出逐底竞赛和竞相向上同时存在的非对称形式。

参考 Vega 和 Elhorst（2015）的做法，建立探讨信用秩序强化空间互动对地区生产率影响的空间自滞后模型（SLX）：

$$tfp_{it}=\alpha_0+\alpha_1 E_{it}+\alpha_2\sum_{j\neq 1}\omega_{it}E_{jt}+X_{it}+\varsigma_i+\varsigma_t+\varepsilon_{it} \quad (3)$$

其中，tfp_{it} 代表地区 i 在年份 t 生产率。根据制度范式，更自由和开放的市场需要更多和更严格的规则，创新效率的更高地区可能同样要求更大强度的信用秩序。所以采用地区加总生产率容易产生内生性问题（金刚、沈坤荣，2018），对回归系数判别造成干扰。

鉴于企业是地区生产微观主体，为缓解反

向因果影响，将地区生产率替换为企业生产率，并重构相应模型：

$$tfp_{ipft}=\alpha_0+\alpha_1 E_{it}+\alpha_2\sum_{j\neq 1}\omega_{it}E_{jt}+X_{it}+\varsigma_i+\varsigma_t+\varsigma_p+\varepsilon_{ipft} \tag{4}$$

其中，tfp_{ipft}代表企业生产率，p 和 f 分别表示特定行业和企业，X_{ft}、ς_p分别代表企业层面控制变量、行业固定效应。重点考察 E_{it} 和 $\sum_{j\neq 1}\omega_{ij}E_{jt}$系数，当 E_{ij} 回归系数为正，说明在声誉效应作用下，信用秩序强化能够促进本地生产率增长；当 $\sum_{j\neq 1}\omega_{ij}E_{jt}$估计系数为负，表明信用秩序强化的空间互动会对地区生产率造成冲击，同时印证了寒蝉效应的客观存在。

3.3 变量与数据

3.3.1 信用秩序强化程度

从研究文献看，目前区域信用状况评价模型包括 Credit risk Metrics、KMV 模型和期权定价模型等，但是研究主要局限于单个主体或行业，缺乏对整体信用秩序程度的衡量标准。鉴于此，采用国家发改委牵头研发的综合信用指数①对政府主导的地区公共信用秩序强化情况进行测度，时间从 2015~2019 年。此外，采用中国商业信用环境指数（CEI）② 对社会主导的地区市场信用秩序强化情况进行测量，时间跨度为 2013~2019 年。

3.3.2 地区和企业生产率

从省级层面对地区生产率进行测度并将其作为因变量进行回归分析，为缓解加总生产率可能造成的影响，同时采用企业生产率作为地区生产率的替换指标进行再次实证讨论。①地区生产率。运用 Kumbhakar 和 Lovell（2000）超越对数生产函数随机前沿模型，借鉴张凡（2019）的研究思路，以专利申请量和新产品产值为产出变量进行数值测算，分别得到各地区生产领域生产率和流通领域生产率，数据来源于 2010~2019 年《中国统计年鉴》及《中国科技统计年鉴》。②企业生产率。考虑到信用秩序强化程度可能会对企业资金和劳动力配置造成异质性影响，根据《中国工业企业数据库》2004~2016 年的数据，对企业单位资本和劳动生产率分别开展相应测算。

3.3.3 空间权重矩阵

采用三种空间权重矩阵对邻近地区进行反映：①Queen 型 0-1 邻接矩阵（W_1）。当地区间存在公共边或顶点，则 ω_{ij}取为 1，否则取为 0。②Rook 型 0-1 邻接矩阵（W_2）。当地区间存在边线，则 ω_{ij}取为 1，否则为 0。③地理距离权重矩阵（W_3）。ω_{it}由地区 i、j 地理距离的倒数衡量，与 Queen 型和 Rook 型不同，地理距离矩阵假定特定地区与其他地区均可能产生空间互动，只是互动程度根据距离远近呈现一定的差异性。

3.3.4 控制变量

借鉴 Melo 等（2009）、李政和杨思莹（2018）以及金刚和沈坤荣（2018）的研究，选择若干控制变量纳入模型进行相应实证。

① 该指数依托“全国城市信用状况监测平台”，运用互联网信息采集与数据挖掘技术，通过收集和监测 1 万多个互联网网站的公开信用信息，结合全国信用信息共享平台和各地区信用建设牵头部门归集共享的信用数据，从守信激励和失信治理、信用制度和基础建设、诚信文化和诚信建设、信用服务和信用创新、营商环境五个方面进行综合评价。

② 该指数由中国管理科学研究院、中国市场学会信用工作委员会等单位组成联合课题组定期对外发布，主要根据公开信息数据，从信用投放、诚信教育、政府信用服务、重点领域诚信状况、征信系统、企业信用管理、诚信教育七个方面对地区市场信用状况开展评估。

①地区层面控制变量，包括地区经济发展水平（*pgdp*）、地区开放水平（*pfdi*）、地区市场化水平（*mark*）、地区金融发展规模（*finsize*）和地区产业发展水平（*ind*）。为缓解逆向因果引致的内生性问题，经济发展水平由滞后一期的人均地区生产总值表示。②企业层面控制变量，包括国有资产占比（*state*）、资产劳动比（*clr*）以及资产负债率（*alr*）。上述数据皆来源于国家统计局数据库和EPS数据平台，样本时间跨度为2003~2015年。

表1 变量选取与度量方式

变量类型	符号	基本定义	度量方式
被解释变量	*tfp_p*	地区生产率Ⅰ	生产领域地区生产率
	tfp_c	地区生产率Ⅱ	流通领域地区生产率
	tfp_k	企业生产率Ⅰ	单位资本生产率
	tfp_l	企业生产率Ⅱ	单位劳动生产率
解释变量	*pco*	公共信用秩序强化程度	国家发改委信用状况监测平台数据
	mco	市场信用秩序强化程度	中国商业信用环境指数课题组CEI指数
地区层面的控制变量	*pgdp*	地区经济发展水平	地区生产总值/地区总人口
	pfdi	地区开放水平	外商直接投资/地区总人口
	mark	地区市场化水平	非国有投资/地区投资总额
	finsize	地区金融发展规模	高技术产业产值/地区工业总产值
	ind	地区产业发展水平	金融业增加值/地区GDP
企业层面的控制变量	*state*	国有资产占比	国家资本金/实收资本金
	clr	资产劳动比	总资产/总职工人数
	alr	资产负债率	总资产/总负债

4 实证结果及分析

4.1 信用秩序强化空间互动形式

讨论省份间信用秩序强化的空间互动形式，结果如表2所示。表2列（1）至列（6）和列（7）至列（12）分别为展示式（1）和式（2）的回归结果。数据显示，空间邻近省份信用秩序强化程度不管是时间轴上纵向比较，还是与本省份横向比较，在Queen（W1）型、Rook（W2）型和地理距离（W3）型三种权重矩阵下，本省份信用秩序强化的反应系数在1%显著性水平下基本为正。表明地理相邻省份信用秩序强化空间互动表现为逐底竞争和竞相向上并存的非对称性形式。这与Konisky（2007）的理论分析及预期相符，同时与传统意义上区域间社会信用体系建设“锦标赛”猜想存在一定差异。此外，实证结果还表明在Rook（W2）型矩阵下，公共信用秩序强化空间互动形式仅逐底竞赛通过显著性检验见表2（列（8）），竞相向上特征不明显，而市场信用秩序强化则与此相反，在1%显著性水平下，其空间互动形式仅竞相向上通过统计检验见表2（列（11）），尚未发现逐底竞赛证据。

表 2　信用秩序强化空间互动形式

变量	*pco*			*mco*			*pco*			*mco*		
	W1	W2	W3	W1	W2	W3	W1	W2	W3	W1	W2	W3
	(1)	(2)	(3)	(4)	(5)	(6)	(7)	(8)	(9)	(10)	(11)	(12)
W*pco* (D=0)	1. 103 *** (93. 288)	1. 102 *** (81. 462)	1. 104 *** (101. 678)									
W*mco* (*D*=1)				0. 843 *** (19. 386)	0. 873 *** (19. 187)	0. 869 *** (21. 469)						
W*pco* (I=1)							0. 523 *** (38. 070)	0. 522 *** (31. 306)	0. 928 *** (20. 882)			
W*pco* (I=0)							0. 403 *** (30. 005)	0. 692 (1. 579)	1.047 (1. 922)			
W*mco* (I=1)										0. 211 *** (3. 366)	−17. 696 (−0. 899)	1. 074 *** (72. 115)
W*mco* (I=0)										−5. 028 *** (−8. 633)	0. 944 *** (35. 901)	0. 418 *** (28. 314)
R^2	0. 999	0. 999	0. 999	0. 999	0. 999	0. 999	1. 000	1. 000/0	1. 000/0	1. 000/ 0. 821	0/1. 000	1. 000
LL	94. 673	94. 666	95. 240	100. 16	97. 436	98. 371	80. 595/ 73. 689	78. 345/ −78. 061	121. 918/ −357. 429	90. 343/ −41. 697	−56. 510/ 125. 927	161. 996/ 66. 891
AIC	−175. 347	−175. 332	−176. 479	−184. 32	−180. 871	−182. 743	−145. 19/ −133. 378	−142. 689/ 170. 123	−229. 836/ 728. 858	−166. 686/ 99. 394	127. 021/ −237. 853	−309. 993/ −119. 782
SC	−165. 087	−165. 072	−166. 219	−172. 594	−170. 611	−172. 483	−133. 464/ −123. 118	−132. 429/ 180. 383	−219. 576/ 739. 118	−156. 425/ 111. 12	137. 281/ −227. 593	−299. 732/ −109. 522

注：回归系数下括号内为回归系数伴随 t/z 值，*** 、** 和 * 分别表示 1%、5%和 10%统计显著性。

4. 2　信用秩序强化空间互动与区域生产率的关系

在对信用秩序强化空间互动形式辨别的基础上，进一步分析其互动形式的差异性特征对区域生产率可能造成的异质性作用。式（3）计量结果如表 3 列（1）至列（12）所示。公共信用秩序（*pco*、*Wpco*）和市场信用秩序（*mco*、*Wmco*）强化对地区生产率具有异质性影响，前者对生产领域地区生产率（*tfp_p*）、流通领域地区生产率（*tfp_c*）均具有较为显著的影响，而后者则对地区生产率（*tfp_p*、*tfp_c*）效果不显著，在统计分析上不能作出确切判断。本地公共信用秩序强化对区域生产率的回归系数显著为正，数值大小在 2. 845 和 4. 112 之间，验证了信用秩序强化的声誉效应在中国的存在。通过创造良好的法制环境，对守信红名单开展联合激励措施，有助于对红名单之外企业形成行为示范，稳定合理发展预期，弱化隐性违约违法动机，进而倒逼企业开展创新研发活动，促进区域生产率增长。然而，邻近地区公共信用秩序强化对地区生产（tfp_p）和流通（tfp_c）领域生产率回归系数通过1%统计水平显著性检验，表明公共信用秩序强化空间互动同样导致企业寒蝉效应的发生。在跨部门、跨地域失信联合惩戒力度逐渐加强背景下，一些本可以借助创新获得发展提质的企业，因为考虑到科研投入较大、见效周期长且存在若干不确定性，容易造成资金流压力，甚至被列入部门严重失信黑名单受到联合惩戒，最终还是选择迁址，弱化了信用秩序强化对企业创新激励的声誉效应效果，并对区域整体生产率提升造成一定冲击。事实上，地理邻近区域参与逐底竞赛和竞相向上的信用秩序强化空间互动，引致了信用秩序强化程度的异质性。当本地区强化信用秩序力度时，容易放大自身实力较弱的中小企业消极创新的寒蝉效应，其由于考虑到被纳入联合惩戒黑名单风险而迁址至邻近地区。因为迁址企业一般经济实力较弱、生产率较低，迁出地区整体生产率由于企业外迁获得一定提升，而迁入地区总体生产率则有所降低；同时，相对于流通端，企业迁址对生产领域地区生产率的作用更明显。此外，相对于地理距离矩阵，采用邻接矩阵描述地区邻近时，信用秩序强化程度的空间溢出效应更强（4.649 > 3.157，3.447>3.157），说明低生产率企业跨地迁移主要以行政边界接壤地区为主。

与此同时，现实中公共信用秩序与市场信用秩序强化是相互耦合交互影响的过程，鉴于此，将交互项 $Pco \times mco$ 和 $Wpco \times Wmco$ 引入分析框架，回归结果如表3列（13）至列（15）所示。结果显示，回归系数至少在5%统计水平上显著为正，表明公共和市场信用秩序交互作用同样有助于提高本地流通领域生产率（tfp_c）。比较表3列（4）至列（6）和列（13）至列（15）的截面数据，发现交互影响下回归系数振幅均有所收敛，说明市场信用秩序强化在缓冲公共信用秩序对区域生产率冲击的同时，在某种程度上同样降低了公共信用秩序跨区域互动的溢出能力，保持不同行政区划内部社会信用网络的相对稳定性。

运用省级层面加总生产率进行计量，有可能导致受到信用秩序强化影响的企业生产率受到其他因素干扰出现偏差（金刚、沈坤荣，2018；Albrizio et al.，2016）。基于此，选取中国工业企业数据库企业层面数据，以资本生产率（tfp_k）作为被解释变量再次进行实证检验，回归结果如表4列（1）至列（4）所示。其中，列（1）和列（2）分别表征本地公共信用秩序强化程度高于或等于邻近地区（$Pco \geq Wpco$）和低于邻近地区（$Pco < Wpco$）两种情况，重点考察公共信用秩序强化的区域异质性对地区生产率的作用；列（3）和列（4）分别表征本地市场信用秩序强化程度高于或等于邻近地区（$mco \geq Wmco$）和低于邻近地区（$mco < Wmco$）两种情况，重点考察市场信用秩序地区差异对企业生产率造成的差异性影响。

表3 信用秩序强化与区域生产率：省级层面数据

变量	tfp_p			tfp_c			tfp_p			tfp_c			tfp_c		
	W1	W2	W3	W1	W2	W3	W1	W2	W3	W1	W2	W3	W1	W2	W3
	(1)	(2)	(3)	(4)	(5)	(6)	(7)	(8)	(9)	(10)	(11)	(12)	(13)	(14)	(15)
pco	3.84***	2.891**	3.776***	2.845***	4.112***	3.177***									
	(2.841)	(2.154)	(3.038)	(3.139)	(3.404)	(3.213)									
W*pco*	-4.649***	-3.447***	-3.157***	-3.992***	-4.845***	-4.245***									
	(-3.481)	(-2.638)	(-2.825)	(-4.823)	(-4.223)	(-4.697)									
mco							-2.727	-0.198	-2.085	-1.681	-0.57	-1.544			
							(-1.3)	(-0.092)	(-1.153)	(-1.104)	(-0.314)	(-1.037)			
W*mco*							1.284	-0.724	1.684	-0.285	-0.498	-0.344			
							(0.662)	(-0.375)	(0.997)	(-0.203)	(-0.309)	(-0.248)			
Pco×*mco*													1.156***	1.091**	1.072**
													(2.602)	(2.447)	(2.308)
W*pco*×W*mco*													-1.171***	-1.066**	-1.074**
													(-2.735)	(-2.443)	(-2.388)
R^2	0.787	0.773	0.828	0.862	0.829	0.853	0.744	0.741	0.779	0.837	0.781	0.82	0.843	0.818	0.815
LL	19.836	19.873	21.326	29.831	27.894	29.497	17.068	17.673	18.074	26.153	23.735	25.652	28.484	25.655	25.755
AIC	-23.672	-21.746	-26.652	-43.662	-39.788	-42.993	-18.135	-17.345	-20.149	-36.307	-29.47	-35.304	-39.679	-35.309	-35.509
SC	-11.946	-8.555	-14.926	-31.936	-28.062	-31.267	-6.41	-4.154	-8.423	-24.581	-16.279	-23.578	-26.488	-23.583	-23.783

注：回归系数下括号内为回归系数伴随t/z值，***、**和*分别表示1%、5%和10%统计显著性。

结果显示，在考虑企业层面生产率的情况下，本地、邻近地区公共信用秩序强化对本地区生产率分别起正、负向作用，而与此相反，本地、邻近地区市场信用秩序强化程度对本地区生产率分别起负、正向影响，这与省级层面数据回归结果一致。但相比较而言，公共信用秩序对区域生产率作用的显著性明显弱于市场信用秩序，这与微观经济层面市场在资源配置中起决定性作用相一致，说明中国经济发展正逐渐由政策推动型向市场驱动型深刻转变。安迪森—赫尔产权理论指出，制度是内生的，历史是制度变迁的载体，当存在分享收益的安排时，正式制度是内置于社会和共同体内部的，其可以引导收入分配结构的变化。中国社会信用体系建设在某种程度上为制度供给过程，公共信用秩序与市场信用秩序分别作为正式制度和非正式制度共同发挥作用。信用制度在社会中的主要作用是通过建立一个人们互动的相对稳定结构来减少不确定性。然而，从惯例、行为准则、行为规范到成文法、普通法，以及个人之间的契约，信用制度总是处在演化之中。事实上，尽管公共信用秩序（正式制度）建立强化可能由于社会信用体系建设提速而在较短一段时期内取得突破，但嵌入在习俗、传统和行为准则中的市场信用秩序（非正式制度）可能是刻意的政策所难以改变的。正如迈克尔·泰勒（Michacl Taylor，1982，1987）所言，社群（Comunity）是在无政府状态下形成社会秩序的基础。社群的主要特征包括：成员拥有共同的信仰和规范，相互间存在直接而复杂的联系且互惠互赖。实际上，“社群”的概念与中国的宗族十分类似，在银行正规金融发展不尽如人意前提下，宗族文化对民营企业的资本配置具有重要影响，通过增进熟人信任、促进信息交互和提高道德规范约束三条潜在通道，宗族网络有助于降低信息搜寻和甄别成本，有效缓解企业融资约束问题（潘越等，2019）。实质上，建立在宗族网络基础上的市场信用秩序对资源要素配置造成一定扭曲，不利于提升特定地区资本生产率（*tfp_k*），这与表4列（3）和列（4）呈现的结果一致。

表4 信用秩序强化与区域生产率：企业层面数据

变量	Panel A：基准回归（*tfp_k*）				Panel B：劳动生产率（*tfp_l*）			
	Pco≥W*pco*	*Pco*<W*pco*	*mco*≥W*mco*	*mco*<W*mco*	*Pco*≥W*pco*	*Pco*<W*pco*	*mco*≥W*mco*	*mco*<W*mco*
	(1)	(2)	(3)	(4)	(5)	(6)	(7)	(8)
pco	6.454 (0.674)	−5.666 (−0.675)			0.765 (0.468)	−0.583 (−0.405)		
W*pco*	−6.115 (−0.633)	6.006 (0.723)			0.367 (0.223)	1.714 (1.205)		
mco			−21.438** (−5.76)	66.407** (5.837)			6.429* (3.629)	−19.716* (−3.592)
W*mco*			22.283** (5.867)	−65.583** (−5.801)			−5.387* (−2.898)	20.764* (3.807)

续表

变量	Panel A：基准回归（*tfp_k*）				Panel B：劳动生产率（*tfp_l*）			
	Pco≥W*pco*	*Pco*<W*pco*	*mco*≥W*mco*	*mco*<W*mco*	*Pco*≥W*pco*	*Pco*<W*pco*	*mco*≥W*mco*	*mco*<W*mco*
	(1)	(2)	(3)	(4)	(5)	(6)	(7)	(8)
R^2	0. 100	0. 102	0. 947	0. 948	0. 456	0. 453	0. 749	0. 748
LL	4. 591	4. 596	10. 243	10. 29	11. 666	11. 654	13. 212	13. 206
DW.	0. 934	0. 938	2. 63	2. 644	2. 834	2. 85	3. 397	3. 395
AIC	-1. 296	-1. 298	-4. 122	-4. 145	-4. 833	-4. 827	-5. 606	-5. 603

注：回归系数下括号内为回归系数伴随 t/z 值，***、** 和 * 分别表示 1%、5%和 10%统计显著性。

4. 3 稳健性检验

为对企业层面回归结果进行稳健性分析，一方面，将因变量替换为劳动生产率（*tfp_l*）再次回归，结果见表 4 的 Panel B。显示本地区、地理邻近地区市场信用秩序强化对地区生产率依然具有较为显著的影响，说明采取不同方法测算的企业生产率得出的结论基本一致。另一方面，为缓解内生性对模型的影响，将信用秩序强化程度滞后一期作为工具变量开展 2SLS 回归，结果见表 5 列（1）至列（6）。发现回归系数与表 3 基准模型同样不存在明显差异，进一步表明即使考虑内生性问题，前述研究结论依然得到实证支持。

为消除伪回归现象，将工业企业划分为制造业企业和非制造业企业，进一步开展安慰剂检验，结果见表 5 列（7）至列（14）。对于制造业企业来说，历史沉没投资的存在一定程度上弱化了其跨地区迁址动机，而特定区域的信用秩序逐渐强化有可能倒逼制造业企业进行就地创新，提高生产效率。对于非制造业企业来说，其经济活动主要集中于社会消费流通领域，对公共和市场信用秩序共同作用下的信用环境质量情况尤为敏感，信用环境是正式和非正式信用制度对经济社会施加影响的外在媒介，针对不同行为产生不同激励，不仅决定了经济活动的有效性和可行性，还将通过如进入管制、治理结构以及组织的灵活性等因素，形塑企业内部结构的适应性效率。回归结果与上述猜想基本一致，表明前文研究结论不太可能受到伪回归干扰。

表 5　稳健性检验

变量	全部样本						制造业企业				非制造业企业			
	tfp_p			*tfp_c*			*tfp_k*		*tfp_l*		*tfp_k*		*tfp_l*	
	W1	W2	W3	W1	W2	W3								
	(1)	(2)	(3)	(4)	(5)	(6)	(7)	(8)	(9)	(10)	(11)	(12)	(13)	(14)
pco	2.581* (1.835)	3.814** (2.446)	4.042*** (2.609)	1.353 (1.21)	1.353 (1.21)	1.901* (1.948)	+		+		+		+	
W*pco*	−2.945* (−1.900)	−5.014*** (−3.009)	−5.234*** (−3.189)	−2.691** (−2.145)	−2.691** (−2.145)	−3.3*** (−2.884)								
mco								+		+		+		+
LL	25.589	22.545	25.564	27.218	27.218	27.577								
DW.							3.371	2.012	2.748	3.078	2.32	2.648	2.317	2.45
S. D.	0.271	0.271	0.271	0.245	0.245	0.245	0.051	0.051	0.029	0.029	0.09	0.09	0.029	0.029

注：回归系数下括号内为回归系数伴随 t/z 值，*** 、** 和 * 分别表示 1%、5%和 10%统计显著性。

5　拓展性讨论

5.1　异质性讨论

5.1.1　考虑不同地区差异

鉴于中国不同地区经济社会发展存在较明显差距，为此有必要进一步考察上述研究结论是否具有地区异质性。具体将整体样本划分为东部、中部和西部，依次进行回归，实证结果见表 6。

通过分析，发现前文结论在西部地区成立，在东部地区不成立，在中部地区则部分成立。信用秩序强化促使企业跨地迁移，进而导致企业生产率空间重新布局现象重点集中于西部地区内部。首先，信用秩序强化空间互动的声誉效应和寒蝉效应在西部地区均显著存在。交换在时间和空间上越复杂，为实现合作结果所需的制度便越是复杂，成本也越高，为真正实现内生于现代经济技术中的、非人际关系化交换报酬收益，必须依赖以强制力量来实施合约的制度。作为现阶段中国强制实施合约的重要制度安排，社会信用体系建设通过一系列政策从公共和市场两端不断强化信用秩序，促进市场经济逐渐由自发秩序向制度秩序切换。相对于东部地区，西部地区信用制度的建立相对滞后，在较长一段时间内均将处于制度红利释放期。主要体现为两点：一方面，信用制度建立初期，通过明确正式规则（公共信用秩序）引致产生一系列非正式约束（市场信用秩序），而非正式约束形成之后能够反作用于正式规则，并将正式规则延伸至各种具体的应用领域，重塑地区市场经济秩序。另一方面，由各种独立规则和非正式约束组成的制度矩阵平稳运行能有效降低规则持久性可能面临的不确定性，借助其内部依存网络，在塑造社会适应性期望的同时，可以产生很大程度的报酬递增，并在实质意义上提高地区生产率。其次，对于东部地区来说，信用秩序强化空间互动不存在声誉效应及寒蝉效应。公共信用秩序在某种程度上与社会群体遵纪守法情况密切相关，与中国全面依法治国方略一脉相承，东部地区社会信用体系建设起步较早，法治意识普遍较高，公共信用秩序强化对企业正常经营及创新研发关系不大。而市场信用秩序与区域长期累积形成的非正式约束存在较大关联，短期外在政策变化对地区固有的信用环境及融资发展方式冲击力度有限。最后，信用秩序强化空间互动呈现的声誉效应和寒蝉效应在中部地区表现出差异化特征，声誉效应明显，而寒蝉效应证据不足。这可能是因为中部地区在技术、金融、政策等方面具备一定优势，能够促进企业较好地适应信用秩序强化政策，依托技术创新提升地区生产率。与此同时，根据藤田昌久、保罗·克鲁格曼等（1999）的观点，在路径依赖和自我预期影响下形成锁定效应（lock-in effect），叠加地方保护和地域歧视，对企业跨地迁址造成一定障碍。

5.1.2　考虑不同所有制差异

考虑到不同所有制企业在面临外部政策规则时可能产生不同行为方式（Wu et al., 2017），将总体样本细分为国有企业、私营企业和外资企业进行再次实证，回归结果见表 7。

表 6　基于不同地区的检验

变量	东部地区						中部地区						西部地区					
	tfp_p			*tfp_c*			*tfp_p*			*tfp_c*			*tfp_p*			*tfp_c*		
	W1	W2	W3	W1	W2	W3	W1	W2	W3	W1	W2	W3	W1	W2	W3	W1	W2	W3
	(1)	(2)	(3)	(4)	(5)	(6)	(7)	(8)	(9)	(10)	(11)	(12)	(13)	(14)	(15)	(16)	(17)	(18)
pco	−0.8 (−1.46)	−29.69 (−1.05)	−6 (−0.62)	−219.7** (−2.39)	−29.69 (−1.05)	5*** (2.6)	−2.1*** (−2.74)	66.15 (1.32)	−129*** (−3.42)	6*** (5.45)	3.2*** (8.35)	3.34*** (8.45)	−1.1*** (−4.1)	13.68 (1.63)	−1 (−2.78)	2.75*** (3.65)	2.76*** (3.19)	2.83*** (3.67)
W*pco*	0.24 (1.08)	24.69 (1.39)	−2.82 (−0.77)	52.14 (1.26)	24.69 (1.39)	−7.3 (−1.08)	−0.04 (−015)	−25.09 (−0.68)	−6.4 (−0.91)	7.5 (0.43)	−4.46*** (−6.43)	−4.36*** (−6.73)	0.53*** (4.6)	3.31 (0.2)	3.13** (2.4)	−3.57*** (−4.65)	−3.6*** (−4.05)	−3.71*** (−4.79)
R^2	0.99	0.14	1.00	0.26	0.14	1.00	1.00	0.14	1.00	1.00	1.00	1.00	0.98	0.33	1.00	0.98	0.98	0.98
LL	66.15	−114.15	946.06	−111.79	−114.15	832.76	81.54	−114.13	823.61	865.86	81.01	85.57	60.14	−110.74	821.17	60.25	56.7	56.79
AIC	−116.3	244.29	−1876.13	239.59	244.29	−1647.52	−147.09	246.26	−1629.22	−1715.72	−146.03	−155.13	−104.28	237.49	−1624.34	−104.5	−97.4	−97.58
SC	−104.58	256.02	−1864.4	251.31	256.02	−1634.33	−135.36	259.45	−1616.03	−1703.99	−134.3	−143.41	−92.55	249.22	−1611.15	−92.77	−85.67	−85.85

注：回归系数下括号内为回归系数伴随 t/z 值，***、** 和 * 分别表示 1%、5%和 10%统计显著性。

表 7　基于不同所有制企业的检验

变量	国有企业				私营企业				外资企业			
	tfp_k		*tfp_l*		*tfp_k*		*tfp_l*		*tfp_k*		*tfp_l*	
	(1)	(2)	(3)	(4)	(5)	(6)	(7)	(8)	(9)	(10)	(11)	(12)
pco	+		+		+		+		-		-	
mco		+		+		+		+		-		-
DW.	1.96	2.21	2.16	2.28	2.37	1.13	2.47	1.08	3.05	3.15	3.02	3.05
Mean	0.68	0.68	2.19	2.19	1.74	1.74	2.04	2.04	1.28	1.28	2.1	2.1
S.D.	0.08	0.08	0.02	0.02	0.06	0.06	0.03	0.03	0.05	0.05	0.03	0.03

一方面，信用秩序能否产生声誉效应与企业类型关系密切。具体来看，信用秩序强化对国有企业和私营企业生产率均能产生正向影响，而对外资企业生产率造成负向效应。私营企业体制较为灵活，信用秩序约束力可以有效激发私营企业创新力；国有企业经过混合制改革，在资源要素配给、市场份额占据、潜在机会挖掘等方面与私营企业的差距逐渐收敛，危机意识和竞争意识逐年增强，加之目前国家守信红名单进行联合激励力度正在逐渐加大，通过对信用优秀企业适当提供行政审批“绿色通道”、优先提供公共服务、优化行政监管安排等便利，对国有企业和私营企业具有较强的声誉效应，有利于引导本土企业积极参与研发，进而提升地区整体生产率。相对于国有企业和私营企业，外资企业的规则意识和契约意识一般较强，对于本地信用秩序强化程度的敏感度相对较低，对企业生产率不会造成显著作用（Dean et al.，2009）。

另一方面，信用秩序强化引致的寒蝉效应只在外资企业中找到证据，并未对本土企业造成显著性影响。国有企业地址选择由行政力量主导，一旦落地就具有一定的地域粘性，一般较难由于信用政策变化而进行异地迁移。私营企业在自身实力居于弱势的情况下，往往依附于头部企业或靠近于市场群体进行分布，要么在产业链占据相对固定分工角色，要么在消费端拥有相对固定消费群体，对于跨区选址往往欠缺动力。而对于外资企业来说，尽管受到本地声誉效应影响较弱，但是地理邻近地区信用秩序强化程度对其生产率具有较大影响。实际上，该结论某种程度上验证了“污染避难所假说”（Copeland and Taylor，2004）在中国的存在，即外商直接投资可能倾向于政策规制偏弱地区，而中国推行的严重失信名单认定和跨领域跨区域联合惩戒制度，则进一步放大了信用秩序强化引起的寒蝉效应，驱使外资企业进行跨地迁移。

5.2　传导机制讨论

事实上，技术进步和技术效率提升均能促进地区生产率增长（李平，2016）。为进一步探讨信用秩序强化对本地生产率施加影响的传导机制。考虑到促进技术进步的两种方式即自主创新和技术引进均与 R&D 投入息息相关，将企业研发强度（研究开发费用/销售收入）作为因变量进行回归分析，结果见表 8 列（1）至列

(3)。发现本地信用秩序强化对企业研发强度具有显著负向影响。为进一步分析，将生产和流通领域地区生产率作为因变量，企业研发强度作为自变量进行回归，结果见表8列（4）至列（9）。总体来看，研发强度对地区生产率作用不明显，相应结果并不稳健。实际上，社会信用体系建设并非一日之功，尤其在市场经济由自发秩序向制度秩序切换的背景下，以强化地区信用秩序（如加强专利保护、选树诚信典型）改变企业创新激励，倒逼企业扩大研发投入并实质推动技术进步，进而促进地区生产率增长需要经历一段较长时间。这反证了技术效率有较大可能是信用秩序强化作用地区生产率增长的传导机制，通过优化组织结构、提高管理能力和合理化要素组合方式等潜在通道，本地信用秩序强化对企业生产率具有驱动作用。

表8　机制讨论

变量	R&D			*tfp_p*			*tfp_c*		
	W1	W2	W3	W1	W2	W3	W1	W2	W3
	(1)	(2)	(3)	(4)	(5)	(6)	(7)	(8)	(9)
pco	-6.67*** (-3.16)	-5.84** (-2.26)	-7.53*** (-4.07)	0.62 (1.52)	0.43 (0.95)	0.44 (1.00)	-0.15 (-0.30)	-0.32 (-0.68)	-0.52 (-0.93)
R&D				0.13*** (4.13)	0.16*** (4.93)	0.15*** (4.71)	-0.08** (-2.28)	-0.05 (-1.27)	0.02 (0.59)
R^2	0.78	0.76	0.79	0.89	0.86	0.87	0.85	0.81	0.80
LL	-26.63	-27.23	-26.66	30.81	27.25	28.46	25.14	25.57	23.68
AIC	67.25	68.46	67.31	-43.63	-38.49	-38.91	-34.27	-33.15	-31.36
SC	77.51	78.72	77.57	-30.44	-26.77	-25.72	-22.55	-19.96	-19.63

注：回归系数下括号内为回归系数伴随t/z值，***、**和*分别表示1%、5%和10%统计显著性。

5.3　制度载体讨论

正式法律与产权为生活和经济提供了秩序，然而正式规则只是形塑选择约束很小一部分，行事准则（Codes of Conduct）、行为规范（Norms of Behavior）以及惯例（Conventions）等非正式约束是普遍存在的。作为正式制度的延伸、阐释和修正，非正式制度的出现有利于协调重复进行的人类互动，“这些规则从未经过精心设计，但遵守它们对每个人都有利”（Sugden，1986）。在交换成本给定的情况下，衡量成本被降到最低，这对交换双方都是有利的，而且，交换能够自我实施（Self Enforcing）。正式制度与非正式制度的复杂组合使在特定条件下连续渐进的变迁成为可能，并随着时间推移而逐渐地改变制度框架。信用秩序强化实质为信用制度供给过程，伴随着地区信用秩序不断强化，由正式制度（法律和规则）、非正式约束及实施形式相互影响下的地区逐渐形成一个地域信用综合体①，附着其上企业其行为方式在潜移默化中受到信用秩序影响。作为正式制度和非正式制度

① 借鉴区域经济地理学“经济地域综合体”思路，提出“地域信用综合体”概念，意指在一定区域范围内不同信用制度（包括正式与非正式）以及信用制度与组织、群体之间相互作用并引致信用秩序渐进性变迁的地域经济单元。

的典型代表，地方信用法规和国家信用示范城市创建政策对强化地区信用秩序具有重要桥梁作用。基于此，将两者纳入研究框架，探讨信用秩序强化对地区生产率影响的制度载体问题。

表 9 为制度交互对地区生产率作用的实证结果。发现纯粹法规或政策对生产领域地区生产率（*tfp_p*）均具有正向影响，这也证实了地方信用法规和国家信用示范城市创建政策同为地区信用秩序强化的制度载体猜想。尽管对流通领域地区生产率（tfp_c）具有负向影响，但是交互项 pco×(法规，非法规)×（政策,非政策)系数为正，表明正式制度与非正式制度充分交互有助于提高地区生产率，可能解释是地方信用法规填补了联合奖惩的上位法缺口，有利于降低政策实施的法律风险，而信用法规随着具体政策不断落地，对非正式制度进行重构得以强化地区信用秩序。

表 9　制度载体讨论

变量	*tfp_p*			*tfp_c*		
	W1	W2	W3	W1	W2	W3
	(1)	(2)	(3)	(4)	(5)	(6)
pco×（法规，非法规）	−	+	+	−	−	−
pco×（政策，非政策）	+	+	+	−	−	−
pco×（法规，非法规）×（政策，非政策）	+	−	+	+	+	+

6　结论与启示

在中国市场经济改革踏入深水区的背景下，进一步市场化需要有效的市场治理结构基础。以社会信用体系建设为载体充分发挥法律、规则、政策和组织设计的交互作用，强化地区信用秩序，促进信用制度由软约束向硬约束转变，是正在实践中的致力于地区治理体系和治理能力现代化的一项重要方案。发挥信任和声誉在公权力实施、市场行为规范中的辅助作用，有助于增加市场潜在机会、促进跨地域合同执行和加强知识产权保护等。事实上，传统粗放型监管模式越来越难以为继，创新监管理念、制度和方式，加快健全社会信用体系，构建以信用为核心的新型市场监管体制显得越发重要。尽管国家出台了诸多信用政策文件，但是地方信用建设工作不平衡性与阶段性问题依然突出，不同地区信用秩序程度呈现较大差距。此外，信用秩序强化的空间互动有可能扭转企业跨地迁址与技术创新之间的选择，对特定地区乃至全国生产率增长造成干扰。对信用秩序建立强化与地区生产率的关系认知，不仅关系到地方政府信用建设机制设计，而且影响中国经济能否步入更高质量发展轨道。

基于中国积极开展的社会信用体系建设实践，讨论信用秩序强化空间互动对地区生产率的影响。研究发现：第一，“逐底竞争”和“竞相向上”非对称性并存是地理相邻地区信用秩序强化空间互动的典型形式。第二，信用秩序强化兼具声誉效应和寒蝉效应，通过对守信红名单开展联合激励措施，有助于对社会形成行为示范，弱化隐性违约违法动机，促进区域生产率增长。当本地区强化信用秩序力度时，容易放大自身实力较弱的中小企业消极创新的寒蝉效应，其由于考虑被纳入联合惩戒黑名单风险而选择跨地迁址。第三，信用秩序强化实质为制度供给过程，尽管正式制度建立强化可能在较短时间内取得突破，但嵌入在习俗、传统和行为准则中的非正式制度较难因为外部短期政策而改变。非正式制度在缓冲正式制度对区域生产率产生冲击的同时，在某种程度上降低其跨区域互动溢出能力，保持行政区划间内部信用网络的相对稳定性。第四，信用秩序强化促使企业跨地迁移，进而导致地区生产率空间重新布局现象主要集中于西部地区内部。信用秩序强化空间互动效应在中部地区呈现差异化特征，声誉效应明显，而寒蝉效应则证据不足。信用秩序强化对国有企业和私营企业生产率具有显著声誉效应，而外资企业更多地受到寒蝉效应影响，从侧面印证了“污染避难所假说”在中国的存在。第五，地方信用法规和国家信用示范城市创建政策对强化地区信用秩序具有重要载体作用，信用秩序对地区生产率增长传导机制更多体现为技术效率而非技术进步。

基于发现，本文获得如下启示：一方面，优化地方政府信用治理结构及机制是现阶段深化要素市场化配置改革释放制度红利的重要方案，加强信用秩序强化过程中规范性监管与内生性激励，尤其要正视地理邻近地区信用异质性问题，强化区域有效治理与合作共治，在空间尺度压缩寒蝉效应作用范围，最大限度地挖掘声誉效应对地区生产率潜在的支持。另一方面，应重视差异化信用制度之间的耦合交互作用，建立包含正式规则、非正式约束以及实施在内的复杂制度框架，通过创建一种能带来可靠承诺的信用制度环境，提高正式规则以及蕴藏于观念与价值中非正式约束对地区高质量发展的适应性效率。

参考文献

[1] Besley T., Case A. Incumbent Behavior: Vote-Seeking, Tax - Setting and Yardstick Competition [J]. American Economic Review, 1995, 85 (1): 25-45.

[2] Brandt L., Biesebroeck J. V., Zhang Y. Creative Accounting or Creative Destruction? Firm-level Productivity Growth in Chinese Manufacturing [J]. Journal of Development Economics, 2012, 97 (2): 339-351.

[3] Brueckner J. K., Saavedra L. A. Do Local Governments Engage in Strategic Property - Tax Competition? [J]. National Tax Journal, 2001, 54 (2): 203-229.

[4] Bu M., Wagner M. Racing to the Bottom and Racing to the Top: The Crucial Role of Firm Characteristics in Foreign Direct Investment Choices [J]. Journal of International Business Studies, 2016, 47 (9): 1032-1057.

[5] Bu M., Liu Z., Wagner M., et al. Corporate Social Responsibility and the Pollution Haven Hypothesis: Evidence from Multinationals' Investment Decision in China [J]. Asia-Pacific Journal of Accounting and Economics, 2013, 20 (1): 85-99.

[6] Cai H., Chen Y., Gong Q. Polluting Thy Neighbor: Unintended Consequences of China's Pollution Reduction Mandates [J]. Journal of Environmental Economics

and Management, 2016, 76: 86-104.

[7] Dean J. M., Lovely M. E., Wang H. Are Foreign Investors Attracted to Weak Environmental Regulations? Evaluating the Evidence from China [J]. Journal of Development Economics, 2009, 90 (1): 1-13.

[8] Duvivier C., Xiong H. Transboundary Pollution in China: A Study of Polluting Firms' Location Choices in Hebei Province [J]. Environment and Development Economics, 2013, 18: 459-483.

[9] Franco C., Marin G. The Effect of Within - Sector, Upstream and Downstream Environmental Taxes on Innovation and Productivity [J]. Environmental and Resource Economics, 2017, 66: 261-291.

[10] Fredriksson P. G., Millimet D. L. Strategic Interaction and the Determination of Environmental Policy across U. S. States [J]. Journal of Urban Economics, 2002, 51 (1): 101-122.

[11] Fredriksson P. G., List J. A., Millimet D. L. Bureaucratic Corruption, Environmental Policy and Inbound US FDI: Theory and Evidence [J]. Journal of Public Economics, 2003, 87 (7-8): 1407-1430.

[12] Gao N., Liang P. Fresh Cadres bring Fresh Air? Personnel Turnover, Institutions and China's Water Pollutions [J]. Review of Development Economics, 2016, 20 (1): 48-61.

[13] Javorcik B. S., Wei S. J. Pollution Havens and Foreign Direct Investment: Dirty Secret or Popular Myth? [J]. Contributions in Economic Analysis and Policy, 2005, 3 (2): 1244-1244.

[14] Johnstone N., Hascic I., Popp D. Renewable Energy Policies and Technological Innovation: Evidence Based on Patent Counts [J]. Environmental and Resource Economics, 2010, 45 (1): 133-155.

[15] Keller W., Levinson A. Pollution Abatement Costs and Foreign Direct Investment Inflows to U. S. States [J]. Review of Economics and Statistics, 2002, 84 (4): 691-703.

[16] Konisky D. M. Regulatory Competition and Environmental Enforcement: Is there a Race to the Bottom [J]. American Journal of Political Science, 2007, 51 (4): 853-872.

[17] Kumbhakar S. C., Lovell C. A. K. Stochastic Frontier Analysis [M]. New York: Cambridge University Press, 2000.

[18] Lee J., Veloso F. M. , Hounshell D. A. Linking Induced Technological Change and Environmental Regulation: Evidence from Patenting in the U. S. Auto Industry [J]. Research Policy, 2011, 40 (9): 1240-1252.

[19] Levinsohn J., Petrin A. Estimating Production Functions Using Inputs to Control for Unobservables [J]. Review of Economic Studies, 2003, 70 (2): 317-341.

[20] Melo P. C., Graham D. J., Noland R. B. A Meta-analysisof Estimates of Urban Agglomeration Economies [J]. Regional Science and Urban Economics, 2009, 39 (3): 332-342.

[21] Milani S. The Impact of Environmental Policy Stringency on Industrial R&D Conditional on Pollution Intensity and Relocation Costs [J]. Environmental and Resource Economics, 2016, 68 (3): 595-620.

[22] Popp D. Using Scientific Publications to Evaluate Government R&D Spending: The Case of Energy [J]. Cesifo Working Paper, 2015.

[23] Popp D., Newell R. G., Jaffe A. B. Energy, the Environment and Technological Change [M] //Halland B. H., Rosenberg N. Handbook of the Economics of Innovation, Burlington: Academic Press, 2010.

[24] Porter M. E., Linde C. V. D. Towards a New Conception of the Environment-Competitiveness Relationship

[J]. Journal of Economic Perspectives, 1995, 4 (4): 97-118.

[25] Vega S. H., Elhorst J. P. The SLX Model [J]. Journal of Regional Science, 2015, 55 (3): 339-363.

[26] Vogel D. Trading Up: Consumer and Environmental Regulation in the Global Economy [M]. Cambridge: Harvard University Press, 1995.

[27] Wang H., Mamingi N., Laplante B., et al. Incomplete Enforcement of Pollution Regulation: Bargaining Power of Chinese Factories [J]. Environmental and Resource Economics, 2003, 24 (3): 245-262.

[28] Woods N. D. Interstate Competition and Environmental Regulation: A Test of the Race-to-the-Bottom Thesis [J]. Social Science Quarterly, 2006, 87 (1): 174-189.

[29] Wu H., Guo H., Zhang B., et al. Westward Movement of New Polluting Firms in China: Pollution Reduction Mandates and Location Choice [J]. Journal of Comparative Economics, 2017, 45 (1): 119-138.

[30] 蔡晓慧，茹玉骢. 地方政府基础设施投资会抑制企业技术创新吗？——基于中国制造业企业数据的经验研究 [J]. 管理世界，2016 (11): 32-52.

[31] 黎凯，叶建芳. 财政分权下政府干预对债务融资的影响——基于转轨经济制度背景的实证分析 [J]. 管理世界，2007 (8): 23-34.

[32] 李平. 提升全要素生产率的路径及影响因素——增长核算与前沿面分解视角的梳理分析 [J]. 管理世界，2016 (9): 1-11.

[33] 李永友，沈坤荣. 我国污染控制政策的减排效果——基于省际工业污染数据的实证分析 [J]. 管理世界，2008 (7): 7-17.

[34] 李胜兰，初善冰，申晨. 地方政府竞争、环境规制与区域生态效率 [J]. 世界经济，2014，37 (4): 88-110.

[35] 李政，杨思莹. 财政分权、政府创新偏好与区域创新效率 [J]. 管理世界，2018，34 (12): 29-42+110+193-194.

[36] 吴利学，叶素云，傅晓霞. 中国制造业生产率提升的来源：企业成长还是市场更替？[J]. 管理世界，2016 (6): 22-39.

[37] 张文彬，张理芃，张可云. 中国环境规制强度省际竞争形态及其演变——基于两区制空间 Durbin 固定效应模型的分析 [J]. 管理世界，2010 (12): 34-44.

[38] 朱平芳，张征宇，姜国麟. FDI 与环境规制：基于地方分权视角的实证研究 [J]. 经济研究，2011，46 (6): 133-145.

[39] 金刚，沈坤荣. 以邻为壑还是以邻为伴？——环境规制执行互动与城市生产率增长 [J]. 管理世界，2018，34 (12): 43-55.

[40] 张华. 地区间环境规制的策略互动研究——对环境规制非完全执行普遍性的解释 [J]. 中国工业经济，2016 (7): 74-90.

论文执行编辑：李剑

论文接收日期：2020 年 4 月 21 日

作者简介：

陈海盛（1990-），瑶族，湖南郴州人，民革党员，浙江省信用中心中级经济师。主要研究领域为社会信用网络分析。E-mail：824269532@ qq. com。

Reputation Effect or Chilling Effect?
—Strengthening Credit Order and Regional Productivity Growth

Haisheng Chen
(Zhejiang Provincial Credit Center, Hangzhou, China)

Abstract: This paper uses the Durbin fixed effect model of two district system space to test the form of spatial interaction of credit order strengthening, and constructs SLX model to graft reputation effect and chilliny effect to explore the impact of spatial interaction of credit order strengthening on regional productivity. The results show that: ①the asymmetric coexistence of "bottom competition" and "competing upward" is a typical form of credit order strengthening spatial interaction; the essence of credit order strengthening is the process of institutional supply, which has both reputation effect and chilliny effect; reputation effect forces enterprises to strengthen innovation and promote regional productivity growth, and chilliny effect drives enterprises to choose to move across regions; ②while buffering the impact of formal credit system on regional productivity, informal credit system reduces its cross regional interaction spillover ability to some extent, and maintains the relative stability of social credit network within the administrative region; ③credit order leads to the cross regional migration of enterprises, which leads to the re distribution of regional productivity concentrated in the western region; the impact of credit order strengthening on state-owned enterprises and private enterprises' productivity has a significant reputation effect, while foreign-funded enterprises are more affected by chilliny effect, which confirms the existence of "pollution shelter hypothesis" in China; ④the transmission mechanism of credit order to regional productivity growth is more embodied in technical efficiency than technological progress. The poliy implicatims of this paper are as follaws: on the one hand, we should face up to the regional heterogeneity of credit construction, optimize credit governance structure and mechanism, strengthen normative supervision and endogenous incentive, strengthen cross regional effective governance and cooperative co governance, and tap the potential support of reputation effect to regional productivity; on the other hand, we should attach importance to the coupling interaction between formal and informal institutions, and create a social environment that can bring reliable commitment to improve the adaptability and effectiveness of credit system implementation.

Key Words: Credit Order; Spatial Interaction; Regional Heterogeneity; Chilling Effect; Reputation Effect

JEL Classification: X322, F273. 1

创业情境下的想象力：内涵、测量与未来展望*

□ 钱佳蓉　蒋春燕

摘　要：尽管大多数创业研究，尤其是创业机会识别的研究，都认为想象力具有重要作用。但是截至目前，很少有研究从理论上在创业情境下概念化想象力并展开测量。鉴于想象力对创业研究的重要性，针对想象力的回顾就显得至关重要。本文总结回顾了创业情境下想象力的研究，并结合最新的研究回顾了创业想象力的概念、维度和测量方式。最后本文在现有研究的基础上对创业想象力的研究进行了未来展望。

关键词：创业研究；想象力；创业想象力

JEL 分类：F272.91

1　引言

创业活动对社会经济的发展具有重要影响，可以创造出巨大的经济价值（Shane，2006），被誉为创新理论鼻祖的熊彼特早在1934年就很有前瞻性地指出：新企业的创立及新企业的创业者将会成为现代经济发展的重要推动力量。近年来，创业研究已经成为一门新兴学科，而创业研究的一个重要核心就是创业机会识别（Shane and Venkataraman，2000；Timmons，1999；Sahlman，1999），因为识别创业机会是所有新创企业的基础。因此深入研究创业机会是如何识别的，以及哪些因素会影响创业机会识别就显得至关重要（Shane and Venkataraman，2000）。

创业机会的前提是创业创意。因此，想要理解创业机会识别就必须解释创业创意的来源（Vogel，2016）。因为创意是构成新产品或服务、新的商业模式、新流程和战略变革的基础（Van den Ende et al.，2015），也是解释创业行为的微观基础（Shepherd，2015）。创业机会识别的认知学派认为，创业创意的产生、创业机会的识

* 本文是国家自然科学基金“创新制度环境对员工创造力的跨层次作用机制研究”（71872084）的阶段性研究成果。

别都依赖于个体的认知能力，以及对信息处理和整合的能力。而想象力作为一种认知技能，在创业者进行创业的过程中至关重要。新企业的创建是一个过程，通过这个过程，“创业者开始想象新企业的机会”（Cornelissen and Clarke，2010），并利用自己的想象力创造新想法（McMullen，2010），然后用实际创业行为去验证自己的创意到底是新企业的机会（Davidsson，2003，2015；Dimov，2007a，2011；Vogel，2016），还是一种错误的想法（Shepherd et al.，2012）。因为“所有伟大的冒险都始于想象”（Seelig，2015），而机会“最终是由创业者的创造性想象和社会技能决定的”（Suddaby et al.，2015），想象力对于创业机会和创业创意至关重要。

成功的创业者都具有常人难以企及的创业想象力（McMullen and Kier，2017）。尽管想象力被认为对创业机会识别和创业行为具有重要意义，也是创业创意的重要来源，但是到目前为止，很少有研究从理论和实证方面去概念化和测量创业想象力（Puccio et al.，2012）。例如，很多研究从逻辑推理上阐述了想象力对创业机会（Klein，2008）、产品和服务（Baron and Ensley，2006）、原创思维（Shackle，1979）的可能作用，但是没有在研究中对比进行定义并测量。此外，目前有关于创业情境下想象力的探讨零碎化地分布在各个研究当中。

本文是第一次从理论和实证上回顾创业情境下的想象力研究，并界定创业想象力的内涵，回顾创业想象力的测量方式，最终提出未来展望。本文接下来主要包括四个部分：第一部分回顾了创业机会识别的研究，尤其是认知学派的研究，指出想象力对机会识别和创业行为的重要性。第二部分回顾了创业情境下的想象力研究，指出想象力是商业创意来源的基础，而创业机会则来源于创意。此外，还给出了创业想象力的定义，指出了创业想象力的三个维度。第三部分进一步阐述了创业想象力的三个维度并介绍了相关的测量方法。第四部分在总结本文的基础上，对未来研究进行了展望。

2 创业机会识别研究

创业机会识别研究的认知流派认为能够发现创业机会的创业者信息处理的认知能力与非机会发现者显著不同。Gaglio（2004）的研究指出，心智模拟（Mental Simulation）和反事实思考（Counterfactual Thinking）是创业者识别和开发创业机会的过程机制。具体来讲，面临同样的外部环境或外界刺激，能够发现创业机会的创业者能够更快地进行反事实思考，并通过心智模拟进行推理，从而构建反设事实。进一步地，机会发现者通过构建反设事实，可以改变因果顺序，进行创造性思考，很少被固定框架所限定。Vaghely 和 Julien（2010）从人类信息处理过程出发，对10个中小企业的案例进行了深入研究。研究发现，相较于非创业者，创业者具有很高的信息处理水平，可以很好地进行信息转换和交换，并利用隐性的算法进行整合。Gielnik 等（2012）采用多种研究设计，探讨了创业者的创造力对创意机会识别的影响，其假设机会识别的一切起点是创业的创意。研究发现，发散式思维可以促进创业创意的产生，并对创意的原创性具有积极影响；而信息多样性则显著增强了这一影响。

心智模拟、反事实思考、发散性思维对创业机会的识别具有重要影响，而想象从本质上讲就是对已经存在的现象或者现实中不存在的事务进行心智模拟。想象力是创业者进行信息处理和整合的一种认知能力。创业机会识别的认知学派的研究从不同的角度探讨了创业过程中的想象力的作用，但现有的研究都是零散的、碎片化的，需要对创业情境下的想象力研究进行系统性回顾，并进一步发展创业想象力的概念（Ries，2011）。

3 创业想象力的概念和内涵

3.1 创业情境下有关想象的研究

想象（Imaginativeness）是“对现实生活中不存在事物进行心理构想”的能力，即“对当前并不存在的图像、故事和预测进行想象，并用这些预测来规划未来、完成其他基本任务”（Taylor et al.，1998）。想象不仅包括意想（Thomas，1999），还包括心智模拟的概念（Kahneman and Tversky，1982）。心智模拟依赖想象的认知能力来预测自然规律和社会环境，构想以达成特定目的、目标的战略战术，预备不同的行为响应（Gaglio，2004）。因此，Jeanpaul Sartre 认为想象不限于可见的和与之等价的纯粹的精神状态；相反，想象包括人类参与的一系列外部对象和事件（Hopkins，2016）。

由于想象是一种心智模拟，因此想象能重现已经过去的事件，构建假设情景并将两者进行结合（Taylor and Schneider，1989；Taylor et al.，1998）。想象作为认知灵活性的结果，Gaglio（2004）认为当企业家进行想象时（或者说心智模拟），他们可以产生多重相互矛盾的假设，打破功利性框架，发现创新性市场机会。现有研究已经从多个角度阐述了想象在创业研究中的重要性。接下来，本文主要从创业机会识别与产品和服务创新两个方面回顾以往创业研究中对想象力的阐述。

3.1.1 创业机会识别中的想象力

Chiles 等（2007）在探讨创业过程中的激进主义过程中，认为创业者通过对未来的想象预期创造机会，通过持续的资源组合和重组来开发机会。Cornelissen 和 Clarke（2010）指出创业者可能会在演讲中以类比或比喻的形式创造性地重新排列或混合词语，这让他们能够识别想象未来的机会。Gaglio（2004）认为梦想那些还不存在的东西，并把它们创造出来，获得市场的认可，或许是所有创业行为中最具魅力的部分。Grégoire 和 Shepherd（2012）指出，创业者在努力寻找或想象有前途的机会时，会利用结构性的认知过程。Penrose（1959）在更早的时期就指出，在企业成长过程中，寻找机会的决定是一项需要企业家直觉和想象力的决策，必须在经济决策之前做出。Witt（2007）在探讨企业生存过程中指出企业要进行创业投资，首先必须设想商业机会，并提出实现这些机会的构想。

此外，更进一步地，很多学者直接指出创业机会是想象出来的，而不是来源于外界环境的刺激。比如，Klein（2008）直接指出机会的最佳特征既不是被发现的，也不是被创造的，而是被想象出来的。类似地，Suddaby 等（2015）认为创业机会不是由外部环境以外生方式决定的，而是由企业家的创造性想象和社会技能以内生方式决定的。

3.1.2　产品和服务创新中的想象力

Baron 和 Ensley（2006）认为商业机会的识别涉及模式识别，即个体在复杂的事件或者趋势中识别出有意义模式的认知过程。这种认识能力能够帮助个体利用现有的信息解决市场和客户需求，并想象目前并不存在的新产品和服务。Davidsson（2015）认为新创企业的创意是想象中的未来创业，即想象的产品或服务提供、市场和实现这些提供的方法的组合。Dimov（2007b）和 Ward（2004）也都认为想象力可以用来开发新产品和服务。

除了创业机会、产品和服务之外，很多研究指出想象在开发解决方案（Brown，2008）、创造资源和市场（Chiles et al.，2010）、满足客户需求（Dimov，2007b）、企业家精神（Sarasvathy，2001）、原创思维（Shackle，1979）等方面扮演着关键角色。具体如表 1 所示。

表 1　创业研究中的想象力

想象对象	作者	想象力的应用
创业机会	Chiles 等（2007）	创业者通过对未来的想象预期创造机会，通过持续的资源组合和重组来开发机会
	Cornelissen 和 Clarke（2010）	创业者可能会在演讲中以类比或比喻的形式创造性地重新排列或混合词语；这让他们能够想象未来的机会
	Gaglio（2004）	梦想那些还不存在的东西，把它们创造出来，获得市场的认可，或许是所有创业行为中最具魅力的部分
	Gregoire 和 Shepherd（2012）	创业者在努力寻找或想象有前途的机会时，会利用结构性的认知过程
	Klein（2008）	机遇的最佳特征既不是被发现，也不是被创造，而是被想象出来的
	Penrose（1959）	寻找机会的决定是一项需要企业家直觉和想象力的决策，必须在经济决策之前做出
	Suddaby 等（2015）	创业机会不是由外部环境以外生方式决定的，而是由企业家的创造性想象和社会技能以内生方式决定的
	Witt（2007）	要进行创业投资，首先必须设想商业机会，并提出实现这些机会的构想
产品和服务	Baron 和 Ensley（2006）	认知能力帮助人们利用现有的信息解决市场和客户需求，并想象目前并不存在的新产品和服务
	Davidsson（2015）	新创企业的创意是想象中的未来创业，即想象的产品或服务提供、市场和实现这些提供的方法的组合
	Dimov（2007b）	一个人了解当前或正在出现的客户需求，但对满足这些需求的可能产品缺乏认识，考虑到前面提到的假设，能够满足特定需求的产品的想象力代表了一种发散视角
	Ward（2004）	对概念组合的研究表明，当两个先前分散的概念或图像合并成一个新的单元时，可以出现在两个单独的组件中都没有明显表现出来的新属性，这种效果对于不同或发散性的概念尤其明显。这种新颖性可以用来开发新的产品创意或市场定位
其他		
解决方案	Brown（2008）	设计思考者可以想象出内在可取的解决方案，并满足明确或潜在的需求
创意、资源和市场	Chiles 等（2010）	创业者利用他们活跃的想象力来创造新的想法、资源和市场

续表

想象对象	作者	想象力的应用
客户需求	Dimov（2007b）	一个人了解现有的或正在出现的产品，但却不能立即意识到这些产品能够满足客户的可能需求，能够满足客户需求的特定产品的想象力代表了一种收敛视角
商业交易	Kirzner（1999）	创业警觉必须包括企业家对创造性和想象性的行动可能对未来市场将要进行的交易类型产生重大影响的感知
企业家精神	Sarasvathy（2001）	企业家精神的基本动因是实效者：一个富有想象力的行动者，抓住偶然的机会，利用可以使用的所有手段来实现当前和未来的多种愿望
原创思维	Shackle（1979）	想象力是原创思想的源泉
商业冒险	Seelig（2015）	一切伟大的事业都始于想象

3.2 创业想象力的概念内涵

我们将创业想象力（Entrepreneurial Imaginativeness）定义为：将想象能力与在心智上模拟创业中各种任务相关情景所需的知识结合起来一种认知能力（Kier and McMullen，2018）。Kier 和 McMullen（2018）认为在创业中，当想象的认知能力与心智模拟不同相关任务场景（比如，创新、沟通、管理）所需的知识相混合的时候，想象力就变得可以测量，并根据任务场景的不同对应着创业想象力的三个维度，即创造性想象力、社交性想象力和实用性想象力；创业者可以利用这三种想象力来产生并筛选创业创意。

熊彼特（1942）创造性破坏理论指出企业家是创新的主体，其作用在于创造性地破坏市场均衡，并实现生产要素的重新组合。想象力通过允许创业者想象可能发生的事情促进了这种破坏性创新。这种形式的想象力有利于创造力（LeBoutillier and Marks，2003）、创新（Liedtka，2014；Van den Ende et al.，2015）、新产品开发（Dahl et al.，2001）和产生创意（De Bono，1992）。

创业也被视为一种沟通和合作行为（Chiles et al.，2010；McMullen，2010，2015），创业者不仅要学会理解他人的愿望和需求、有效地发现需求（Hayek，1945；Kirzner，1973），也可以教育、推销或说服他人尝试创业者提供的新的产品和服务（Sarasvathy，2001）。因此，创业者必须想象他们预想的创新可能会对谁、如何以及什么产生影响（McMullen，2010）。因为人们不能直接观察动机，他们必须使用自己的想象力对他人的信仰、欲望或意图做出社会推断（Bagozzi et al.，2013；Frith and Frith，2006，2008），他们通过冥想这种未来，并在此过程中劝诱他人共同创造。这就需要社会性想象力来解释和理解与各种利益相关者正在发生或可能发生的事情。

最后，创业也被视为一种管理行为（Lazear，2004；Lechmann and Schnabel，2014；Wagner，2003）和判断行为（Klein，2008；Knight，1921；McMullen and Shepherd，2006）。创业管理者或者负责人，是经济资源的组织者和协调者，是生产要素的雇佣者（Carland et al.，1984；Hebert and Link，1989）。因此，想象力需要在实际意义上

预测和规划未来可能发生的事情。这是想象力的一种形式，其与日常选择推理相关联（Shackle，1979）。

创新、交流和管理行为共同指向创业想象力（Entrepreneurial Imaginativeness）的三个维度，即创造性想象力（Creative Imaginativeness）、社会性想象力（Social Imaginativeness）和实用性想象力（Practical Imaginativeness）。它们在结构上类似于 Sternberg（1985）的智力三元理论，该理论概述了人类智慧的三个组成部分：构成性、经验性和情境性；在三元理论的基础上，Sternberg 又提出了“成功智力”的概念。他认为成功智力包括创造性智力（Creative Intelligence）、分析性智力（Analytical Intelligence）和实用性智力（Practical Intelligence）。创造性智力可以帮助我们从一开始就形成好的问题和想法；分析性智力用来解决问题和判断思维成果的质量；实用性智力则可将思想及其分析结果以一种行之有效的方法加以实施。虽然还可能存在其他与创业行为有关的想象力，但这三个维度的创业想象力通常被认为是创造价值的必要条件（Witt，2007）。

创造性想象力可以帮助创业者预测新产品或服务的引入或者是新知识所产生的效果，从而促进产品创新（McMullen and Dimov，2013）。社会性想象力有助于创业者预测在价格体系中引入新交易的影响，从而促进沟通和对市场的响应（Chiles et al.，2010）。最后，实用性想象力可以帮助创业者预测组织和项目管理中引入新的生产结构的可行性和有利条件，从而促进管理（Gartner，2016）。

4　创业想象力维度和测量

4.1　创业想象力的维度

Kier 和 McMullen（2018）在开发创业想象力概念的基础上，进一步提出了创业想象力的三个维度：创造性想象力（Creative Imaginativeness）、社会性想象力（Social Imaginativeness）和实用性想象力（Practical Imaginativeness）。

创造性想象力（Creative Imaginativeness）是一种设想不可能或目前不能观测的新奇的、独创的、有美感的或创新创造性事物的认知能力。创造性想象力是一种认知技能，它可以使创业者为了产生新颖的、原创的、艺术的创新而预见一些目前还不能或没有观察到的事物（Moorman and Miner，1998）。具有创造性想象力的个体可以在各个元素间建立新的联系，从而形成新的目的—手段关系（Eckhardt and Shane，2003）。具有创造性想象力的创业者面对问题时经常会采用一些新方法和新手段。

创造性想象力与创造力存在本质区别。想象力是一种独立于创造力的工具，是创造性结果的先决条件或驱动力。例如，Kant 指出，想象力通过自由的、不受规则支配的活动使创造力成为可能（Johnson，1987）。Vygotsky（1990）认为，想象力是所有创造性活动的基础。例如，创造力通常被定义为新颖且有用的创意的产生。从这个意义上讲，创造力只是想象力产出的其中一个结果而已。但是创造性想象力也可能产生非创造性结果，比如结果并非新颖或者有用。

社会性想象力（Social Imaginativeness）是

一种设想不可能或目前还没发生的，从他人视角出发，用他人的框架看待和感受世界，或解读他人的需求、意图、信仰和情感的认知能力。社会性想象力根植于心理学研究中认知神经科学移情和换位思考的概念。移情指的是把自己想象成另外一个人的思维、感觉和行为（Norman and Ainsworth，1954），移情使我们能够从他人的认知框架中感知外部世界，将自己置于对方的角色中去感知外部情况。相较之下，换位思考通常被描述为移情的认知形式，或者从他人视角感知世界的认知能力。尽管移情和换位思考都具有心智模拟的功能，但是换位思考缺乏很多移情所具有的概念特征。Galinsky 等（2008）将移情定义为一种情绪反应，它使一个人与另外一个人进行情感上的联系。最后，正念理论指的是解读他人欲望、意图和信念的能力（Frith and Frith，2008）。正念理论与移情、换位思考一样，也依赖于想象力来理解他人的心理状态，而这反过来又可以预测他人的行为和反应。

移情、换位思考和正念理论对理解、沟通、合作甚至竞争至关重要。因为社会性想象力提供了一个公分母，社会性想象力不仅可以辨别客户需求，而且能够预测其利益相关者是谁，为什么他们会对新创意感兴趣，以及如何与投资人、员工和政府等相关利益者协商和沟通（McMullen，2015）。社会性想象力可以促进交流、增进理解，而这些社会技能已经被证明是成功创业行为的必要组成部分，因此社会性想象力对创业行为具有重要影响。

实用性想象力（Practical Imaginativeness）是一种设想不可能或目前还没发生的，用于计划、组织、分析和管理信息、资源或项目为目的的认知能力。想象力对于精神生活和意识必不可少，想象力是人类寻找重要联系、推断和解决问题的核心能力（Johnson，1987），Shackele（1979）将想象力定义为一种心理过程，在这个心理过程中人们对要做的事情进行选择，而选择则包含一定程度的不确定性。

从不确定性更加结构化的观点出发，Knight（1921）认为，利润是对在不确定性状态下做出良好判断和决策的企业家的奖励。但是结构化的不确定性需要对未知的将来做出判断，因此受到想象力的影响（McMullen and Kier，2016）。Kier 和 McMullen（2018）认为实用性想象力有助于提高商业判断的能力和承担不确定性的意愿，因此实用性想象力直接对新知识和现有知识的信息集成过程提供支持，实现创业机会识别所需的多重洞察。

4.2 创业想象力的测量

Kier 和 McMullen（2018）开发了测量创业想象力的量表。该量表是现有测量创业想象力的主要工具，以美国各地具有不同创业经历的个体为样本，对创业想象力的三种不同形式（创造性想象力、社会性想象力和实用性想象力）分别进行测量，共包含 18 个条目。其中，创造性想象力主要测试设想新奇的、独创的、有美感的或创新创造性事物的认知能力，共 6 个测项；社会性想象力主要测试从他人视角出发，用他人的框架看待和感受世界，或解读他人的需求、意图、信仰和情感的认知能力，共 6 个测项；实用性想象力主要测试设想计划、组织、分析和管理信息、资源或项目的认知能力，共 6 个测项。创造性想象力、社会性想象力和实用性想象力的 α 系数分别为 0.93、0.92 和

0.89，均远远大于 0.7，都在可以接受的范围内（如表 2 所示）。

表 2　创业想象力的测量量表

维度	条目	α 系数
创造性想象力	我认为自己很有创造力	0.93
	我认为自己很有创新精神	
	我在工作中表现出独创性	
	我喜欢原创作品	
	人们说我很有艺术性	
	富有创造力是我特质的很大一部分	
社会性想象力	从别人的角度看事情对我来说很容易	0.92
	我总是努力通过别人的眼睛看世界	
	我很理解为什么人们会这样做	
	我能很好地理解别人的感受	
	我可以从人们的面部表情中读出他们的情绪	
	我擅长看人	
实用性想象力	我擅长项目管理	0.89
	我能够描绘出一个系统的瓶颈	
	在我面对新情况之前，我想象一下我可能遇到的问题并做出相应的计划	
	我能看到看似无关的信息之间的联系	
	形成心理图像有助于我解决问题	
	我从现有方法进行外推来解决新问题	

资料来源：Kier 和 McMullen（2018）。

4.3　创业想象力维度和测量述评

尽管大量的研究都指出想象力对创业行为具有重要影响，但是很少有学者将创业想象力纳入研究框架并进行测量。同样地，相关学者一直试图将创意背后的创造力解释为态度、知识、评价和想象力的函数，并强调想象力是最重要的支柱，但通常都将想象力概念化为一种认知能力和思维模式，虽然可操纵，但是很少直接测量（Puccio et al.，2012）。

Kier 和 McMullen（2018）借助创造性问题解决视角，第一次从理论和实证上检验了创业想象力的影响，从而做出了重要的贡献。在理论上，Kier 和 McMullen（2018）将创业想象力概念化为创造性想象力、社会性想象力和实用性想象力三个维度，并指出创业想象力的三个维度因人而异；创业想象力对创业行为的解释要优于过往的态度、知识和经验。这表明，我们需要重新审视创业行为的研究，现有的创业理论需要进一步说明创业想象力在解释创业行为中的作用。

在实证上，创业想象力量表的提出，为未来的研究提供了重要的工具。前文已经指出，虽然对于想象力的探讨已经有很多，但是苦于没有合适的测量工具，大多数的观点仅限于理论上的冥想，缺乏实证上的观察。理论的发展离不开经验证据的积累，Kier 和 McMullen（2018）的量表为实证检验创业想象力迈出了重要的一步。

5 未来展望

创业想象力作为一种认知技能，可以促进个体对信息的处理和整合能力，使个体产生更多的创意，而创意是所有创业机会的基础。尽管想象力对创业机会识别和创业研究至关重要，但是对创业想象力的研究还处于起步阶段。Kier 和 McMullen 的研究第一次从理论上对创业想象力的概念进行界定并提出了创业想象力的三个维度，从实证上检验了三种想象力并初步开发了量表，为后续的研究奠定了扎实的基础。本文认为未来的研究需要在三个方面进一步发展。

5.1 创业想象力的开发

对绘画（Fish and Scriverner，1990）、写作（Berthoff，1982；Collins，1991）等不同话题的研究表明，通过深思熟虑的练习，可以培养出大量利用想象力的认知技能。这表明想象力是可以培养和开发的。本文的回顾已经表明了想象力在创业研究中的重要性，并介绍了最新有关创业想象力的内涵和测量方式。基于此，未来的研究需要进一步深入探讨影响创业想象力形成的各种因素。

此外，想象力与创造力紧密相关，而创造力也是想象力的一种表现结果。Amabile（1983）提出了创造力组成理论，指出创造力包含三个部分：领域相关技能，即领域相关知识；创造力相关技能，即依赖于经验的创意产生；任务动机，即个体对待任务的动机是外部动机还是内部动机。创造力组成理论为探讨创造力的前因提供了非常有用的理论框架。借鉴创造力的研究，我们认为知识、经验和动机对个人创业想象力的形成具有重要作用，这些因素如何影响个人的想象力值得未来进一步深入研究。

具体来说，未来的学者和企业的人力资源管理部门，可以合作共同开展创业想象力的开发。在企业内部利用本文回顾的量表诊断各个人力资源措施的有效性，比如头脑风暴、跨学科小组讨论等如何激发创业想象力；绩效奖励、职位晋升等外部因素又如何影响这个过程等。

5.2 创业想象力三个维度之间的关系

Kier 和 McMullen（2018）的研究表明创造性想象力、社会性想象力和实用性想象力之间相互独立。这说明，影响三个维度的因素可能不同。McMullen 和 Kier（2017）在探讨创意产生和创意选择过程中，指出最大化创意产生的因素并不一定保证能够选出最好的创意并实施。进一步地，Perry-Smith 和 Mannucci（2017）将创造力分解为创意产生、创意阐释、创意推介和创意实施四个阶段，并指出在某个阶段有利的认知技能，可能在其他阶段会变成阻碍因素。例如，创意产生需要发散性思维，而创意选择则需要对创意进行评估，需要聚合性思维；在创意产生阶段的发散反而可能会阻碍创意的选择。

基于此，未来的研究还需要进一步探讨创造性想象力、社会性想象力和实用性想象力之间的关系，并分析影响各个维度想象力的因素。比如，经验对创业想象力三个维度的影响方向可能不同。对于创造性想象力，经验的累积可能有正面影响，也可能有负面影响，即过往的经验既可以增加创造性想象力所需要的相关知识，也有可能带来认知惯性，阻碍创造性想象力的效果。对于实用性想象力和社会性想象力，经验可能带来正面影响。通过经验对创业想象力三个维度不同方向的影响，我们可以深入了解创业想象力三个维度之间的关系。

5.3 创业团队中的创业想象力

众所周知，开展创业往往以团队的形式进行。Kier 和 McMullen（2018）认为每个人在三个创业想象力的维度上优势各不相同，已有的创业行为模型大多局限于关注三个维度得分都很高的创业者。创业团队往往由拥有不同技能、知识和社会资源的人构成。这也就意味着创业团队的每个人在三个维度上的优势各不相同，如何相互弥补并激发出更高层次的团队层面的创业想象力是摆在理论研究和创业实践者面前的重要问题。

基于此，未来的研究需要从创造性想象力、实用性想象力、社会性想象力视角出发来探讨创业团队的形成过程。具体来说，创业团队的形成不是一蹴而就的，在创业过程中，创业团队可能会有新人加入，也会有老人离开，团队成员的构成以及成员流动如何影响团队创业想象力的构成值得深入探讨，尤其在特别需要想象力的行业，比如动漫设计、广告设计、产品开发等。未来的研究可以采取田野调查的方法，深入跟踪几个创业团队的形成过程，来捕捉创业团队中的创业想象力的动态变化。

参考文献

[1] Baron R. A., Ensley M D. Opportunity recognition as the detection of meaningful patterns: Evidence from comparisons of novice and experiencedentrepreneurs [J]. Management Science, 2006, 52 (9): 1331-1344.

[2] Brown T. Designthinking [J]. Harvard Business Review, 2008, 86 (6): 84-92.

[3] Chiles T. H., Bluedorn A. C., Gupta V K. Beyond creative destruction and entrepreneurial discovery: A radical Austrian approach to entrepreneurship [J]. Organization Studies, 2007, 28 (4): 467-493.

[4] Chiles T. H., Tuggle C. S., McMullen J. S., et al. Dynamic creation: Extending the radical Austrian approach to entrepreneurship [J]. Organization Studies, 2010, 31 (1): 7-46.

[5] Cornelissen J. P., Clarke J. S. Imagining and rationalizing opportunities: Inductive reasoning and the creation and justification of new ventures [J]. Academy of Management Review, 2010, 35 (4): 539-557.

[6] Davidsson P. Entrepreneurial opportunities and the entrepreneurship nexus: A re - conceptualization [J]. Journal of Business Venturing, 2015, 30 (5): 674-695.

[7] Dimov D. Beyond the single - person, single - insight attribution in understanding entrepreneurial opportunities [J]. Entrepreneurship Theory and Practice, 2007a, 31 (5): 713-731.

[8] Dimov D. From opportunity insight to opportunity intention: the importance of person - situation learning match [J]. Entrepreneurship Theory and Practice, 2007b, 31 (4): 561-583.

[9] Eckhardt J. T., Shane S. A. Opportunities and entrepreneurship [J]. Journal of Management, 2003, 29 (3): 333-349.

[10] Foo M. D., Uy M. A., Baron R. A. How do feel-

ings influence effort? An empirical study of entrepreneurs' affect and venture effort [J]. Journal of Applied Psychology, 2009, 94 (4): 1086-1049.

[11] Gaglio C. M. The role of mental simulations and counterfactual thinking in the opportunity identification process [J]. Entrepreneurship Theory and Practice, 2004, 28 (6): 533-552.

[12] Garud R., Giuliani A. P. A narrative perspective on entrepreneurial opportunities [J]. Academy of Management Review, 2013, 38 (1): 157-160.

[13] Garud R., Schildt H. A., Lant T. K. Entrepreneurial storytelling, future expectations, and the paradox of legitimacy [J]. Organization Science, 2014, 25 (5): 1479-1492.

[14] Grégoire D. A., Shepherd D. A. Technology-market combinations and the identification of entrepreneurial opportunities: An investigation of the opportunity-individual nexus [J]. Academy of Management Journal, 2012, 55 (4): 753-785.

[15] Haynie J. M., Shepherd D. A., McMullen J. S. An opportunity for me? The role of resources in opportunity evaluation decisions [J]. Journal of Management Studies, 2009, 46 (3): 337-361.

[16] Hill R. C., Levenhagen M. Metaphors and mental models: Sensemaking and sensegiving in innovative and entrepreneurial activities [J]. Journal of Management, 1995, 21 (6): 1057-1074.

[17] Kirzner I. M. Creativity and/or alertness: A reconsideration of the Schumpeterian entrepreneur [J]. The Review of Austrian Economics, 1999, 11 (1): 5-17.

[18] Kier A. S., McMullen J. S. Entrepreneurial imaginativeness in new ventureideation [J]. Academy of Management Journal, 2018, 61 (6): 2265-2295.

[19] Klein P. G. Opportunity discovery, entrepreneurial action, and economicorganization [J]. Strategic Entrepreneurship Journal, 2008, 2 (3): 175-190.

[20] Lazear E. P. Balanced skills and entrepreneurship [J]. American Economic Review, 2004, 94 (2): 208-211.

[21] Lechmann D. S. J., Schnabel C. Are the self-employed really jacks-of-all-trades? Testing the assumptions and implications of Lazear's theory of entrepreneurship with German data [J]. Small Business Economics, 2014, 42 (1): 59-76.

[22] McMullen J. S. Perspective taking and the heterogeneity of the entrepreneurialimaginativeness [J]. Advances in Austrian Economics, 2010, 14 (9): 113-143.

[23] McMullen J. S., Dimov D. Time and the entrepreneurial journey: The problems and promise of studying entrepreneurship as a process [J]. Journal of Management Studies, 2013, 50 (8): 1481-1512.

[24] McMullen J. S., Kier, A. S. You don't have to be an entrepreneur to be entrepreneurial: The unique role of imaginativeness in new venture ideation [J]. Business Horizons, 2017, 60 (4): 455-462.

[25] McMullen J. S., Shepherd D. A. Entrepreneurial action and the role of uncertainty in the theory of theentrepreneur [J]. Academy of Management Review, 2006, 31 (1): 132-152.

[26] McMullen J. S. Entrepreneurial judgment as empathic accuracy: A sequential decision-making approach to entrepreneurialaction [J]. Journal of Institutional Economics, 2015, 11 (3): 651-681.

[27] Penrose E. T. The theory of the growth of the firm [M]. New York: John Wiley, 1959.

[28] Perry-Smith J. E., Mannucci P. V. From Creativity to Innovation: The Social Network Drivers of the Four Phases of the Idea Journey [J]. Academy of Management

Review, 2017, 42 (1): 53-79.

[29] Puccio G., Mance M., Barbero Switalski L., Reali P. D. Creativity rising: Creative thinking and creative problem solving in the 21st century [M]. Buffalo, NY: ICSC, 2012.

[30] Ries E. The lean startup: How today´s entrepreneurs use continuous innovation to create radically successful businesses [M]. New York: Crown Books, 2011.

[31] Sarasvathy S. D. Causation and effectuation: Toward a theoretical shift from economic inevitability to entrepreneurial contingency [J]. Academy of management Review, 2001, 26 (2): 243-263.

[32] Seelig T. Insight out: Get ideas out of your head and into the world [M]. New York: Harper Collins, 2015.

[33] Shackle G. L. S. imaginativeness and the Nature of-Choice [M]. New York: Columbia University Press, 1979.

[34] Shane S., Venkataraman S. The promise of entrepreneurship as a field of research [J]. Academy of Management Review, 2000, 25 (1): 217-226.

[35] Suddaby R., Bruton G. D., Si S. X. Entrepreneurship through a qualitative lens: Insights on the construction and/or discovery of entrepreneurial opportunity [J]. Journal of Business Venturing, 2015, 30 (1): 1-10.

[36] Van den Ende J., Frederiksen L., Prencipe A. The front end of innovation: Organizing search for ideas [J]. Journal of Product Innovation Management, 2015, 32 (4): 482-487.

[37] Ward T. B. Cognition, creativity, andentrepreneurship [J]. Journal of Business Venturing, 2004, 19 (2): 173-188.

[38] Moorman C., Miner A. S. Crganization Impeovisation and Crganizational Memory [J]. Academy of Management Review, 1998, 23 (4): 698-723.

[39] Witt U. Firms as realizations of entrepreneurialvisions [J]. Journal of Management Studies, 2007, 44 (7): 1125-1140.

论文执行编辑：姜　嫣

论文接收日期：2019 年 5 月 5 日

作者简介：

钱佳蓉（1982-），南通大学人事处副研究员，博士研究生。研究方向为创新管理。E-mail：qianjiarong@ntu.edu.cn。

蒋春燕（1976-），南京大学商学院教授、博士生导师。研究方向为创新管理。E-mail：cyjiang@ntu.edu.cn。

Imaginativeness in the Context of Entrepreneurship: Concept, Measurement and Future Prospects

Jiarong Qian[1] Chunyan Jiang[2]

(1. Business School, Nanjing University, Nanjing, China

2. Personnel Office, Nantong University, Nantong, China)

Abstract: Although most entrepreneurial studies, especially those on entrepreneurial opportunity recognition, suggest that imaginativeness plays an important role in the study. However, few studies have conceptualized imaginativeness in theory and measured it. Given the importance of imaginativeness to entrepreneurial research, a review of imaginativeness is crucial. This paper summarizes and reviews the research on entrepreneurial imaginativeness in the context of entrepreneurship, and reviews the concept, dimensions and measurement methods of entrepreneurial imaginativeness. Finally, future research directions are proposed based on the existing researches.

Key Words: Entrepreneurial Research; Imaginativeness; Entrepreneurial Imaginativeness

JEL Classification: F272. 91

中英双语品牌名称水平排列方式对品牌态度的影响*

□ 李 蔚 刘思悦

摘 要： 随着全球化的发展和中英双语消费环境的扩大，同时将中英文两种元素纳入品牌名称中已是企业的通行做法。本文以中英双语品牌名称为研究对象，通过三个实证研究探索了品牌来源国与中英双语品牌名称水平位置组合的交互效应。研究一结果显示：对于来源于中国的品牌，其中英双语品牌名称以“中左—英右”的形式呈现时，能获得显著优于“英左—中右”时的品牌态度评价；对于来源于英语国家的品牌，其中英双语品牌名称以“英左—中右”的形式呈现时，能获得显著优于“中左—英右”时的品牌态度评价。研究二进一步验证了信息加工流畅度的中介作用。此外，研究三引入真实品牌名称检验上述效应，并排除英文字母大小写对该作用机制的影响。

关键词： 中英双语品牌名称；水平位置组合；品牌来源国；信息加工流畅度；品牌态度

JEL 分类： M31

引 言

品牌名称是关键的品牌要素，其能通过消费者的视觉感知直接向消费者传递信息，进而影响消费者的决策和偏好（Jiang et al.，2016）。在双语消费环境扩大化的趋势下，许多跨国公司在将本土品牌向国外市场推广的过程中，会以其本土品牌名称为基础，翻译或设计一个由目标市场国家语言表示的品牌名称（Shi and Schmitt，2001），并将两者结合使用以满足市场需求。同时，许多本土企业在塑造品牌国际化的形象时，会在其品牌名称中加入英文，以激发消费者现代化、国际化以及高质量的刻板印象，提升品牌的象征价值。从现实应用来看，企业在设计品牌标识时，将中

* 国家自然科学基金项目（71702119）；中国博士后科学基金面上资助项目（2018M640027）。

英文两种元素结合运用的现象已经非常普遍。

Bi（2014）研究提出，中英双语品牌名称的设计和选择对于消费者处理品牌信息具有重要影响。为使品牌名称组合取得更好的效果，企业经常通过多方讨论对品牌名称进行设计决策（Shipley，Hooky and Wallace，1988）。在众多品牌设计元素中，视觉特征被认为是一个重要方面。其字体（Tantillo，Lorenzo－Aiss and Mathisen，2010）、正斜（魏华等，2018）、大小（许销冰、陈荣和刘文静，2016）以及位置（Sundar and Noseworthy，2014）等因素都被证明能够显著影响消费者感知。其中，中文和英文名称的位置是中英双语品牌名称设计过程中必然要考虑的内容。然而，对来源于不同国家的中英双语品牌名称的位置设计，目前学术界还没有提出可供参考的普适性原则。比如，腾讯、百度以及新浪采用“英左—中右”的品牌名称设计，而同为互联网企业的网易则采用“中左—英右”的品牌名称设计。那么，如何对中英双语品牌名称进行搭配，才能取得更好的营销效果？

关于上述问题，目前的研究尚未给出明确答案，企业在对品牌标识进行设计时缺乏理论借鉴。当前对中英双语品牌名称的研究多集中于双语信息处理差异（Tavassoli，1999；Schmitt，Pan and Tavassoli，1994）以及其对消费者认知的影响（Pan and Schmitt，1996），并未考虑中英双语品牌名称的视觉特征对消费者的作用。另外，基于语言与国家之间的紧密联系，来源国信息会影响中英双语品牌名称的信息处理。鉴于此，本文将重点关注品牌来源国与中英双语品牌名称水平位置组合的交互效应，并将信息加工流畅度纳入研究中，探究上述过程的作用机制。对以上问题的深入探讨，为关于双语品牌名称视觉特征的后续研究提供了理论借鉴，也为企业设计中英双语品牌名称提供了理论指导。

1　文献回顾

1.1　中英双语品牌名称

在中英双语品牌名称中，中文和英文是核心构成元素。Tavassoli（1999）和Schmitt等（1994）研究证明，中文和英文的信息处理过程存在显著差异。具体而言，中文以表意文字为基础，其语义获取不受语音影响，信息处理很大程度上依赖于视觉编码；英文则以表音文字为基础，其组成符号仅代表单词的发音，并无实际意义，信息处理需通过语音编码进行。以上所述差异的存在会影响消费者对双语信息的呈现、编码、检索以及记忆。

基于消费者对双语信息的不同处理方式，既有研究从翻译、语音语义以及消费者认知等方面对中英双语品牌名称进行了研究。例如，Kum等（2011）研究了中文品牌名称翻译方式对消费者评价的影响。结果表明：消费者语言水平差异和语言处理的情景因素均会影响消费者对翻译方式的偏好，且英文熟练度较低的消费者更偏好拼音翻译方式。Pan和Schmitt（1996）研究证明，语言结构特征和品牌联想的匹配程度正向影响消费者的品牌态度，且对以中文为母语的消费者而言，其品牌态度受到文字联想和品牌联想的匹配程度的影响；而对以英文为母语的消费者而言，其品牌态度则受到语音联想与品牌联想的匹配程度的影响。然而，这些研究多从语言信息角度出发，忽略了对中英双语品牌名称视觉特征的关注，这将是本文重点考虑的内容。

1.2 品牌来源国效应

来源国（Country of Origin）最早是指生产产品的国家，即产品的产地（黄合水，2003）。20世纪60年代初，Schooler（1965）最早提出消费者对于生产地不同的产品会产生不同的评价的观点，由此开始了对来源国效应的研究探讨。随着全球化的发展，在来源国研究的基础上又产生了“制造国”“设计国”以及“品牌来源国”等新概念（Chao，1993；Nebenzahl，Jaffe and Lampert，1997）。本文不涉及产品制造问题，因此不对来源国和品牌来源国进行区分，其均指消费者认为与某一产品或品牌相关联的国家或地区（Nebenzahl，Jaffe and Lampert，1997）。

以往关于品牌来源国对消费者影响机制的研究，主要集中于以下三种观点：① 信号说，其认为品牌来源国是一种提示信号，能够帮助消费者进行产品性质的判断，也被认为是一种国家优势（Johansson，1989），具有“刻板印象”的特点；② 独立属性说，其认为品牌来源国可作为产品或品牌的一种独立属性，直接影响消费者评价（Li and Jr，1994）；③ 弹性模型，其是上述两种观点的综合，认为品牌来源国既是产品或品牌的独立属性，又能通过间接认知信号影响消费者行为（Knight and Calantone，2000）。

品牌来源国会通过认知路径（Maheswaran，1994）、情感路径（Fournier，1998）以及规范路径（Shimp and Sharma，1987）等途径影响消费者的品牌评价（Hulland，1999）、购买意愿（Prendergast and Tsang，2010）、品牌资产（Keller，1993）以及品牌忠诚（Yasin，Noor and Mohamad，2007），形成来源国效应（王海忠等，2013）。目前，有关来源国的研究也多集中于这一方面。例如，Prendergast、Tsang和Chan（2010）通过实验证明，品牌来源国信息会影响消费者的购买意愿，且这一过程受到产品卷入度的调节。其中，品牌来源国信息对低卷入度产品的购买意愿影响较大，但对高卷入度产品的购买意愿影响较小。徐彪等（2012）通过实证研究探讨品牌来源国对顾客忠诚和感知质量的影响机制，结果表明：品牌信任在来源国信任和品牌忠诚之间起中介作用，且来源国信任可以直接影响消费者感知质量，也可以通过品牌信任对消费者感知质量产生间接影响。来源国效应的产生和作用会受到知觉对象对产品内在信息获取程度的影响。产品或品牌的内在信息越少，知觉对象对产品或品牌信息的推测越多，来源国效应越强（Zeithaml，1988）。本文重点关注来源国感知与语言之间的联系，研究品牌来源国和品牌名称设计对消费者态度评价的交互作用。

2 假设演绎

2.1 中英双语品牌名称水平位置组合、品牌来源国与品牌态度

中英双语品牌名称水平位置组合有两种基本形式，即“中左—英右”和“英左—中右”。位置效应（Location Effect）理论发现，视觉对

象所处的位置会影响行为主体的注意力分配，使某些位置的内容能够得到更好的评估和更高的选择可能性，从而影响行为主体对其的偏好（Valenzuela and Raghubir，2015）。形成位置效应的原因很多，其中最主要的是人们的视觉浏览习惯（Cai，Shen and Hui，2012）。一般而言（阿拉伯语、希伯来语除外），人们比较习惯由左向右、自上而下地浏览平面上的内容。当面对不同的信息组合时，人们倾向于重视左侧（前面）的信息。由此，本文认为，对于水平组合的中英双语品牌名称而言，位于左侧的内容具有视觉注意优势，能获得更多视觉注意，并形成更高的消费者评价。

在中英双语品牌名称中，当品牌的中文名称居于左侧时，消费者会分配更多的视觉注意在其之上，中文名称得到突出和加强。由于语言与国家紧密相关，能够反映其所代表的国家形象，因而对中文的强调能够向消费者传递对应的来源国信息（Krishna and Ahluwalia，2008），更易促使消费者建立品牌与中国的联系，使其产生品牌来源于中国的认知。另外，品牌名称设计一般较为简短，仅有 2～4 个词，不具备太多语义信息，语义联想有限（Chan，1990；Schmitt，Pan and Tavassoli，1994），因而消费者主要是通过视觉感知来寻求更多品牌信息的。但品牌名称的简洁性也会导致消费者获取品牌信息的范围受到限制，使品牌来源于中国的认知增强。同理，当品牌的英文名称居于左侧时，消费者会分配更多的视觉注意在其之上，英文名称得到了突出加强。对英文的强调更易促使消费者建立品牌与美国等母语为英语的国家的联系，从而产生品牌来源于这些英语国家的认知。加之消费者对品牌信息的获取范围有限，使品牌来源于这些国家的认知增强。

如前文所述，中英双语品牌名称的不同水平位置组合会影响消费者的视觉注意分配，进而激发消费者对品牌形成不同的来源国认知。由于消费者更容易理解与其认知倾向一致的信息（Yang et al.，2011），当其品牌来源国认知与品牌实际来源国信息一致时，会引致更加流畅的品牌信息加工过程，从而产生积极的体验。反之，当其品牌来源国认知与品牌实际来源国信息不一致时，会导致较困难的信息加工过程，从而产生消极的体验。换言之，当品牌来源于中国时，中英双语品牌名称以“中左—英右”的形式展现，能使消费者产生与实际来源国信息一致的认知，而以“英左—中右”的形式展现时，消费者会产生与实际来源国信息不一致的认知。因此，以“中左—英右”形式展现的中英双语品牌名称能获得优于“英左—中右”形式展现的信息加工体验，进而获得更优的品牌态度评价。反之，当品牌来源于英语国家时，中英双语品牌名称以“中左—英右”形式展现能使消费者产生与实际来源国信息不一致的认知，而以“英左—中右”形式展现能使消费者产生与实际来源国信息一致的认知，此时以“英左—中右”形式展现的中英双语品牌名称能获得优于“中左—英右”形式的信息加工体验，进而获得更优的品牌态度评价。因此，本文推断，品牌来源国、中英双语品牌名称水平位置组合会对消费者的品牌态度评价产生交互影响，并提出以下假设。

H1：品牌来源国、中英双语品牌名称水平位置组合会对消费者品牌态度评价产生交互影响。

H1a：对于来源于中国的品牌，其中英双语品牌名称以“中左英右”的形式呈现时，能获得显著优于“英左—中右”时的品牌态度评价。

H1b：对于来源于英语国家的品牌，其中英双语品牌名称以“英左—中右”的形式呈现时，能获得显著优于“中左—英右”时的品牌态度评价。

2.2 信息加工流畅度的中介作用

信息加工流畅度表示个体处理信息时主观感受到的难易程度（Jacoby and Dallas，1981；Lee and Labroo，2004），其与信息加工速度和个体认知努力直接相关（Winkielman et al.，2003）。当人们对目标对象的认知与目标对象所传递的信息一致时，人们就会对目标对象产生更为积极的态度（Hakkyun Kim，Rao and Lee，2009；Lee and Aaker，2004）。例如，对于具有时间属性的产品或服务（如健身等），如果其表达过去状态（如健身前）的广告图片位于左侧，而表达现在或未来（如健身后）的图片居于右侧，由于消费者具有从左到右的阅读习惯（除阿拉伯和希伯来语外），且其对时间和空间具有“左—过去、右—未来”的心理表征，这时消费者的认知和产品图片所传递的信息具有一致性，消费者对产品信息的加工流畅度会显著提高，进而对产品产生更积极的态度评价（Chae and Hoegg，2013）。换言之，消费者对视觉对象的心理加工与视觉对象自身呈现方式的契合程度，能够显著影响信息加工流畅度，从而影响消费者的态度评价。

如前文所述，中英双语品牌名称的不同水平位置组合会使消费者形成不同的品牌来源国认知。而这种品牌来源国认知与品牌实际来源国信息的契合程度，会影响消费者的信息加工流畅度，从而影响消费者对品牌的态度评价。具体而言，当中英双语品牌名称和品牌来源国之间形成“中国：中左—英右”和“英语国家：英左—中右”的组合形式时，消费者的品牌来源国认知与品牌实际来源国信息一致，其心理契合程度高，对品牌信息的加工、处理过程具有较高流畅度，因此会对品牌做出更积极的评价。反之，当两者呈现“中国：英左—中右”和“英语国家：中左—英右”的组合形式时，消费者对品牌来源国的认知和品牌实际来源国信息不一致，其心理契合程度低，消费者对品牌信息的加工、处理过程具有较低流畅度，因此会对品牌做出负面评价。因此，本文提出以下假设。

H2：信息加工流畅度中介了品牌来源国和中英双语品牌名称水平位置组合对品牌态度的交互影响。

3 研究一：品牌来源国与中英文名称水平组合对品牌态度的影响

研究一旨在验证品牌来源国与中英双语品牌名称水平位置组合的交互作用（H1及其子假设）。一般而言，消费者会将中文与中国联系起来，而将英文与美国、英国等主要英语国家联系起来。研究一选择中国和美国两个国家，考察品牌来源于不同国家时，其中英双语品牌名称不同组合对消费者的直接影响。

3.1 预实验

预实验的目的在于确定进入正式实验的刺

激物。根据以往研究筛选出十个无实际意义的虚拟品牌（均为两音节）作为候选实验刺激物（Schmitt，Pan and Tavassoli，1994；许销冰、陈荣和刘文静，2016），并保持中文发音和英文发音一致以控制语音的影响。刺激物设计尺寸均为 120.9mm× 29.7mm。其中，中文字体为“黑体”，英文字体为“Times New Roman”，字号为 44 号，标识底色为黑色（Geraci et al.，2008；Xu，Chen and Liu，2017）。通过问卷星平台，102 名被试对十张刺激物图片进行评价，最终选择“雪别”（SABY）这一品牌名称。两组被试对该品牌名称的熟悉度［$M_{中左—英右}=2.54$，$SD=1.83$；$M_{英左—中右}=2.52$，$SD=1.50$；$F(1, 100)=0.01$，$p=0.950$］、品牌名称意义［$M_{中左—英右}=3.87$，$SD=1.50$；$M_{英左—中右}=3.82$，$SD=0.99$；$F(1, 100)=0.03$，$p=0.866$］、视觉复杂度［$M_{中左—英右}=4.49$，$SD=1.29$；$M_{英左—中右}=4.61$，$SD=1.11$；$F(1, 100)=0.28$，$p=0.601$］均无显著差异。表明刺激物设计成功，可以进入正式实验。

3.2 实验设计与过程

实验为 2（品牌来源国：中国 vs. 美国）× 2（中英双语品牌名称水平位置组合：中左—英右 vs. 英左—中右）组间设计。通过线上平台，共招募 123 名被试参与实验。被试被随机分至“中国：中左—英右”（$n=31$，$M_{age}=22.81$，$SD=2.66$；女性 12 人，38.7%）、“中国：英左—中右”（$n=30$，$M_{age}=22.47$，$SD=4.18$；女性 5 人，16.7%）、“美国：中左—英右”（$n=32$，$M_{age}=20.53$，$SD=2.66$；女性 12 人，37.5%）、“美国：英左—中右”（$n=30$，$M_{age}=23.17$，$SD=2.00$；女性 9 人，30%）条件组，各条件组除刺激物不同外，无其他差异。

实验在某大学符合隔音和抗干扰条件的实验室进行。被试根据要求填写问卷，问卷内容包括性别、年龄等统计学信息。由于本文涉及来源国信息，因此对被试的民族主义倾向（Batra et al.，2000）进行测量，排除民族中心主义对品牌态度的影响。被试还需在问卷中对刺激物的熟悉度、意义、视觉复杂度等题项进行作答，最后测量品牌态度（Schmitt，Pan and Tavassoli，1994）。问卷填写完毕，被试将随机获得 1~3 元不等的报酬。

实验所涉及的变量均使用李克特 7 级量表进行测量。根据以往研究，品牌熟悉度、品牌名称意义（Carnevale，Luna and Lerman，2017）、视觉复杂度等变量会对品牌效果产生影响（Campbell and Keller，2003；Park and Stoel，2005；Pieters，Wedel and Batra，2010）。为此，需对这些因素进行控制。实验所使用量表均来源于以往有关品牌效果的研究，对于原始英文量表皆采用回译的方式得到中文量表，多个题项以其均值为该变量最终得分。

3.3 实验结果

使用 SPSS 22 软件对数据进行分析。对通过多个题项的平均值进行测量的变量所用量表进行信度检验发现，民族主义倾向（$\alpha=0.84$）、刺激物熟悉度（$\alpha=0.89$）、意义（$\alpha=0.89$）以及品牌态度（$\alpha=0.98$）的信度值均大于 0.8，表明量表可靠。对品牌熟悉度等因素的 Tukey 事后检验表明，四组被试在这些方面均没有显著性差异（p's > 0.05），说明刺激物设计成功。对四组被试的民族主义倾向进行单因素分析，结果表明四组被试的民族主义倾向无显著差异[$F(3,119)=1.88, p=0.137$]，排除该因素对实验结果的影响。由于研究一量表均为同质对象填写，可能存在共同方法偏差问题（周浩和龙立荣，2004）。为此，对问卷所有题项进行因子分析，未旋转的第一公因子值为27.743%，不占大多数，表明共同方法偏差情况不会对研究结论造成影响。此外，考虑到男性样本比重较大，对性别进行单因素方差分析，结果表明性别对品牌态度的影响不显著[$F(1,121)=0.01, p=0.961$]。

使用GLM模型检验品牌来源国与中英双语品牌名称水平位置组合的交互效应。结果表明：中英双语品牌名称水平位置组合[$F(1,119)=0.29, p=0.592, \eta_p^2<0.01$]和品牌来源国[$F(1,119)=0.69, p=0.407, \eta_p^2<0.01$]对品牌态度的影响均不显著，品牌来源国和中英双语品牌名称水平位置组合的交互效应显著[$F(1,119)=21.92, p<0.001, \eta_p^2=0.16$]。简单效应检验（见图1）进一步发现：当品牌来源于中国时，中英双语品牌名称水平位置组合为“中左—英右”时能够获得更高的品牌态度评价[$M_{中左—英右}=4.36, SD=1.52; M_{英左—中右}=3.36, SD=1.26; F(1,119)=8.80, p<0.01, \eta_p^2=0.07$]。相反，当品牌来源于美国时，中英双语品牌名称水平位置组合为“英左—中右”时能获得更高的品牌态度评价[$M_{中左—英右}=3.44, SD=1.22; M_{英左—中右}=4.69, SD=1.29; F(1,119)=13.30, p<0.001, \eta_p^2=0.10$]。这与H1推论一致，即品牌来源国与中英双语品牌名称水平位置组合间存在交互效应。由此，H1、H1a和H1b得到了支持。

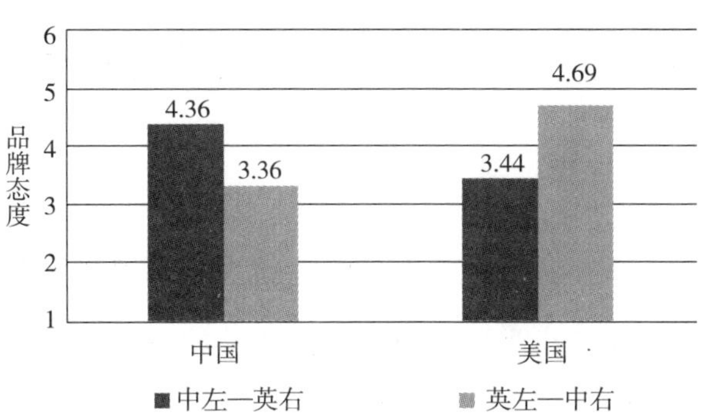

图1　品牌来源于不同国家时，消费者对中英双语品牌的态度评价

3.4　讨论

研究一结果表明，品牌来源国、中英双语品牌名称水平位置组合间存在交互效应。具体而言：对于来源于中国的品牌，中英双语品牌名称水平位置组合为“中左—英右”时，其能获得显著优于“英左—中右”时的品牌态度评价；来源于美国的品牌则相反，其中英双语品牌名称水平位置组合为“英左—中右”时，能获得显著强于“中左—英右”时的品牌态度评价。因此，H1及H1a和H1b均得到了验证。

研究一验证了品牌来源国与中英双语品牌名称水平位置组合间的交互效应，为H1及其子假设提供了实证支持。但仍存在以下问题：①品牌来源国与中英双语品牌名称水平位置组合间的交互是如何影响消费者品牌态度评价的？②除美国外，母语为英文的国家还有英国、澳大利亚等其他国家，研究一将母语为英文的品牌来源国设定为美国，所得研究结果是否具有普遍性？研究二将着力解决以上问题。

4 研究二：信息加工流畅度的中介作用

研究二的目的在于验证品牌来源国和中英双语品牌水平位置组合的交互效应中，信息加工流畅度的中介作用（H2），并再次验证H1及其子假设。为拓展结论的外部效度，本次研究在品牌来源国设计中，将中文所象征的品牌来源国设定为中国，英文所代表的品牌来源国设定为英国。

4.1 预实验

预实验的目的在于确定进入正式实验的刺激物。根据以往研究，筛选出十个无实际意义的虚拟品牌，均为两音节，作为候选实验刺激物（Schmitt，Pan and Tavassoli，1994；许销冰、陈荣和刘文静，2016）。保持中文发音和英文发音一致，以控制语音的影响。刺激物设计与研究一相同，此处不做赘述。92名被试通过问卷星平台对十张刺激物图片进行评价，最终选择“本苏”（BESU）这一品牌名称。两组被试对该品牌名称的熟悉度［$M_{中左—英右}=2.50$，$SD=1.55$；$M_{英左—中右}=2.10$，$SD=1.27$；$F(1,90)=1.82$，$p=0.181$］、品牌名称意义［$M_{中左—英右}=4.15$，$SD=1.03$；$M_{英左—中右}=4.33$，$SD=0.97$；$F(1,90)=0.78$，$p=0.380$］、视觉复杂度［$M_{中左—英右}=4.70$，$SD=0.75$；$M_{英左—中右}=4.53$，$SD=1.01$；$F(1,90)=0.83$，$p=0.365$］无显著差异，表明刺激物设计成功，可以进入正式实验。

4.2 实验设计与过程

实验为2（品牌来源国：中国 vs. 英国）×2（中英双语品牌名称水平位置组合：中左—英右 vs. 英左—中右）组间设计。通过线上平台，共招募97名被试参与实验。所有被试均无眼部疾病，且视力或矫正视力均达到1.0及以上。其中，5人因校准不合格而被剔除（5.15%）。最终，共获得92名被试的有效数据，且四个条件组的有效样本分别为：“中国：中左—英右”（$n=24$，$M_{age}=21.33$，$SD=2.01$；女性18人，75.0%）、“中国：英左—中右”（$n=23$，$M_{age}=21.22$，$SD=2.56$；女性17人，73.9%）、“英国：中左—英右”（$n=23$，$M_{age}=22.65$，$SD=3.38$；女性20人，87.0%）、“英国：英左—中右”（$n=22$，$M_{age}=20.23$，$SD=1.45$；女性15人，68.2%）条件组，各条件组除刺激物不同外，无其他差异。每组图片由1张刺激物和8张filler组成。图片出现顺序为随机排列，且避免目标刺激物出现在首页和尾页（Lee and Ahn，2012）。

4.2.1 实验设备

本次实验用Eye link 1000 Plus型桌面式眼动仪收集数据，其主要由被试机和主试机两部分构成。实验过程中被试位于被试机和眼动仪前，将头部固定于下巴托上，调整位置使眼睛与被试机显示屏中央位于同一水平线，距离约为75厘米，与眼动仪距离约为55厘米。实验指导语和实验刺激物在21寸被试机显示器上呈现，显示分辨率为1024像素×768像素，眼动数据由主试机记录，刷新频率为140Hz。

4.2.2 实验流程

实验在某大学符合抗干扰条件的Mobile Consumer Data Science实验室进行。当被试到达实验室后，由两名工作人员向其介绍实验流程。

待被试明确实验流程及要求后，其将阅读（实验知情同意书）并签字。之后，工作人员引导其进入眼动实验室开始实验。被试被随机分至任一条件组，各实验组除刺激物外其他条件均相同。实验时，被试坐在指定位置，浏览显示器上的实验指导语“请将您的下巴固定在托盘之上，并全程保持固定。稍后，您将浏览 9 张中国（英国）品牌图片，浏览完毕后按‘空格键’可播放下一张”。工作人员再次向其简述指导语。然后，工作人员对被试进行九点校准，校准的误差值控制在 0.10 以下。被试开始浏览实验图片，待浏览 3 张图片后，对其进行单点校准，合格后方能继续实验。实验完毕后被试被带离实验室，进入外间休息间进行问卷实验。

研究二所用问卷与研究一相同，此处不做赘述。被试离开眼动实验室到休息间通过 iPad 终端对问卷进行作答。问卷填写完毕后，每名被试将获得 30 元现金报酬（未通过校准者获得 15 元），工作人员向其表示感谢。整个实验需花费 15~20 分钟。在以上过程中被试接触的所有信息均隐去和实验目的有关的内容，以避免被试形成预判。

在眼动指标中，注视时长和注视次数能够反映信息加工流畅度（Pieters，Rosbergen and Wedel，1999；Wedel and Pieters，2000；贾佳、蒋玉石和盛平，2016）。注视时长即落在兴趣区的注视点的总时长，反映认知主体对刺激物的加工困难程度，注视时间越长，可能认知主体对该区域的加工困难更大（程利、杨治良和王新法，2007）。注视次数指注视点落在兴趣区的总次数，反映认知主体对刺激物的加工负荷，注视次数越多，可能认知主体对该区域的加工努力值越高（Henderson and Ferreira，1990；Mullen and Johnson，1990）。

4.3 实验结果

使用 SPSS 22 软件对数据进行分析。对民族主义倾向（$\alpha=0.85$）、刺激物熟悉度（$\alpha=0.92$）、意义（$\alpha=0.89$）以及品牌态度（$\alpha=0.98$）等进行信度检验，其信度值均大于 0.8，因此量表可靠。对品牌熟悉度等因素的 Tukey 事后检验表明，四组被试在这些方面均没有显著性差异（p’s > 0.05），说明刺激物设计成功。此外，对四组被试的民族主义倾向进行测量，结果表明其民族主义倾向无显著差异[$F(3,88)=0.72, p=0.542$]。同研究一相同，研究二量表仍均为同质对象填写，可能存在共同方法偏差问题。采用因子分析的方法对问卷所有题项进行分析，未旋转的第一公因子值为 35.037%，不占大多数，表明共同方法偏差情况不会对研究结论造成影响。此外，考虑到女性样本比重较大，对性别进行单因素方差分析，结果表明性别对注视时长[$F(1,90)=0.07, p=0.799$]、注视次数[$F(1,90)=0.01, p=0.929$]、品牌态度[$F(1,90)=0.41, p=0.524$]的影响均不显著。

4.3.1 品牌态度

使用 GLM 模型再次检验品牌来源国与中英双语品牌名称水平位置组合对消费者品牌态度评价的交互影响。结果表明：中英双语品牌名称水平位置组合[$F(1,88)=0.52, p=0.471, \eta_p^2<0.01$]对品牌态度的影响不显著，品牌来源国[$F(1,88)=4.80, p<0.05, \eta_p^2=0.05$]对品牌态度的影响显著，品牌来源国和中英双语品牌名称水平位置组合的交互效应显著[F(1,88)=

15.26,p < 0.001, $\eta_p^2 = 0.15$]。简单效应检验（见图2）进一步发现：当品牌来源于中国时，中英双语品牌名称水平位置组合为“中左—英右”时能够获得更高的品牌态度评价[$M_{中左—英右} = 4.54$, $SD = 0.66$; $M_{英左—中右} = 3.99$, $SD = 0.79$; $F(1, 88) = 5.18$, $p < 0.05$, $\eta_p^2 = 0.06$]。相反，当品牌来源于英国时，中英双语品牌名称水平位置组合为“英左—中右”时能唤起更高的品牌态度评价[$M_{中左—英右} = 4.25$, $SD = 0.76$; $M_{英左—中右} = 5.05$, $SD = 1.06$; $F(1, 88) = 10.49$, $p < 0.01$, $\eta_p^2 = 0.11$]。H1及其子假设再次得到验证。

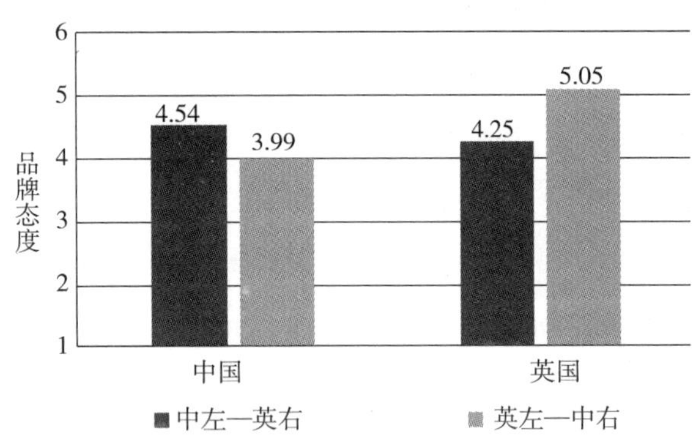

图2　品牌来源于不同国家时，消费者对中英双语品牌的态度评价

4.3.2　视觉注意

分别以注视时长和注视次数为因变量，进行两因素（品牌来源国、中英双语品牌名称水平位置组合）交互效应检验。结果表明：品牌来源国和中英双语品牌名称水平位置组合对注视时长[F(1, 88) = 15.82, p < 0.001, $\eta_p^2 = 0.15$]、注视次数[F(1,88) = 12.37, p < 0.01, $\eta_p^2 = 0.12$]的交互效应均显著。简单效应检验进一步表明：品牌来源于中国时，中英双语品牌名称水平位置组合以“中左—英右”形式呈现能够获得更短的注视时间[$M_{中左—英右} = 1971.88$, $SD = 1213.16$; $M_{英左—中右} = 2993.70$, $SD = 1505.24$; $F(1,88) = 6.18$, $p < 0.05$, $\eta_p^2 = 0.07$]、更少的注视次数[$M_{中左—英右} = 9.75$, $SD = 4.95$; $M_{英左—中右} = 12.83$, $SD = 5.15$; $F(1,88) = 4.84$, $p < 0.05$, $\eta_p^2 = 0.05$]。相反，当品牌来源于英国时，中英双语品牌名称水平位置组合以“英左—中右”形式呈现则能获得更短的注视时间[$M_{中左—英右} = 3716.17$, $SD = 1710.66$; $M_{英左—中右} = 2399.50$, $SD = 1126.07$; $F(1, 88) = 9.82$, $p < 0.01$, $\eta_p^2 = 0.10$]、更少的注视次数[$M_{中左—英右} = 11.91$, $SD = 3.80$; $M_{英左—中右} = 7.96$, $SD = 5.16$; $F(1,88) = 7.67$, $p < 0.01$, $\eta_p^2 = 0.08$]。

4.3.3　信息加工流畅度的中介作用

本文采用Bootstrap方法，通过SPSS软件的PROCESS插件检验信息加工流畅度的中介作用（Hayes，2013；Preacher and Hayes，2004）。考虑到品牌来源国与中英双语品牌名称水平位置组合间的交互效应，本文选择模型7，样本量为5000，置信度为95%，分别对注视时长和注视次数两个反映信息加工流畅度的指标进行中介效应检验，结果如图3和图4所示。

以中英双语品牌名称水平位置组合为自变量（“中左—英右”编码为1，“英左—中右”编码为1），品牌来源国为调节变量（来源国为“中国”编码为1，来源国为“英国”编码为1），注视时长/注视次数为中介变量，品牌态度为因变量，进行中介效应检验。结果显示：注视时长的中介效应显著（$LLCI = 0.2987$，$ULCI = 0.8152$），大小为0.5445。当品牌来源国为中国时，注视时长的中介效应显著，其非直接路径中没有包含0（$LLCI = 0.0631$，$ULCI =$

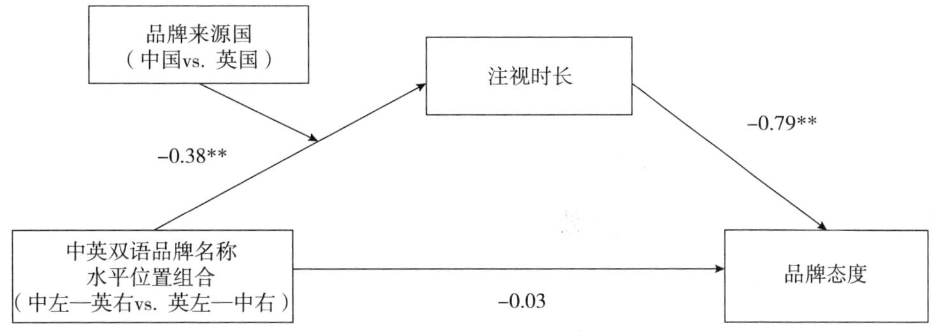

注：** 表示 $p < 0.05$。图中数字表示标准化后的回归系数值。

图 3　Bootstrap 检验的注视时长的中介效应检验结果

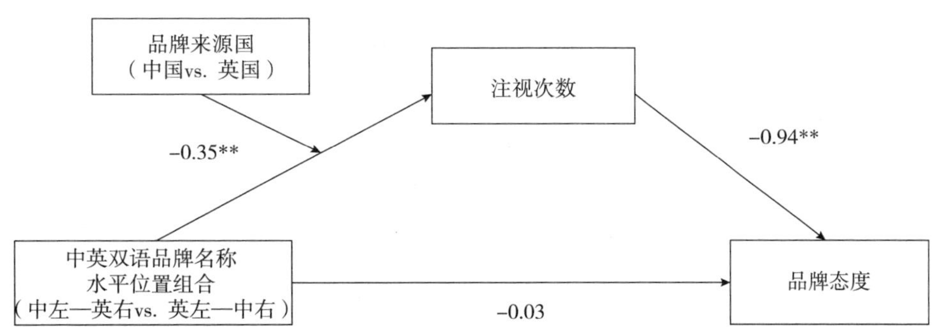

注：** 表示 $p < 0.05$。图中数字表示标准化后的回归系数值。

图 4　Bootstrap 检验的注视次数的中介效应检验结果

0.4429），中介效应大小为 0.2379。当品牌来源国为英国时，注视时长的中介效应也显著，其非直接路径中没有包含 0（*LLCI* = -0.4852，*ULCI* = -0.1232），中介效应大小为-0.3066。在控制中介变量后，品牌来源国与中英双语品牌名称水平位置组合对品牌态度的交互作用不显著（p=0.647），且直接路径中包含 0（*LLCI* = -0.1416，*ULCI* = 0.0884）。

同样，注视次数的中介效应也显著（*LLCI* = 0.2637，*ULCI* = 0.9434），大小为 0.5884。当品牌来源国为中国时，注视次数的中介效应显著，其非直接路径中没有包含 0（*LLCI* = 0.0245，*ULCI* = 0.5194），中介效应大小为 0.2573。当品牌来源国为英国时，注视次数的中介效应也显著，其非直接路径中没有包含 0（*LLCI* = -0.5516，*ULCI* = -0.1073），中介效应大小为-0.3311。在控制中介变量后，品牌来源国与中英双语品牌名称水平位置组合对品牌态度的交互作用不显著（p=0.441），其直接路径中包含 0（*LLCI* = -0.0877，*ULCI* = 0.0385）。这一结果表明，注视时长和注视次数在中英双语品牌名称水平位置组合和品牌来源国对品牌态度的交互作用中起到完全中介作用。

注视时长和注视次数是信息加工流畅度的反映指标，综合以上数据分析结果可知，信息加工流畅度对品牌来源国与中英双语品牌名称水平位置组合的交互效应起到中介作用，且是完全中介，H2 由此得到验证。

4.4 讨论

研究二的结果再次表明，品牌来源国、中英双语品牌名称水平位置组合间存在交互效应，这为 H1 及其子假设再次提供了支持。此外，研究二基于眼动技术，在研究一的基础上进行深入研究，考察了在品牌来源国、中英双语品牌名称水平位置组合交互效应中，信息加工流畅度的中介作用。

研究二引入中介变量，解释了研究一的作用过程，但其研究过程中所用的刺激物均为无意义的虚拟品牌，结果仍可能缺乏现实意义。再者，研究二将英文所代表的品牌来源国设定为英国，结果仍可能缺乏普遍性。研究三将采用不同的操控方法，对英文所代表的品牌来源国进行操控。最后，考虑到大写英文字母相对于小写英文字母会增加目标对象的信息加工负荷，影响流畅性，研究三将选取现实品牌作为刺激物，同时将品牌名称刺激物中的英文名称设计为小写字母，继续探索品牌来源国、中英双语品牌名称水平位置组合交互效应的内在机制。

5 研究三：真实的小写品牌名称

研究三的目的在于排除双语品牌名称中英文名称大小写对上述作用机制的影响，并再次验证 H1、H2 及其子假设。为了提高研究结论的普遍性，研究三选用真实品牌名称作为刺激物进行实验，中文所代表的品牌来源国继续选择中国，英文所代表的品牌来源国则使用“澳大利亚”（英语国家）进行操控。

5.1 预实验

预实验的目的在于确定进入正式实验的刺激物。选择六个两音节的真实品牌名称，保证其中文发音和英文发音一致以控制语音的影响。采用和研究一、研究二相同的刺激物设计方式对上述品牌名称进行设计得到候选刺激物，对于刺激物的英文品牌名称采用小写字母设计。通过问卷星平台，237 名被试对 6 张刺激物图片进行评价，最终选择“视贝”（seebest）这一品牌名称作为刺激物。两组被试对上述品牌名称的熟悉度［$M_{中左—英右}=3.28$，$SD=1.58$；$M_{英左—中右}=3.50$，$SD=1.59$；$F(1,235)=1.13$，$p=0.289$］、意义［$M_{中左—英右}=4.79$，$SD=1.51$；$M_{英左—中右}=5.06$，$SD=1.46$；$F(1,235)=1.94$，$p=0.166$］、视觉复杂度［$M_{中左—英右}=4.25$，$SD=1.24$；$M_{英左—中右}=4.50$，$SD=1.03$；$F(1,235)=2.65$，$p=0.105$］均无显著差异。表明刺激物设计成功，可以进入正式实验。

5.2 实验设计与过程

实验为 2（品牌来源国：中国 vs. 澳大利亚）×2（中英双语品牌名称水平位置组合：中左—英右 vs. 英左—中右）组间设计。通过线上平台，共招募 242 名被试参与实验。其中，3 人因对刺激物熟悉程度过高而被剔除（1.24%），最终获得 239 名被试的有效数据，且四个条件组的有效样本分别为：“中国：中左—英右”组 60 人（$M_{age}=29.22$，$SD=5.85$；女性 27 人，45.00%）；“中国：英左—中右”组 59 人（$M_{age}=27.08$，$SD=5.28$；女性 28 人，47.46%）；“澳大利亚：中左—英右”组 60 人

(M_{age} = 26.83, SD = 6.45；女性 31 人，51.67%)；“澳大利亚：英左—中右” 60 人(M_{age} = 27.15, SD = 6.21；女性 34 人，56.67%)条件组。各条件组除刺激物不同外，无其他差异。

除对中介变量的测量外，研究三的实验过程与研究一相同，此处不再赘述。为了提高实验结论的稳健性，本次实验采用交叉检验的方式，使用李克特 7 级量表对信息加工流畅度进行测量（1= “非常难以理解”，7= “非常容易理解”；1= “非常难处理”，7= “非常容易处理”；1= “让人感觉非常差”，7= “让人感觉非常好”；1= “所包含的信息不一致也不连贯”，7= “所包含的信息一致且连贯”；1= “非常没有条理”，7= “非常有条理”；1= “内容不可信”，7= “内容可信”）。实验所使用量表为对原始英文量表进行翻译得到的中文量表（Yan and Dengfeng，2016；Lee，Keller and Sternthal，2010）。

5.3 实验结果

再次使用 SPSS 22 软件对数据进行分析。对民族主义倾向（$\alpha = 0.87$）、刺激物熟悉度（$\alpha = 0.88$）、意义（$\alpha = 0.88$）、品牌态度（$\alpha = 0.91$）以及信息加工流畅度（$\alpha = 0.90$）等进行信度检验，其信度值均大于 0.8，可知量表可靠。对品牌熟悉度等因素的 Tukey 事后检验表明，四组被试在这些方面均没有显著性差异（p’s> 0.05），说明刺激物设计成功。同研究一和研究二相同，四组被试的民族主义倾向无显著差异［$F(3, 235) = 1.57$, $p = 0.198$］。采用因子分析对问卷所有题项进行分析，未旋转的第一公因子值为 21.02%，不占大多数，表明共同方法偏差情况不会对研究结论造成影响。

5.3.1 品牌态度

使用 GLM 模型检验品牌来源国与中英双语品牌名称水平位置组合的交互效应。结果表明：中英双语品牌名称水平位置组合［$F(1,235) = 5.85$, $p < 0.05$, $\eta_p^2 = 0.02$］和品牌来源国［$F(1,235) = 5.17$, $p < 0.05$, $\eta_p^2 = 0.02$］对品牌态度的影响显著，品牌来源国和中英双语品牌名称水平位置组合的交互效应显著［$F(1,235) = 124.69$, $p < 0.001$, $\eta_p^2 = 0.35$］。简单效应检验（见图 5）进一步发现：当品牌来源于中国时，中英双语品牌名称水平位置组合以“中左—英右”形式呈现能够获得更高的品牌态度评价［$M_{中左—英右} = 5.25$, $SD = 1.02$；$M_{英左—中右} = 3.16$, $SD = 1.15$；$F(1, 235) = 91.89$, $p < 0.001$, $\eta_p^2 = 0.28$］。相反，当品牌来源于澳大利亚时，中英双语品牌名称水平位置组合以“英左—中右”形式呈现能唤起更高的品牌态度评价［$M_{中左—英右} = 3.88$, $SD = 1.53$；$M_{英左—中右} = 5.23$, $SD = 0.95$；$F(1, 235) = 38.43$, $p < 0.001$, $\eta_p^2 = 0.14$］。H1 及其子假设再次得到验证。

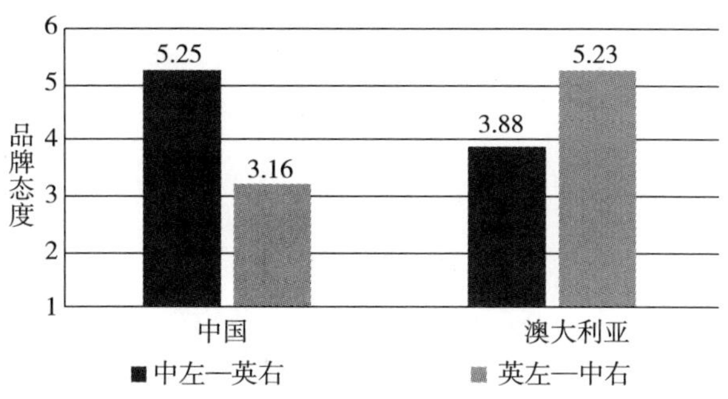

图 5 品牌来源于不同国家时，消费者对中英双语品牌的态度评价

5.3.2 信息加工流畅度

以信息加工流畅度为因变量，进行两因素（品牌来源国、中英双语品牌名称水平位置组合）交互效应检验。结果表明：品牌来源国和中英双语品牌名称水平位置组合对信息加工流畅度[$F(1,235)=74.67, p<0.001$，$\eta_p^2=0.24$]的交互效应均显著。简单效应检验进一步表明：当品牌来源国为中国时，中英双语品牌名称水平位置组合以“中左—英右”形式呈现具有更高的信息加工流畅度[$M_{中左—英右}=5.08$，$SD=0.96$；$M_{英左—中右}=3.36$，$SD=1.34$；$F(1,235)=54.54$，$p<0.001$，$\eta_p^2=0.19$]，而当品牌来源国为澳大利亚时，中英双语品牌名称水平位置组合以“英左—中右”形式呈现具有更高的信息加工流畅度[$M_{中左—英右}=3.71$，$SD=1.47$；$M_{英左—中右}=4.83$，$SD=1.25$；$F(1,235)=23.33$，$p<0.001$，$\eta_p^2=0.09$]。

5.3.3　信息加工流畅度的中介作用

同样，采用Bootstrap方法，通过SPSS软件的PROCESS插件检验信息加工流畅度的中介作用（Hayes，2013；Preacher and Hayes，2004）。选择模型7，样本量为5000，置信度为95%，检验结果如图6所示。

以中英双语品牌名称水平位置组合为自变量（“中左—英右”编码为1，“英左—中右”编码为-1），品牌来源国为调节变量（来源国为“中国”编码为1，来源国为“澳大利亚”编码为-1），信息加工流畅度为中介变量，品牌态度为因变量，进行中介效应检验。结果显示：信息加工流畅度的中介效应显著（$LLCI=0.4828$，$ULCI=1.0247$），中介效应大小为0.7327。当品牌来源国为中国时，信息加工流畅度的中介作用显著，其非直接路径中没有包含0（$LLCI=0.2926$，$ULCI=0.6262$），中介效应大小为0.4437。当品牌来源国为澳大利亚时，信息加工流畅度的中介作用也显著，其非直接路径中没有包含0（$LLCI=-0.4608$，$ULCI=-0.1492$），中介效应大小为-0.2890。在控制中介变量后，品牌来源国与中英双语品牌名称水平位置组合对品牌态度的交互作用不显著（$p=0.203$），且直接路径中包含0（$LLCI=-0.0571$，$ULCI=0.2677$）。这一结果表明，信息加工流畅度在中英双语品牌名称水平位置组合影响品牌态度的过程中起到完全中介作用。H2由此再次得到验证，且双语品牌名称中英文名称的大小写对上述作用机制不会产生影响。

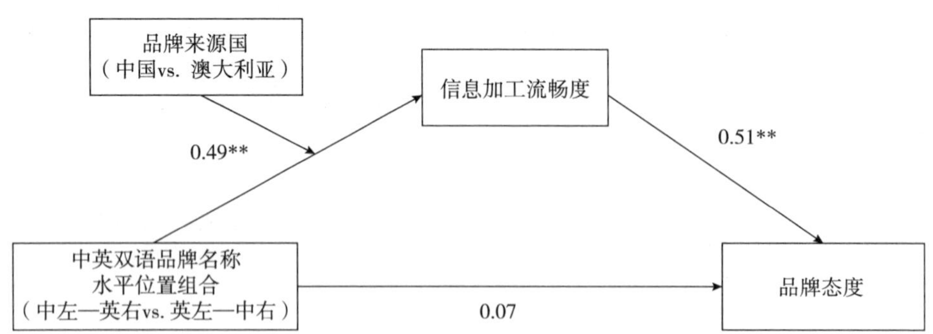

注：** 表示 $p<0.05$。图中数字表示标准化后的回归系数值。

图6　Bootstrap检验的信息加工流畅度的中介效应检验结果

5.4 讨论

研究三基于问卷实验再次验证了 H1 和 H2 的推论，并选取真实品牌名称作为刺激物，排除了英文名称大小写对上述作用机制的影响。这一结论增强了品牌来源国和中英双语品牌名称水平位置组合交互效应的效度和普遍性。

6 结论与讨论

本文通过三个子研究，结合眼动技术，考察了品牌来源国、中英双语品牌名称水平位置组合对品牌效果的交互影响。在此基础上，本文进一步检验了信息加工流畅度在这一过程中的中介作用。三个子研究均发现，品牌来源国、中英双语品牌名称水平位置组合间存在交互效应（H1）。具体而言：对于来源于中国的品牌，中英双语品牌名称水平位置组合为“中左—英右”时，其品牌态度评价显著优于“英左—中右”时；品牌来源于英语国家时则相反，其中英双语品牌名称以“英左—中右”的形式呈现时，能够获得显著优于“中左—英右”时的品牌态度评价。研究一基于一般性样本，验证了这一基本假设。研究二则基于眼动技术，进一步探索了信息加工流畅度在这一过程中的中介作用（H2）。其结论表明，品牌来源国、中英双语品牌名称水平位置组合对消费者品牌态度评价的交互影响是借助信息加工流畅度实现的。研究三基于真实品牌对上述过程的作用机制进行验证，并排除了品牌名称中英文名称大小写对该过程的影响，为品牌来源国与中英双语品牌名称水平位置组合的交互作用进一步提供了证据。

6.1 理论贡献

本文的理论贡献主要有三个方面：

第一，本文丰富了品牌名称的研究成果，并为后续研究提供了理论基础。既有研究已从语音语义（Zhang and Schmitt，2004）、视觉特征（许销冰、陈荣和刘文静，2016）、价值传播（Geerlings，2016）以及人格知觉（Wu，Klink and Guo，2013）等角度对品牌名称进行了研究，证明了品牌名称对消费者的重要影响。然而，上述研究对象均为单语言品牌名称。目前学术界对多语言品牌名称的研究仍旧比较少。现有对于多语言品牌名称的研究多从双语信息处理差异（Tavassoli，1999）以及语言翻译等角度进行。例如，Hong 等（2002）通过实验研究跨文化语境下不同产品品牌名称的翻译效果，并为不同类型品牌的跨文化翻译提出建议，其认为，知名度较高的品牌应该保留其原品牌名称，而知名度较低的品牌应该考虑对其品牌名称进行语音翻译。本文基于中英双语品牌名称的视觉特征，引入品牌来源国概念，探究其对消费者品牌态度的交互影响，为后续有关双语品牌名称视觉特征的研究提供了理论借鉴。

第二，本文基于眼动技术对信息加工流畅度进行测量，提升了中介机制的解释力。以往研究对信息加工流畅度的测量多采用量表形式（Landwehr，Labroo and Herrmann，2011），被试在浏览刺激物之后进行自我报告（Cian，Krishna and Elder，2014），干扰因素多，测量结果的准确性容易受到影响。本文参考贾佳等（2016）在研究中使用眼动仪对信息加工流畅度进行测量的方法，从视向心理角度进行即时生理数据收集，考察被试对不同刺激物的信息加工感受，能显著提高研究结论的信度，结果更加客观准确。

第三，本文将品牌来源国的影响纳入研究中，进一步佐证了来源国感知与语言之间的紧密联系。语言和国家之间存在客观联系，其能传递有关国家形象和民族文化的信息。Krishna 和 Ahluwalia（2008）在研究中指出，人们根据目标对象的来源背景判断其所使用的语言，并对其所使用语言的类型产生心理预期。这种判断在企业广告语言的使用和企业来源国之间也有体现。由于英文是与外国人沟通交流的主要语言，所以外国企业在广告中使用英文更加符合人们的期望和认知。而对于本土企业来说，其在广告中使用当地语言或者双语（当地语言与英文同时使用）更符合人们的期望。本文关注来源国和其对应母语之间的客观联系，并结合品牌名称的视觉特征，发现品牌名称的语言设计会与品牌实际来源国产生交互作用，并影响消费者对品牌的态度评价，这丰富了品牌名称设计与来源国效应的研究成果。

6.2 营销启示

首先，本文结论对于企业品牌管理者具有参考价值。在展示品牌标识内容时，应将需重点呈现的信息置于水平方向左侧的位置，这是因为水平方向左侧的位置能获得更多视觉注意，且人们会认为此处的内容更加重要。将企业需在品牌标识中重点强调的内容，如品牌名称、品牌优势、产品功效等置于水平方向左侧位置，能够达到突出显示的效果，进而提升品牌的说服力。

其次，对于企业管理者而言，在进行中英双语品牌名称设计时，应考虑品牌来源国这一重要因素。对于新进入中国市场的中国企业来说，消费者对其了解有限。此时，若企业管理者想要传递其品牌来源于英语国家的信息，使消费者对其产品产生全球性的刻板印象，可以在品牌名称中加入英文元素，并将其英文名称置于水平方向左侧，以激发消费者对于其品牌来源国为英语国家的认知。若企业管理者想要突出其品牌为本土品牌，可在设计中英文品牌名称时，将中文名称置于水平方向左侧，引导消费者建立该品牌来源于中国的认知。然而，对于在市场上具有一定知名度，且消费者对其品牌来源国有清晰认知的企业来说，其企业管理者在进行中英文品牌名称设计时，应将代表其来源国的名称置于水平方向左侧，以向消费者传递与其认知一致的信息，从而提高信息加工流畅度，进而获得更优的品牌态度评价。

最后，设计者应当进一步理解流畅性这一设计概念。设计者除要对视觉流畅性这一审美概念的追求外，还需增强对知觉流畅性这一主观感受的理解并能有效加以利用。设计者可以深入挖掘目标对象的信息加工层次，对其知觉和联想进行正确的预测和判断，避免由消费者对设计结果的困难加工导致的消极态度。比如，品牌名称中的语言元素会使消费者产生对其来源国的认知和联想，其与位置效应的相互作用结果在一定程度上可以被预测，进而为提高消费者的信息加工容易程度提供参考。其他的标识元素如字体、形状、颜色等均能使消费者产生不同的认知，关注消费者对这些元素的认知图式并据此进行设计匹配能够促进设计对象统一性的有效实现，降低目标对象的认知负担，使其产生积极的态度评价。

6.3 研究局限与未来研究方向

本文的局限性主要表现在三个方面：首先，由于时间和成本限制，参与研究的被试多为在校大学生。考虑到不同教育水平的消费者，其消费习惯和认知习惯可能存在差异。因此，本文研究结论的普适性存在一定局限。其次，三个研究所使用的品牌刺激物都经过前测实验的筛选，虽能较好地控制语义、语音、熟悉度等因素的影响，但也可能限制本文结论的代表性。最后，本文仅探讨了信息加工流畅度的作用，未考虑如产品预期等其他潜在因素的作用。

未来的研究方向有：首先，除品牌名称文字标识外，品牌图形标识和广告语也很常见，未来研究可考察品牌图形标识，以及广告语中中英文元素对品牌效果的影响；其次，除水平位置组合外，垂直、对角线、中间、边缘等位置呈现也可能对品牌态度产生影响，未来研究可对此进行拓展；最后，本文的因变量为品牌态度，其只是品牌效果的一个方面，在未来的研究中可以对其进行深入探讨，考察中英双语品牌名称相对位置呈现对品牌记忆、品牌形象、品牌承诺以及品牌忠诚等品牌效果的影响。

参考文献

[1] Batra R., Ramaswamy V., Alden D. L., et al. Effects of Brand Local and Nonlocal Origin on Consumer Attitudes in Developing Countries [J]. Journal of Consumer Psychology, 2000, 9 (2): 83-95.

[2] Bi R. Effects of Typographic Variables on Attitude Measures in Reading Bilingual Brands [D]. Ames: Iowa State University, 2014.

[3] Cai F., Shen H., Hui M. K. The Effect of Location on Price Estimation: Understanding Number-Location and Number-Order Associations [J]. Journal of Marketing Research, 2012, 49 (5): 718-724.

[4] Campbell M. C., Keller K. L. Brand Familiarity and Advertising Repetition Effects [J]. Journal of Consumer Research, 2003, 30 (2): 292-304.

[5] Carnevale M., Luna D., Lerman D. Brand Linguistics: A Theory-driven Framework for the Study of Language in Branding [J]. International Journal of Research in Marketing, 2017, 34 (2): 572-591.

[6] Chae B., Hoegg J. A. The Future Looks "Right": Effects of the Horizontal Location of Advertising Images on Product Attitude [J]. Journal of Consumer Research, 2013, 40 (2): 223-238.

[7] Chan A. K. K. Localization in International Branding [J]. International Journal of Advertising, 1990 (1): 81-91.

[8] Chao P. Partitioning Country of Origin Effects: Consumer Evaluations of a Hybrid Product [J]. Journal of International Business Studies, 1993, 24 (2): 291-306.

[9] Cian L., Krishna A., Elder R. S. This Logo Moves Me: Dynamic Imagery from Static Images [J]. Social Science Electronic Publishing, 2014, 51 (2): 184-197.

[10] Fournier S. Consumers and Their Brands: Developing Relationship Theory in Consumer Research [J]. Journal of Consumer Research, 1998, 24 (4): 343-353.

[11] Geerlings M. The Influence of the Font of the Brand's Name within a Logo and Logo Complexity on the Perception of Logo - Core Value Fit and on Consumer Response [D]. Nijmegen: Radboud Universiteit, 2016.

[12] Geraci C., Gozzi M., Papagno C., et al. How Grammar can Cope with Limited Short-term Memory: Simultaneity and Seriality in Sign Languages [J]. Cognition, 2008, 106 (2): 780-804.

［13］ HakkyunKim， Rao A. R. ， Lee A. Y. It's Time to Vote： The Effect of Matching Message Orientation and Temporal Frame on Political Persuasion ［J］. Journal of Consumer Research， 2009， 35 （6）： 877-889.

［14］ Hayes A. Introduction to Mediation， Moderation， and Conditional Process Analysis ［J］. Journal of Educational Measurement， 2013， 51 （3）： 335-337.

［15］ Henderson J. M. ， Ferreira F. Effects of Foveal Processing Difficulty on the Perceptual Span in Reading： Implications for Attention and Eye Movement Control ［J］. Journal of Experimental Psychology： Learning Memory Cognition， 1990， 16 （3）： 417-429.

［16］ Hong F. C. ， Pecotich A. ， Shultz C. J. Brand Name Translation： Language Constraints， Product Attributes， and Consumer Perceptions in East and Southeast Asia ［J］. Journal of International Marketing， 2002， 10 （2）： 29-45.

［17］ Hulland J. S. The Effects of Country-of-Brand and Brand Name on Product Evaluation and Consideration ［J］. Journal of International Consumer Marketing， 1999， 11 （1）： 23-40.

［18］ Jacoby L. L. ， Dallas M. On the Relationship Between Autobiographical Memory and Perceptual Learning ［J］. Journal of Experimental Psychology General， 1981， 110 （3）： 306-340.

［19］ Jiang Y. ， Gorn G. J. ， Galli M. ， et al. Does Your Company Have the Right Logo? How and Why Circular- and Angular - Logo Shapes Influence Brand Attribute Judgments ［J］. Journal of Consumer Research， 2016， 42 （5）： 709-726.

［20］ Johansson J. K. Determinants and Effects of the Use of "Made in" Labels ［J］. International Marketing Review， 1989， 6 （1）： 47-58.

［21］ Keller K. L. Conceptualizing， Measuring， and Managing Customer-Based Brand Equity ［J］. Journal of Marketing， 1993， 57 （1）： 1-22.

［22］ Knight G. A. ， Calantone R. J. A Flexible Model of Consumer Country - of - Origin Perceptions ［J］. International Marketing Review， 2000， 17 （2）： 127-145.

［23］ Krishna A. ， Ahluwalia R. Language Choice in Advertising to Bilinguals： Asymmetric Effects for Multinationals versus Local Firms ［J］. Journal of Consumer Research， 2008， 35 （4）： 692-705.

［24］ Kum D. ， Lee Y. H. ， Qiu C. Testing to Prevent Bad Translation： Brand Name Conversions in Chinese-English Contexts ［J］. Journal of Business Research， 2011， 64 （6）： 594-600.

［25］ Landwehr J. R. ， Labroo A. A. ， Herrmann A. Gut Liking for the Ordinary： Incorporating Design Fluency Improves Automobile Sales Forecasts ［J］. Marketing Science， 2011， 30 （3）： 416-429.

［26］ Lee A. Y. ， Aaker J. L. Bringing the Frame into Focus： The Influence of Regulatory Fit on Processing Fluency and Persuasion ［J］. Journal of Personality & Social Psychology， 2004， 86 （2）： 205-218.

［27］ Lee A. Y. ， Keller P. A. ， Sternthal B. Value from Regulatory Construal Fit： The Persuasive Impact of Fit between Consumer Goals and Message Concreteness ［J］. Journal of Consumer Research， 2010， 36 （5）： 735-747.

［28］ Lee A. Y. ， Labroo A. A. The Effect of Conceptual and Perceptual Fluency on Brand Evaluation ［J］. Journal of Marketing Research， 2004， 41 （2）： 151-165.

［29］ Lee J. W. ， Ahn J. H. Attention to Banner Ads and Their Effectiveness： An Eye-Tracking Approach ［J］. International Journal of Electronic Commerce， 2012， 17 （1）： 119-137.

［30］ Li W. K. ， Jr R. S. W. The Role of Country of Origin in Product Evaluations： Informational and Standardof - Comparison Effects [J]. Journal of Consumer Psychology, 1994, 3 (2): 187-212.

[31] Maheswaran D. Country of Origin as a Stereotype: Effects of Consumer Expertise and Attribute Strength on Product Evaluations [J]. Journal of Consumer Research, 1994, 21 (2): 354-365.

[32] Mullen B., Johnson C. The Psychology of Consumer Behavior [M]. New Jersey: Lawrence Erlbaum Associates Publishers, 1990.

[33] Nebenzahl I. D., Jaffe E. D., Lampert S. I. Towards a Theory of Country Image Effect on Product Evaluation [J]. Mir Management International Review, 1997, 37 (1): 27-49.

[34] Pan Y., Schmitt B. Language and Brand Attitudes: Impact of Script and Sound Matching in Chinese and English [J]. Journal of Consumer Psychology, 1996, 5 (3): 263-277.

[35] Park J., Stoel L. Effect of Brand Familiarity, Experience and Information on Online Apparel Purchase [J]. International Journal of Retail & Distribution Management, 2005, 33 (2): 148-160.

[36] Pieters R., Rosbergen E., Wedel M. Visual Attention to Repeated Print Advertising: A Test of Scanpath Theory [J]. Journal of Marketing Research, 1999, 36 (4): 424-438.

[37] Pieters R., Wedel M., Batra R. The Stopping Power of Advertising: Measures and Effects of Visual Complexity [J]. Journal of Marketing, 2010, 74 (5): 48-60.

[38] Preacher K. J., Hayes A. F. SPSS and SAS Procedures for Estimating Indirect Effects in Simple Mediation Models [J]. Behavior Research Methods Instruments & Computers, 2004, 36 (4): 717-731.

[39] Prendergast G. P., Tsang A. S. L., Chan C. N. W. The Interactive Influence of Country of Origin of Brand and Product Involvement on Purchase Intention [J]. Journal of Consumer Marketing, 2010, 27 (2): 180-188.

[40] Schmitt B. H., Pan Y., Tavassoli N. T. Language and Consumer Memory: The Impact of Linguistic Differences between Chinese and English [J]. Journal of Consumer Research, 1994, 21 (3): 419-431.

[41] Schooler Robert D. Product Bias in the Central American Common Market [J]. Journal of Marketing Research, 1965, 8 (2): 18-19.

[42] Shi Z., Schmitt B. H. Creating Local Brands in Multilingual International Markets [J]. Journal of Marketing Research, 2001, 38 (3): 313-325.

[43] Shimp T. A., Sharma S. Consumer Ethnocentrism: Construction and Validation of the CETSCALE [J]. Journal of Marketing Research, 1987, 24 (3): 280-289.

[44] Shipley D., Hooky G. J., Wallace S. The Brand Name Development Process [J]. International Journal of Advertising, 1988 (3): 253-266.

[45] Sundar A., Noseworthy T. J. Place the Logo High or Low? Using Conceptual Metaphors of Power in Packaging Design [J]. Social Science Electronic Publishing, 2014, 78 (5): 138-149.

[46] Tantillo J., Lorenzo - Aiss J. D., Mathisen R E. Quantifying Perceived Differences in Type Styles: An Exploratory Study [J]. Psychology & Marketing, 2010, 12 (5): 447-457.

[47] Tavassoli N. T. Temporal and Associative Memory in Chinese and English [J]. Journal of Consumer Research, 1999, 26 (2): 170-181.

[48] Valenzuela A., Raghubir P. Are Consumers Aware of Top-Bottom but Not of Left-Right Inferences? Implications for Shelf Space Positions [J]. Journal of Experimental Psychology Applied, 2015, 21 (3): 224-241

[49] Wedel M., Pieters R. Eye Fixations on Adver-

tisements and Memory for Brands: A Model and Findings [J]. Marketing Science, 2000, 19 (4): 297-312.

[50] Winkielman P., Schwarz N., Fazendeiro T. A., et al. The Hedonic Marking of Processing Fluency: Implications for Evaluative Judgment [J] //J. Musch, K. C. Klauer. The Psychology of Evaluation: Affective Processes in Cognition and Emotion. New Jersey: Lawrence Erlbaum Associates Publishers, 2003.

[51] Wu L., Klink R. R., Guo J. Creating Gender Brand Personality with Brand Names: The Effects of Phonetic Symbolism [J]. Journal of Marketing Theory & Practice, 2013, 21 (3): 319-330.

[52] Xu X., Chen R., Liu M. W. The Effects of Uppercase and Lowercase Wordmarks on Brand Perceptions [J]. Marketing Letters, 2017, 28 (3): 449-460.

[53] Yan, Dengfeng. Numbers Are Gendered: The Role of Numerical Precision [J]. Journal of Consumer Research, 2016, 43 (2): 303-316.

[54] Yang X., Ringberg T., Mao H., et al. The Construal (In) compatibility Effect: The Moderating Role of a Creative Mind - Set [J]. Journal of Consumer Research, 2011, 38 (4): 681-696.

[55] Yasin N. M., Noor M. N., Mohamad O. Does Image of Country - of - Origin Matter to Brand Equity? [J]. Journal of Product & Brand Management, 2007, 16 (1): 38-48.

[56] Zeithaml V. A. Consumer Perceptions of Price, Quality, and Value: A Means-End Model and Synthesis of Evidence [J]. Journal of Marketing, 1988, 52 (3): 2-22.

[57] Zhang S., Schmitt B. H. Activating Sound and Meaning: The Role of Language Proficiency in Bilingual Consumer Environments [J]. Journal of Consumer Research, 2004, 31 (1): 220-228.

[58] 程利，杨治良，王新法．不同呈现方式的网页广告的眼动研究［J］. 心理科学，2007，30（3）：584-587.

[59] 黄合水．产品评价的来源国效应［J］. 心理科学进展，2003，11（6）：692-699.

[60] 贾佳，蒋玉石，盛平．碳标签的视觉复杂性对消费者加工流畅性及吸引力的影响研究［J］. 营销科学学报，2016，12（3）：87-100.

[61] 王海忠，杨光玉，江红艳，等．跨国品牌联盟中国家典型性对原产国效应的稀释作用［J］. 营销科学学报，2013（1）：18-31.

[62] 魏华，汪涛，冯文婷，等．文字品牌标识正斜对消费者知觉和态度的影响［J］. 管理评论，2018（2）：136-145.

[63] 徐彪，张骁，张珣．品牌来源国对顾客忠诚和感知质量的影响机制［J］. 管理学报，2012，9（8）：1183-1189.

[64] 许销冰，陈荣，刘文静．商标的大小写设计对消费者品牌感知的影响［J］. 营销科学学报，2016，12（2）：75-86.

[65] 周浩，龙立荣．共同方法偏差的统计检验与控制方法［J］. 心理科学进展，2004，12（6）：942-942.

论文执行编辑：黄韫慧

论文接收日期：2019 年 11 月 7 日

作者简介：

李蔚（1962-），四川大学商学院教授，管理学博士。研究方向为市场营销。E-mail：cdliwei111@sina.com。

刘思悦（1996-）（通讯作者），四川大学商学院硕士研究生。研究方向为市场营销。E-mail：liusiyue_scu@foxmail.com。

The Effect of Horizontal Location Combination of Chinese-English Bilingual Brand Names on Brand Attitude

Wei Li　Siyue Liu

(School of Business, Sichuan University, Chengdu, China)

Abstract: With the development of globalization and the expansion of Chinese-English bilingual consumption environments, it is common that enterprises combine both Chinese and English elements in brand names. Based on three empirical studies, the current study examined the interaction effect of the country-of-brand and the horizontal location combination of Chinese-English bilingual brand name. Specifically, the results of study 1 indicated that for a brand from China, the brand evaluation was improved when the Chinese-English bilingual brand name was presented in the form of "Chinese-English", other than "English-Chinese". However, if the brand was located in English-speaking countries, the Chinese-English bilingual brand name presented in the form of "English-Chinese" would acquire a more positive evaluation from consumers than the form of "Chinese-English". In study 2, the authors explored the internal mechanism of the research and verified the mediating role of the processing fluency. Besides, the current study excluded the influence of the English alphabetic case in study 3, which introduced the realistic brand name to test the interaction effect above.

Key Words: Chinese-English Bilingual Brand Name; Horizontal Position Combination; Country-of-Brand; Processing Fluency; Brand Attitude

JEL Classification: M31

薪酬差距影响研究述评与展望*

□张海燕　张正堂

摘　要：薪酬差距是组织薪酬体系设计与管理的重要考虑因素之一，被期寄能够激励员工产生期望的态度、行为和绩效。因此，薪酬差距影响，一直是组织管理研究领域的核心议题。本文在综述近20年来国内外薪酬差距影响研究文献的基础上，明晰薪酬差距研究现状并展望未来研究趋势：首先，基于文献统计，总结出薪酬差距影响研究的三个主要细分领域——绩效效应、离职效应和态度效应；其次，从实证研究的基本构成要素（模型构建理论、结果变量、调节变量、中介变量、研究样本和数据来源）方面，系统回顾三个主要细分领域核心研究成果；最后，构建现有研究框架、总结特点和存在问题并指出未来研究方向。期望能够为科学探寻深入揭示薪酬差距影响全貌和本质的具体路径奠定基础。

关键词：薪酬差距；绩效效应；离职效应；态度效应；研究展望

JEL 分类：M52

1　引言

近年来，随着组织技术性知识和管理性知识分工越来越细化以及组织复杂性日益提升，具有潜在生产协同效应的团队，愈益成为组织普遍而重要的工作方式和基本工作单元（Park et al.，2013），组织也期望通过团队来有效提升个体绩效、团队绩效和组织绩效（Bloom，1999；Aime et al.，2010）。在这样的背景下，提高薪酬水平、推行较小薪酬差距设计的合作型薪酬结构或较大薪酬差距设计的竞争型薪酬结构、实施薪酬水平与薪酬差距的各种不同组合等，成为许多组织激励团队实现生产协同效应的主要措施。诚然，提高薪酬水平会对员工态度、行为和绩效产生激励效应，然而，薪酬水平固有的“刚性”特征，在很大程度上限制了组织高薪政策的持

*　本文受到国家自然科学基金项目“多动因视角下团队水平与垂直薪酬差距对内部合作及团队绩效的跨层影响”（71972097）、教育部人文社会科学研究青年基金项目“工作场所妒忌情绪视角的水平薪酬差距形成基础对团队成员工作角色绩效影响机制研究”（18YJC630238）和江苏师范大学人文社会科学研究基金项目“水平薪酬差距一定会削弱员工合作行为吗：差距可解释性及个体调节聚焦中介机制研究”（18XWRX026）的支持。

续和普遍推行；并且，相比薪酬水平，描述员工间薪酬水平差异程度的“薪酬差距”，对员工态度、行为及组织各层面绩效的影响往往更为普遍和深远。因此，薪酬差距影响一直是组织管理研究领域的核心议题，受到国内外学者的普遍关注与深入探讨，尤其在绩效效应和离职效应方面，取得了长足的研究进展。

然而，迄今为止，薪酬差距影响全貌和本质的揭示依然“道阻且长”，还存在诸多有待学者们继续深入推进与解决的难题。比如，细分领域研究成熟度不一，大量文献集中于探讨薪酬差距的绩效效应和离职效应，即便是研究数量较多和较为成熟的绩效效应，至今仍未取得明确结论。经济视角观基于锦标赛理论的研究认为，加大薪酬差距，会改善员工态度进而创造绩效；行为视角观基于社会比较理论、公平理论、期望理论和相对剥削理论的研究则认为，合作才会创造绩效，过大的薪酬差距会破坏合作进而不利于绩效创造。比如，囿于获取普通员工个体层面客观薪酬数据十分困难，现有研究常常以市场公开数据的体育竞技团队和上市公司高管团队为主体，在很大程度上限制了薪酬差距影响研究结论的外部效度因而不利于理论发展。比如，现有文献通常默认假设组织薪酬分配中员工是“同质”的，集中于关注相关情境因素对薪酬差距绩效效应的可能调节作用，而忽视了重要员工异质变量的客观存在及可能产生的限定性。再如，薪酬差距影响中介机制探讨，长期局限于 Ensley 等（2007）提出的团队过程变量（即团队内冲突、凝聚力和团队效能）解释机制而难以获得突破。

如何在科学有效地解决制约薪酬差距影响研究走向成熟的难题的基础上，揭示影响全貌和本质并发展出对组织实践更具有解释力和预测力的新理论，是学者们面临的重大挑战，也需要学者们进行更多卓有成效的创新研究。因此，本文的主要研究目的，是在系统梳理近 20 年来国内外薪酬差距影响研究文献（1999～2019 年）的基础上，整合现有研究内容、明晰研究现状、分析现有研究特点和存在问题并展望未来研究趋势，期望能够为科学探寻揭示影响全貌和本质以及推进现有研究走向成熟的具体路径，奠定基础。

本文以“Pay/Salary/Compensation/Wage/Income Dispersion”“Pay/Salary/Compensation/Wage/Income Spread”“Pay/Salary/Compensation/Wage/Income Range”“Pay/Salary/Compensation/Wage/Income Variation”“Pay/Salary/Compensation/Wage/Income Disparity”“Pay/Salary/Compensation/Wage/Income Inequality”“Pay/Salary/Compensation/Wage/Income Inequity”“Pay/Salary/Compensation/Wage/Income Gap”“Pay/Salary/Compensation/Wage/Income Differential”“Pay/Salary/Compensation/Wage/Income Structure”为关键词，在 EBSCO、Google Scholar、Web of Science、Springer Link 等数据库中，检索 1999～2019 年发表在期刊上的英文文献；以“薪酬差距”“薪酬（分配）差异”“薪酬不平等”“工资差距”“工资差异”和“工资不平等”为关键词，在中国知网，检索 1999～2019 年发表在国家自然科学基金委员会管理科学学部认定的 30 种重要期刊及财经类核心期刊上的中文文献。然后，对初步检索获得的文献，删除其中非组织管理研究领域、未探讨具体影响以及非

实证研究的文献，并对它们的参考文献采取滚雪球式搜集。最终，共计获得“薪酬差距影响”研究主题的英文核心文献 71 篇、中文核心文献 42 篇。

以薪酬差距影响研究的具体结果变量为依据，本文首先进行文献研究主题归类与数量统计。然后，基于英文、中文核心文献各自归纳出的研究主题及其对应数量，进行词云图绘制。绘制结果如图 1 和图 2 所示。其中，各研究主题对应字体大小，表示围绕该研究主题的核心文献数量多少，意味着该研究主题受到关注程度高低：字体越大，表示研究文献数量越多，意味着受关注程度越高。

图 1　英文核心文献词云

图 2　中文核心文献词云

图 1 和图 2 综合展现了近 20 年来国内外学者对薪酬差距影响的关注主题和关注热度：主要关注和实证探讨了薪酬差距对组织各层面绩效变量（主要表现为图 1 中的“Organizational Performance”“Team Performance”“Individual Performance”等，以及图 2 中的“组织绩效”“组织创新绩效”“组织未来绩效”等）的可能影响、对员工离职（主要表现为图 1 中的“Turnover”和图 2 中的“离职”）的潜在影响以及对员工态度变量（主要表现为图 1 中的“Job satisfaction”“Pay Satisfaction”“Pay Fairness Perception”“Group Perceptions of Pay Inequity”“Distributive Justice”“Procedural Justice”“Company Fairness”“Affective Commitment”“Trust Perceptions”“Loyalty to the Company”“Willingness to Work Hard”“Employee Participation”等，以及图 2 中的“情感承诺”和“相对剥夺感”）等的可能影响。可以发现：第一，整体上来说，近 20 年来，薪酬差距影响研究主要表现为绩效效应、离职效应和态度效应三个细分研究领域；第二，绩效效应是国内外学者普遍关注的重点与热点主题，离职效应的关注度次之，态度效应的关注度较弱；第三，国外文献对薪酬差距影响结果变量关注和探讨的范

围相对较广泛，国内文献则集中于探讨绩效效应。

接下来，本文将基于 113 篇中英文核心文献，从实证研究的构建理论、结果变量、调节变量、中介变量、研究样本和数据来源方面，系统梳理和回顾薪酬差距的绩效效应、离职效应和态度效应三个方面的重要研究成果，以方便后续科学构建现有研究框架图、分析现有研究特点和存在问题以及展望未来研究趋势。

2 薪酬差距的绩效效应

薪酬差距的绩效效应主要表现为薪酬差距对组织各层面绩效变量的可能影响。如图 1 和图 2 所示，绩效效应，是现有研究主体，也是研究成熟度最高的一个细分领域。基于 113 篇中英文核心文献梳理结果，本文进一步发现，针对组织各层面绩效变量，国内外文献重点考察了薪酬差距对“组织绩效”和“团队绩效”的影响，仅有少数研究关注了薪酬差距的“个体绩效”效应，并且，薪酬差距对组织绩效和团队绩效的主效应研究至今未取得明确结论；为了进一步明确薪酬差距的绩效效应，国内外学者主要尝试了探讨可能情境因素和员工异质变量的调节效应、探索薪酬差距新类型和揭示具体中介机制三条途径：

（1）关于薪酬差距的绩效主效应。以薪酬数据和绩效数据市场公开的上市公司高管团队或体育竞技团队为研究样本，一部分学者运用经济视角观理论（锦标赛理论），推测并证实了薪酬差距对组织绩效或团队绩效的正效应（林浚清等，2003；Lee et al.，2008；李邵龙等，2012；Dole，2015）；另一部分学者则基于行为视角观理论（社会比较理论、公平理论、期望理论和相对剥削理论），论证了薪酬差距对组织绩效或团队绩效的负效应（Bloom，1999；Siegel and Hambrick，2005；Ensley et al.，2007；Ding et al.，2009；Fredrickson et al.，2010；Yanadori and Cui，2013；Hill et al.，2017；Jaskiewicz et al.，2017）；也有一小部分学者，整合经济视角观和行为视角观理论，实证揭示了两者间的“U”形影响关系（Henderson and Fredrickson，2001；Ridge et al.，2015）和倒 U 形影响关系（Feng et al.，2017）。此外，还有少部分学者，运用实验法揭示了薪酬差距对团队绩效更为复杂影响（Beersma et al.，2003；Bartling and Von Siemens，2011；张正堂等，2014；Super et al.，2016）。比如，Beersma 等（2003）基于目标依存理论，通过 75 个四人团队参与的模拟互动任务实验（对薪酬结构进行控制），检验了竞争型薪酬结构（较大薪酬差距设计）和合作型薪酬结构（较小薪酬差距设计）分别对团队绩效的影响，结果表明，竞争型薪酬结构增强了团队绩效的速度维度、合作型薪酬结构提升了团队绩效的准确性维度。

（2）关于薪酬差距绩效效应的可能调节变量。针对薪酬差距绩效主效应研究的不明确结论，国内外学者首先尝试通过对可能情境因素的具体调节效应探讨来进一步明确，取得相当丰硕的研究成果：依据薪酬权变理论（Gomez-Mejia and Balkin，1992），他们实证探讨了任务互依性（Shaw et al.，2002；张正堂等，2014）、薪酬水平（贺伟、嵩坡，2014；He et al.，2016）、内部薪酬位置（Bloom，1999）、绩效薪酬（Kepes et al.，2009；贺伟、嵩坡，2014）、薪酬差距变动趋势和薪酬排序变动（Feng et al.，2017）、部门多元化（贺伟、嵩坡，2014）、协作需要（Henderson and Fredrickson，2001）、公司成长机会（Yanadori and Cui，2013）、公司财务松弛度和环境不确定性（Fredrickson et al.，2010；Shi et al.，2016）、技术密集性（Siegel and Hambrick，2005；李邵龙等，2012）、是否为家族企业（Ensley et al.，2007）、公司治理（Lee et al.，2008；Sanchezmarin and Baixaulisoler，2015；Ridge et al.，2015）、信息公平氛围（Perrigino et al.，2016）、任务型/关系型子群体不均衡性（卫旭华、刘咏梅，2016）、高管团队薪酬差距与外部董事薪酬差距间匹配（Patel et al.，2018）、组织高绩效工作系统细分类型（Messersmith et al.，2018）等变量的具体调节作用，为进一步明确薪酬差距绩效效应做出了贡献。最近，个别学者开始打破传统研究中默认的员工“同质”假设，从个体—环境交互作用视角，探讨了外向性和宜人性性格倾向（Beersma et al.，2003）、经验开放性和宜人性性格倾向（Super et al.，2016）、是否具有海外经历（柳光强、孔高文，2018）等员工异质变量对薪酬差距绩效效应的具体影响，进一步推进、丰富和完善了薪酬差距绩效效应的调节变量探讨。

（3）关于薪酬差距的新类型。在探寻可能调节变量的同时，个别学者主张通过寻找更有意义的薪酬差距新类型来进一步明确薪酬差距绩效效应。比如，Trevor 等（2012）基于组织立场，考虑薪酬差距能否被员工投入解释而将薪酬差距区分为“能够被员工投入解释的薪酬差距”和“未能够被员工投入解释的薪酬差距”，并依据分选理论和公平理论推断“能够被员工投入解释的薪酬差距”将正向影响团队绩效、“未能够被员工投入解释的薪酬差距”将负向影响团队绩效；他们运用美国国家曲棍球团队数据证实了该推断。再如，Downes and Choi（2014）综合考虑薪酬比较方向和绩效形成动因，主张将薪酬差距细分为“基于绩效的水平薪酬差距”“基于绩效的垂直薪酬差距”“非基于绩效的水平薪酬差距”和“非基于绩效的垂直薪酬差距”，并理论阐释和推导了它们各自对组织绩效的具体影响。

（4）关于薪酬差距绩效效应的可能中介变量。相比其他两条途径（即探讨薪酬差距绩效效应的可能调节变量和探索薪酬差距新类型），通过考察和揭示具体中介机制来进一步明确薪酬差距绩效效应方面的研究成果十分单薄，仅有个别研究。比如，Ensley 等（2007）实证证实了团队内冲突、凝聚力和团队效能三个表示团队过程的变量在薪酬差距绩效效应中扮演的重要中介桥梁角色，并且，他们的研究结论长期主导着薪酬差距绩效效应解释机制，直到最近才开始出现“薪酬差距的合法性认知”（Aime et al.，2010）、“薪酬满意度变异”（Perrigino et al.，2016）、“薪酬公平感知”（Feng et al.，2017）等新解释机制。

3 薪酬差距的离职效应

薪酬差距的离职效应，是指薪酬差距对组

织离职率或离职水平、员工离职或离职意愿[①]的可能影响，是除薪酬差距绩效效应之外受到关注度较高和研究较成熟的一个重要细分领域。本文对检索到的 113 篇中英文核心文献的梳理结果显示，近 20 年来，薪酬差距离职效应研究，不仅考察了薪酬差距对离职水平的直接影响（Bloom and Michel，2002；卫旭华，2016），而且揭示了薪酬差距对不同类型或具有不同特质员工离职决策的分选效应（Shaw and Gupta，2007；Carnahan et al.，2012；He et al.，2016），以及相关情境因素的可能调节作用（Shaw and Gupta，2007；Messersmith et al.，2011；梅春、赵晓菊，2016；卫旭华，2016）。最近，出现个别研究开始深入考察薪酬差距离职效应的可能中介变量（He et al.，2016）。表 1 是对 1999~2019 年 113 篇国内外薪酬差距离职效应研究核心成果的总结。

表 1　薪酬差距的离职效应研究核心成果总结

作者	自变量	因变量	调节变量	中介变量	理论基础	数据来源	研究样本
Bloom 和 Michel（2002）	公司薪酬差距	管理者离职水平	—	—	锦标赛理论	二手数据	管理者
Shaw 和 Gupta（2007）	薪酬差距	不同绩效员工离职	沟通、绩效薪酬、资历薪酬	—	锦标赛理论	问卷调研	运输行业卡车司机
Messersmith 等（2011）	高管团队薪酬差距	高管离职	个体薪酬占比、薪酬市场位置、奖励强度	—	锦标赛理论	二手数据	美国多行业高管团队
Carnahan 等（2012）	公司间薪酬差距	高/低绩效者的离职	—	—	社会比较理论、公平理论	二手数据	美国法律服务业员工
He 等（2016）	团队薪酬差距	员工离职意愿	中国传统性、薪酬水平	情感承诺、薪酬满意度	相对剥削理论、社会交换理论	客观数据+问卷调研	多行业普通员工团队
梅春和赵晓菊（2016）	垂直/平行薪酬差异	高管主动离职率	企业产权性质	—	锦标赛理论、公平理论	二手数据	上市公司副总
卫旭华（2016）	垂直/水平薪酬差距	企业离职水平	国家地域因素	—	经济和行为视角理论整合	二手数据	元分析

资料来源：笔者依据 113 篇薪酬差距影响研究中英文核心文献整理所得。

（1）关于薪酬差距对离职水平的直接效应。Bloom 和 Michel（2002）利用来自 COMPUSTAT 和 CAHRS 数据库中管理者样本数据，检验了公司薪酬差距对管理者离职水平的可能影响，结果证实，公司薪酬差距越大，管理者离职水平越高。国内学者卫旭华（2016）则运用元分析法，揭示了企业垂直薪酬差距和水平薪酬差距分别对企业离职水平的显著正向影响。

① 在概念界定上，“离职意愿”是一个描述员工在未来一段时期内离开现在工作组织的意向或可能性的态度变量。需要说明的是，由于学者们更多的是通过“离职意愿”变量测量来间接反映员工离职决策，强调和突出的是“离职意愿”的行动成分——离职，因此，本文未将薪酬差距对离职意愿的影响探讨归入态度效应研究，而是纳入离职效应研究。

（2）关于薪酬差距对不同员工离职决策的分选效应。薪酬差距的离职分选效应，主要描述了薪酬差距对具有不同能力或为组织创造出不同绩效水平以及具有不同个性特质或人口统计特征员工的离职决策的差异影响（丁明智等，2013）。Shaw 和 Gupta（2007）、Carnahan 等（2012）的研究，是薪酬差距对不同绩效水平员工离职决策分选效应研究的代表。Shaw 和 Gupta（2007）通过对运输公司卡车司机的问卷调研数据分析发现，当薪酬差距形成于绩效差异且薪酬体系经充分沟通时，薪酬差距与绩效优异者离职显著负相关；当薪酬差距形成于资历差异且薪酬体系经充分沟通时，薪酬差距与平均绩效者离职显著负相关。Carnahan 等（2012）运用法律服务行业实证数据证实，高绩效员工不会轻易离开相对薪酬差距较大的公司，并且，如果他们选择了离职，离职后将更可能投入创业活动；相反，低绩效员工更可能离开相对薪酬差距较大的公司，并且，离职后不太可能投入创业活动。He 等（2016）的研究，则考察了员工个性差异（即中国传统性）在团队薪酬差距跨层影响个体离职意愿中扮演的重要分选角色，研究发现，团队薪酬差距显著正向影响高中国传统性员工的离职意愿。

（3）关于情境因素对薪酬差距离职效应的可能调节作用。除了员工异质因素可能对薪酬差距离职效应产生限定性外，情境因素也是薪酬差距离职效应的重要可能调节变量。比如，Shaw 和 Gupta（2007）实证探讨了薪酬体系沟通、绩效薪酬、资历薪酬对离职效应的潜在调节作用；Messersmith 等（2011）实证考察了高管团队成员个体薪酬在团队总薪酬中的占比、个体薪酬的相对市场位置和个体薪酬中变动薪酬比例（即奖励强度），分别对高管团队薪酬差距正向影响成员离职决策的具体调节效应。再如，国内学者梅春和赵晓菊（2016）运用锦标赛理论和公平理论，通过我国 A 股上市公司数据实证检验了企业产权性质对垂直、平行薪酬差异离职效应的可能调节作用，结果证实，相比非国有企业，在国有企业中，垂直、平行薪酬差异对副总经理主动离职率的促进效应均更为强烈。

（4）关于薪酬差距离职效应的可能中介变量。如表 1 所示，近 20 年来，国内外学者们围绕薪酬差距离职效应的可能中介变量探讨极少，仅有 He 等（2016）的研究涉及。He 等（2016）运用相对剥削理论和社会交换理论，构建了一个团队薪酬差距跨层影响员工离职意愿的有中介的调节模型，并通过中国 6 个大型城市中分布于多个行业的 14 家公司的 51 个工作团队、370 位员工问卷调查数据和公司客观薪酬数据证实，高中国传统性员工的薪酬差距离职正效应主要通过“情感承诺”变量发挥作用，即揭示了高中国传统性员工薪酬差距离职正效应的“关系剥削”路径；低工资员工的薪酬差距离职正效应主要通过“薪酬满意度”变量发挥作用，即揭示了低工资员工薪酬差距离职正效应的“经济剥削”路径。

4 薪酬差距的态度效应

薪酬差距的态度效应，是指薪酬差距对员工心理感知、情感反应和认知评价的可能影响。鉴于薪酬对员工的重要经济意义和社会意义（张正堂、刘宁，2016），毫无疑问，薪酬差距会导致员工心理感知发生变化并影响其情感反应及对相关事物的认知评价。员工心理感知、情感反应和认知评价，往往与员工关键绩效行为和离职决策密切关联（Heneman and Judge，2010）。因此，探讨薪酬差距的态度效应，将十分益于揭示绩效效应和离职效应“黑箱”（Shaw，2014）。然而，通过对 2009 ~ 2019 年 113 篇中英文核心文献的梳理，结果显示，近 20 年来，薪酬差距影响研究重点投在绩效主效应和调节效应以及离职直接效应、分选效应和调节效应上，相比较而言，绩效效应和离职效应“黑箱”考察十分欠缺，态度效应探讨也滞后且欠成熟。表 2 是对近 20 年来国内外薪酬差距态度效应研究代表成果的总结。

表 2　薪酬差距的态度效应研究核心成果报告

作者	自变量	因变量	调节变量	理论基础	数据来源	研究样本
Trevor 和 Wazeter（2006）	薪酬差距	薪酬公平感	内部薪酬位置	社会比较理论、公平理论	客观数据+问卷调查	美国西北部学区教师个体
Christie 和 Barling（2014）	团队薪酬差距	信任感知	关于资源分配的共享偏好	个体—环境匹配理论	客观数据+问卷调查	加拿大大学教师
贺伟和嵩坡（2014）	部门水平薪酬差距	情感承诺	部门薪酬水平、多元化、绩效薪酬强度	相对剥削理论、社会比较理论	客观数据+问卷调查	中国企业一般工作部门
He 等（2016）	团队薪酬差距	情感承诺、薪酬满意度	中国传统性、薪酬水平	相对剥削理论、社会交换理论	客观数据+问卷调研	多行业普通员工团队
Perrigino 等（2016）	团队薪酬差距	薪酬满意度变异	信息公平氛围	公平理论	客观数据+问卷调研	美国一家医护集团普通员工团队
Uriesi（2016）	（绩效）薪酬差距	分配公平感、程序公平感	—	期望理论	问卷调研	罗马尼亚私人企业员工个体
Park 等（2017）	团队薪酬差距	薪酬公平感	调节聚焦	公平理论、信号理论	客观数据+问卷调研	韩国、中国台湾高技术企业工作团队

资料来源：笔者依据 113 篇薪酬差距影响研究中英文核心文献整理所得。

表 2 显示，近 20 年来，仅有极少研究考察了薪酬差距对满意度（He et al.，2016；Perrigino et al.，2016）、公平感（Trevor and Wazeter，2006；Uriesi，2016；Feng et al.，2017；Park et al.，2017）、情感承诺（贺伟、嵩坡，2014；He et al.，2016）、信任感知（Christie and Barling，2014）的可能影响。

（1）关于薪酬差距对满意度的潜在影响。满意度是学者关注较早的一个重要态度变量。早期研究证实了薪酬差距对满意度的负向影响（Pfeffer and Langton，1993）。近年来，学者们开始探讨薪酬差距对满意度变异的可能影响及可能的调节变量。例如，Perrigino 等（2016）考察了团队薪酬差距对团队层面薪酬满意度变异的可能影响，并探讨了信息公平氛围的调节作用，他们证实，团队薪酬差距正向影响团队薪酬满意度变异，并且，信息公平氛围显著削弱了两者间的正效应。

（2）关于薪酬差距对公平感的可能影响。组织薪酬分配差异导致的公平问题，一直是组织管理研究领域探讨的重点，因此，如表2所示，公平感是薪酬差距态度效应研究中受到关注度相对较高的变量。围绕薪酬差距对公平感的可能影响，近20年来，学者们主要探讨了可能调节变量的具体调节效应。比如，Trevor和Wazeter（2006）基于教师个体客观薪酬数据和问卷调查数据，实证考察了个体内部薪酬分配位置对薪酬差距—薪酬公平感间影响关系的可能调节效应，结果发现，内部薪酬分配位置较低（较高）时，薪酬差距负向（正向）影响个体薪酬公平感。再如，Park等（2017）在研究中引入了个体调节聚焦倾向变量，并依据公平理论和信号理论推测和证实，只有个体促进聚焦倾向强烈时，团队薪酬差距才会对薪酬公平感产生显著正向影响。

（3）关于薪酬差距对情感承诺的可能影响。情感承诺，是一个用以刻画和描述员工对组织积极情感依附和认同程度的重要态度变量。国内学者贺伟和嵩坡（2014）依据相对剥削理论和社会比较理论，阐释和推测了部门薪酬差距对员工情感承诺的可能影响以及部门薪酬水平、部门多元化和部门绩效薪酬强度的可能调节效应，基于综合实证数据分析，他们发现部门薪酬差距对员工情感承诺不具有显著的直接负向影响，只有在部门薪酬水平较低、员工队伍多元化程度较小、绩效薪酬强度偏低的情形下，部门薪酬差距才会显示出对员工情感承诺的显著削弱效应；He等（2016）又进一步考察了重要员工异质变量——中国传统性在团队薪酬差距—员工情感承诺间跨层影响关系中的可能调节角色，实证证实，当员工中国传统性水平较高时，团队薪酬差距显著负向影响情感承诺。

（4）关于薪酬差距对信任感知的可能影响。Christie和Barling（2014）认为，薪酬差距将导致个体对他人意图和行为的不确定性，进而使在薪酬差距扩大时个体信任团队成员的风险增加，因此，他们探讨了在何种情形下，即便薪酬差距较大，个体也愿意冒着风险信任其他成员。Christie和Barling（2014）运用个体—环境匹配理论，预测个体关于资源分配的共享偏好与团队薪酬差距交互将影响个体对其他成员是否值得信任的感知。他们基于大学教授个体调研数据的实证分析证实，只有当团队成员的资源分配共享偏好较低时，较大团队薪酬差距情形下个体依然会觉得其他成员是值得信任的。该研究结论表明重要员工异质变量（员工关于资源分配的共享偏好）在理解薪酬差距效应中的重要性，也显示出当员工偏好与组织薪酬分配情形相匹配时的信任效应。

5 研究框架与展望

图3是本文基于检索到的薪酬差距影响研究的113篇中英文核心文献而绘制出的现有研究整合框架图。其中，粗线条部分，表示国内外学者普遍关注和探讨的领域，截至目前，已取得丰硕研究成果；细线条部分，则表示新近出现的个别研究。

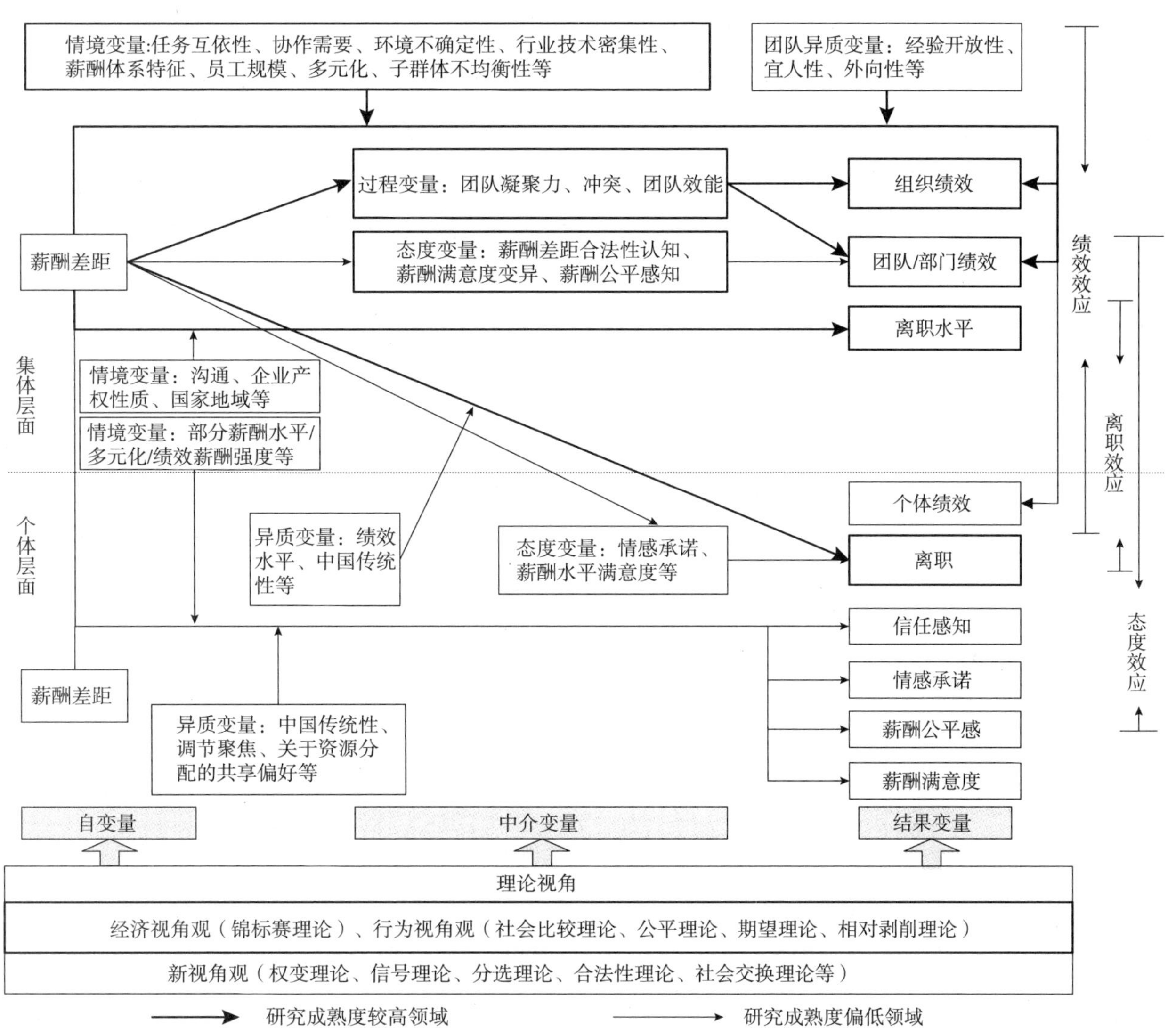

图 3　薪酬差距影响研究框架

注：图 3 最右侧展示的三个主要细分领域（绩效效应、离职效应和态度效应），是依据 113 篇中英文核心文献研究主题归纳与数量统计结果获得的。其中，态度效应中的“态度”，既包含“结果变量”列中描述员工心理感知、情感反应和认知评价的态度变量，也包含“中介变量”列中总结的个体层面和集体层面态度变量。

综观前文梳理和回顾的薪酬差距影响研究核心文献与图 3，可以发现，现有研究主要呈现下述五个特点：第一，大多基于市场公开数据，运用经济视角观理论（锦标赛理论）和行为视角观理论（社会比较理论、公平理论、期望理论和相对剥削理论）来探讨体育竞技团队和上市公司高管团队薪酬差距的可能影响；第二，重点考察了薪酬差距的绩效效应和离职效应，积累了相关领域丰硕的研究成果；第三，针对不明确的薪酬差距绩效效应，国内外学者主要通过可能调节变量探讨、薪酬差距新类型探索以及中介机制揭示三个途径来进一步明确；第四，薪酬差距的离职效应研究，集中于探讨薪酬差距对组织离职水平的直接效应、对不同类型或具有不同特质员工离职决策的分选效应和相关情境因素的具体调节效应；第五，薪酬差距的态度效应研究，整体上迟滞（主要集中于2014~2017年）并落后于绩效效应和离职效应，并且，主要考察了薪酬差距对满意度、公平感和情感承诺的可能影响。

这五个研究特点，也表明现有研究还存在一些有待继续推进与解决的问题：第一，作为组织薪酬分配重要属性之一的薪酬差距，对组织和员工的方方面面均会产生重要影响，而不仅仅是现有文献所集中探讨的绩效效应和离职效应，而且，主要依据经济或行为视角观理论来阐释和预测薪酬差距影响，不仅视角过于单一、支撑基础较为薄弱，还十分不利于科学揭示薪酬差距影响全貌。第二，对于学者们探索出的三条进一步明确薪酬差距绩效效应的可行途径，关于可能调节变量探讨，相关情境因素的调节效应研究已经较为成熟，然而，这方面的研究文献通常默认假设组织薪酬分配中员工是“同质”的，严重忽视了重要员工异质变量的客观存在及可能在薪酬差距影响中产生的限定性；关于薪酬差距新类型探索，尽管取得了一些突破并被证明是一条行之有效的途径，然而，大部分实证研究依然停留于水平和垂直的传统分类，迫切需要找寻更能反映薪酬差距影响本质的、更有意义的新类型和提供更多实证研究支撑；关于可能中介机制揭示，突破团队过程变量主导解释机制现状的更多新中介机制探索，依然“道阻且长”，不仅面临找寻科学理论视角的挑战，也需要克服实证数据综合采集困难的问题。第三，组织实施薪酬保密政策背景下，由于获取普通员工个体层面客观薪酬数据十分困难，现有文献常常以市场公开（薪酬、绩效和离职）数据的体育竞技团队和上市公司高管团队为研究主体，尽管便于推进实证研究，然而，过于单一的研究样本，毋庸置疑在很大程度上限制了研究结论的外部效度，十分不利于薪酬理论的发展。第四，在组织管理研究中，跨文化比较研究是必不可少的一个重要构成部分，因此，成熟的薪酬差距影响研究体系应该包含薪酬差距影响的跨文化比较研究，然而，如图3所示，在现有研究内容框架上，这是一块明显的空白，几乎没有文献涉足。

综上所述，关于薪酬差距影响的未来研究趋势，本文提出下述七个方向：

（1）理论基础：突破经济和行为视角观理论主导，科学引入和运用更多视角理论来合理预测薪酬差距的影响。现有文献主要运用经济和行为视角观理论来阐释和预测薪酬差距具体影响。然而，在组织实践中，薪酬差距对重要结果变量的影响，并非如经济视角观理论所推断的那样一律呈现出纯粹的正向影响，也并非如行为视角观理论所预测的那样统一表现出单纯的负向影响。薪酬差距影响，是一个是受诸多因素综合作用的复杂结果体现。因此，主要依据经济或行为视角观理论来阐释和预测薪酬差距影响，不仅视角过于单一、支撑基础较为薄弱，还十分不利于科学揭示薪酬差距影响的全貌。所以，系统揭示薪酬差距影响全貌和本质，需要学者们从更多视角引入新理论来进行全方位的探索和考察。正因为如此，最近，权变理论、信号理论、分选理论、合法性理论、社会交换理论、目标依存理论、匹配理论等逐渐被引入研究，使该领域在理论基础上日益呈现出多视角理论融合局面。未来应该继续寻找、科学引入和运用更多新的、合适的理论视角，来合理预测薪酬差距的影响。

（2）结果变量：超越绩效和离职，增强对态度和其他重要行为变量的考察。薪酬差距的绩效效应和离职效应是现有研究重点。然而，薪酬差距对组织和员工的方方面面均可能产生重要影响，而不仅仅是绩效效应和离职效应，并且，绩效效应研究至今未取得明确结论，绩效效应和离职效应“黑箱”研究也十分不成熟。员工心理感知、情感反应和认知评价，往往与关键绩效行为和离职密切关联（Heneman and Judge，2010）。因此，薪酬差距对员工态度的可能影响探讨，不仅会丰富薪酬差距影响结果变量，也将十分有益于揭示绩效效应和离职效应“黑箱”（Shaw，2014）。因此，未来应该增强薪酬差距对员工态度方面可能影响的考察，尤其应该在现有少量研究对满意度、公平感、情感承诺、信任感知等变量探索的基础上，不断扩展和丰富更多新的、有意义的态度变量，以加强对薪酬差距态度效应的全面理解，并为从员工态度反应视角考察和揭示薪酬差距绩效效应和离职效应“黑箱”奠定基础。此外，应增强薪酬差距对组织不断变化情境下员工重要行为变量影响的考察，比如，我国组织推行绿色创新战略背景下薪酬差距对“员工绿色创新行为”的可能影响。

（3）调节变量：由强调情境因素，转向关注员工异质变量。针对不明确的薪酬差距绩效效应，一部分学者主张通过考察相关情境因素的具体调节作用来进一步明确。他们实证探讨了任务互依性、薪酬水平、内部薪酬位置、绩效薪酬、薪酬差距变动趋势和薪酬排序变动、部门多元化、协作需要、公司成长机会、公司财务松弛度和环境不确定性、技术密集性、子群体均衡性、是否为家族企业、公司治理、信息公平氛围、高管团队薪酬差距与外部董事薪酬差距间匹配、组织高绩效工作系统类型等变量的调节效应，对于进一步明确绩效效应做出了贡献。然而，这些研究大多建立在员工“同质”的默认假设上，忽视了员工“异质”的客观存在以及在薪酬差距影响中的可能限定性。员工异质变量，是决定员工对薪酬差距心理感知、情感反应和认知评价的重要因素（Park et al.，2017），也是薪酬差距对重要结果变量可能影响的关键限定条件（Christie and Barling，2014）。最近，部分学者已经意识到这一点，并在实证研究中考察了员工中国传统性、关于资源分配的共享偏好、调节聚焦倾向及集体层面成员经验开放性、宜人性和外向性性格倾向构成等在薪酬差距影响中扮演的具体调节角色，为揭示员工异质变量在薪酬差距影响中的具体作用做出了表率。未来研究应该继续增强、扩展和丰富更多重要员工异质变量对薪酬差距影响的可能调节作用探讨。

（4）新类型探索：打破传统分类，关注具体动因。很久以来，现有文献要么不区分薪酬差距具体类型，要么仅限于依据薪酬比较方向而进行“水平”和“垂直”的简单区分。缺乏科学、有效的新类型划分依据，是薪酬差距绩效效应不明确的一个重要可能因素（Trevor et al.，2012；Shaw，2014）。所以，近年来，一些学者开始积极探索有意义的薪酬差距“新”类型。比如，Trevor 等（2012）主张的“能够被员工投入解释的薪酬差距”和“未能够被员工投入解释的薪酬差距”，Downes 和 Choi（2014）强调的“基于绩效的水平薪酬差距”“非基于绩效的水平薪酬差距”“基于绩效的垂直薪酬差距”和“非基于绩效的垂直薪酬差距”。Trevor 等（2012）的实证结论也充分显示出，考虑薪酬差距可能来源或具体动因的“新”类型探索，的确有助于明确薪酬差距绩效效应。此外，学者们在薪酬差距新类型方面的积极探索，不仅打破了“水平/垂直”的传统主导分类，也体现出他们勇于尝试通过找寻更有意义的新类型来进一步明确薪酬差距绩效效应的努力和决心，以及对具体动因划分依据能够有力揭示薪酬差距影响本质的敏锐嗅觉。薪酬差距的具体动因，是决定薪酬差距影响的本质因素（Shaw，2014）。因此，未来研究应该因循这一探索方向，继续推进基于“具体动因”的新类型划分以及相关实证研究工作。另外，伴随新类型提出，是否应该突破现有测量方法（差值、比值、方差、差异系数、基尼系数、赫芬达尔-赫希曼指数、泰尔指数、最大值等）来发展新测量方法，也需要学者们慎重思考。

（5）中介变量：突破团队过程变量主导，科学揭示更多新中介变量。针对如何进一步明确薪酬差距绩效效应，Shaw（2014）建议可以尝试从多个视角来深入挖掘绩效效应“黑箱”，因为不同理论视角和解释机制的确会导致绩效效应研究获得不同结论。然而，一直以来，绩效效应中介变量探讨长期停滞于“团队内冲突、凝聚力和团队效能”（Ensley et al.，2007），十分缺乏从其他更多视角的新中介机制揭示。不仅如此，离职效应研究也亟须增强中介机制考察。本文认为，导致薪酬差距影响中介变量研究欠成熟的一个重要可能原因在于，新中介机制探索，不仅需要突破现有理论而寻找其他科学支持理论，还需要突破对市场公开数据依赖而采用更具挑战性的“非市场公开客观数据实地收集+量表主观评价”综合采集方法。无疑，这两点既提升了中介机制的创新难度，也凸显了新中介变量探讨的可能重大贡献。鉴于态度变量在揭示薪酬差距影响“黑箱”中的重要性（Heneman and Judge，2010）、学者对增强薪酬差距对态度影响研究的强烈呼吁（Shaw，2014）以及已有研究证实态度变量（情感承诺和薪酬满意度）在解释离职效应中的有效性（He et al.，2016），未来研究可考虑从员工心理感知、情感反应和认知评价视角，科学引入新理论，以全方位、多视角地深入挖掘薪酬差距影响中介机制，为全面揭示薪酬差距影响全貌和本质做出贡献。与此同时，也号召学者们努力克服实证数据采集困难，在丰富和强化中介机制研究的道路上奋勇前进。

（6）研究样本和数据来源：由体育竞技团队和上市公司高管团队，逐渐转向“非上市公司普通员工团队”，并运用“非市场公开客观数据实地收集+量表主观评价”综合采集方法。受制于组织实施薪酬保密政策情景下客观薪酬和绩效数据收集十分困难，早期研究主要关注市场公开数据的“体育竞技团队”和“上市公司高管团队”。无疑，研究样本单一化，极大地限制了研究结论外部效度而不利于薪酬理论发展。近年来，学者们逐渐意识到，应该将研究样本转向更具普遍性和代表性的“非上市公司普通员工团队”，这将十分益于提升研究结论外部效度。然而，研究样本向非上市公司普通员工团队的倾斜，以及越来越强调对薪酬差距影响的员工异质调节变量和态度中介变量探讨的趋势，综合使实证数据采集“难上加难”：不仅要突破对市场公开数据的依赖，还要尽可能采用“非市场公开客观数据实地收集+量表主观评价”综合采集方法（如此，才能考察和揭示态度类新中介机制或员工异质变量的具体调节效应）。毋庸置疑，研究样本的多元化以及客观数据与主观数据相结合的综合采集方法，会有力推动薪酬差距影响研究走向成熟。因此，在未来，学者们应该积极克服困难，努力通过研究样本多元化和丰富化以及实证数据综合采集方法，来推动薪酬差距影响研究不断走向成熟。

（7）增强薪酬差距影响的跨文化比较研究。组织所在国家和区域的文化导向，是组织薪酬战略和政策制定的重要考虑因素（Yeganeh and Su，2011；张正堂、刘宁，2016）。个人主义文化导向突出的西方国家，主张基于规则和契约的薪酬分配方式，强调依据员工贡献来公平分配薪酬（Oc et al.，2015）；与崇尚个人主义的西方国家不同，中国则普遍强调集体主义和人际关系和谐（Chen et al.，2013），更重视平均分配（He and Fang，2016；黎文靖、胡玉明，2012）。中西方文化背景的显著差异，可能不仅会导致组织薪酬分配原则不同，也会使不同国家、文化和社会背景下的薪酬差距影响呈现出显著的差异性（Shaw，2014）。因此，在研究内容体系上，不同国家、文化和社会背景下的薪酬差距影响比较研究，理所应当是成熟薪酬差距影响研究的一个重要组成部分。所以，针对现有研究的这一明显空白，未来研究应该重点关注和增强薪酬差距影响的跨文化比较研究。

参考文献

［1］Aime F.，Meyer C. J.，Humphrey S. E. Legitimacy of Team Rewards：Analyzing Legitimacy as a Condition for the Effectiveness of Team Incentive Designs［J］. Journal of Business Research，2010，63（1）：60-66.

［2］Bartling B.，Von Siemens F. A. Wage Inequality and Team Production：An Experimental Analysis［J］. Journal of Economic Psychology，2011，32（1）：1-16.

［3］Beersma B.，Hollenbeck J. R.，Humphrey S. E.，et al. Cooperation，Competition，and Team Performance：Toward A Contingency Approach［J］. Academy of Management Journal，2003，46（5）：572-590.

［4］Bloom M. The Performance Effects of Pay Dispersion on Individuals and Organizations［J］. Academy of Management Journal，1999，42（1）：25-40.

［5］Bloom M.，Michel J. G. The Relationships among Organizational Context，Pay Dispersion，and Managerial Turnover［J］. Academy of Management Journal，2002，45（1）：33-42.

［6］Carnahan S.，Agarwal R，Campbell B A. Heterogeneity in Turnover：The Effect of Relative Compensation Dispersion of Firms on the Mobility and Entrepreneurship of Extreme Performers［J］. Strategic Management Journal，2012，33（12）：1411-1430.

［7］Chen C. C.，Chen X. P，Huang S. S. Chinese Guanxi：An Integrative Review and New Directions for Future Research［J］. Management and Organization Review，2013，9（1）：167-207.

［8］Christie A. M.，Barling J. When What You Want is What You Get：Pay Dispersion and Communal Sharing Preference［J］. Applied Psychology，2014，63（3）：541-563.

[9] Ding D. Z., Akhtar S., Ge G. L. Effects of Inter and Intra-Hierarchy Wage Dispersions on Firm Performance in Chinese Enterprises [J]. The International Journal of Human Resource Management, 2009, 20 (11): 2370-2381.

[10] Dole C. Wage Dispersion's Effect across Team Units: Evidence fromthe National Football League (NFL) [J]. Journal of Economics and Economic Education Research, 2015, 16 (3): 53-65.

[11] Downes P. E, Choi D. Employee Reactions to Pay Dispersion: A Typology of Existing Research [J]. Human Resource Management Review, 2014, 24 (1): 53-66.

[12] Ensley M. D., Pearson A. W., Sardeshmukh S. R. The Negative Consequences of Pay Dispersion in Family and Non-Family Top Management Teams: An Exploratory Analysis of New Venture, High-Growth Firms [J]. Journal of Business Research, 2007, 60 (10): 1039-1047.

[13] Feng J., Chen Y., Liu X. Team Dynamics in Pay Dispersion and Team Performance: A Longitudinal Field Study [J]. Academy of Management Annual Meeting Proceedings, 2017 (1): 1-6.

[14] Fredrickson J. W., Davis-Blake A., Sanders W. M. Sharing the Wealth: Social Comparisons and Pay Dispersion in the CEO's Top Team [J]. Strategic Management Journal, 2010, 31 (10): 1031-1053.

[15] Gomez-Mejia L. R., Balkin D. B. Compensation, Organizational Strategy, and Firm Performance [M]. Cincinnati: South-Western Publishing, 1992.

[16] He L., Fang J. Subnational Institutional Contingencies and Executive Pay Dispersion [J]. Asia Pacific Journal of Management, 2016, 33 (2): 371-410.

[17] He W., Long L. R., Kuvaas B. Workgroup Salary Dispersion and Turnover Intention in China: A Contingent Examination of Individual Differences and the Dual Deprivation Path Explanation [J]. Human Resource Management, 2016, 55 (2): 301-320.

[18] Henderson A. D., Fredrickson J. W. Top Management Team Coordination Needs and the CEO Pay Gap: A Competitive Test of Economic and Behavioral Views [J]. Academy of Management Journal, 2001, 44 (1): 96-117.

[19] Heneman H. G., Judge T. A. Compensation Attitudes [M] //Rynes S. L., Gerhart B. Compensation in Organizations: Current Research and PracticeSan Francisco: Jossey-Bass, 2000.

[20] Hill A. D., Aime F., Ridge J. The Performance Implications of Resource and Pay Dispersion: The Case of Major League Baseball [J]. Strategic Management Journal, 2017, 38 (9): 1935-1947.

[21] Jaskiewicz P., Block J. H., Miller D., et al. Founder versus Family Owners' Impact on Pay Dispersion among Non-CEO Top Managers: Implications for Firm Performance [J]. Journal of Management, 2017, 43 (5): 1524-1552.

[22] Kepes S., Delery J., Gupta N. Contingencies in the Effects of Pay Range on Organizational Effectiveness [J]. Personnel Psychology, 2009, 62 (3): 497-531.

[23] Lee K., Lev B., Yeo G. Executive Pay Dispersion, Corporate Governance, and Firm Performance [J]. Review of Quantitative Finance and Accounting, 2008, 30 (3): 315-338.

[24] Messersmith J. G., Guthrie J. P., Ji Y. Y., et al. Executive Turnover: The Influence of Dispersion and Other Pay System Characteristics [J]. Journal of Applied Psychology, 2011, 96 (3): 457-469.

[25] Messersmith J. G., Kim K. Y., Patel P. C. Pulling in Different Directions? Exploring the Relationship between Vertical Pay Dispersion and High-Performance Work Systems [J]. Human Resource Management, 2018,

57 (1): 127-143.

[26] Oc B., Bashshur M. R., Moore C. Speaking Truth to Power: The Effect of Candid Feedback on How Individuals with Power Allocate Resources [J]. Journal of Applied Psychology, 2015, 100 (2): 450-463.

[27] Park G., Spitzmuller M., Deshon R. P. Advancing Our Understanding of Team Motivation: Integrating Conceptual Approaches and Content Areas [J]. Journal of Management, 2013, 39 (5): 1339-1379.

[28] Park T. Y., Kim S, Sung L K. Fair Pay Dispersion: A Regulatory Focus Theory View [J]. Organizational Behavior & Human Decision Processes, 2017, 142 (1): 1-11.

[29] Patel P. C., Li M., Del CarmenTriana M., et al. Pay Dispersion among the Top Management Team and Outside Directors: Its Impact on Firm Risk and Firm Performance [J]. Human Resource Management, 2018, 57 (1): 177-192.

[30] Perrigino M. B., Dunford B. B., Boss W. Exploring the Black Box between Pay Dispersion and Performance: A Conditional Indirect Effects Model [C]. Academy of Management Annual Meeting Proceedings, 2016.

[31] Pfeffer J., Langton N. The Effect of Wage Dispersion on Satisfaction, Productivity, and Working Collaboratively: Evidence from College and University Faculty [J]. Administrative Science Quarterly, 1993, 38 (3): 382-407.

[32] Ridge J. W., Aime F, White M. A. When Much More of A Difference Makes A Difference: Social Comparison and Tournaments in the CEO's Top Team [J]. Strategic Management Journal, 2015, 36 (4): 618-636.

[33] Sanchezmarin G., Baixaulisoler J. S. TMT Pay Dispersion and Firm Performance: The Moderating Role of Organizational Governance Effectiveness [J]. Journal of Management and Organization, 2015, 21 (4): 436-459.

[34] Shaw J. D., Gupta N., Delery J. E. Pay Dispersion and Workforce Performance: Moderating Effects of Incentives and Interdependence [J]. Strategic Management Journal, 2002, 23 (6): 491-512.

[35] Shaw J. D., Gupta N. Pay System Characteristics and Quit Patterns of Good, Average, and Poor Performers [J]. Personnel Psychology, 2007, 60 (4): 903-928.

[36] Shaw J. D. Pay Dispersion [J]. The Annual Review of Organizational Psychology and Organizational Behavior, 2014 (1): 521-544.

[37] Shi W., Connelly B. L., Sanders W. Buying Bad Behavior: Tournament Incentives and Securities Class Action Lawsuits [J]. Strategic Management Journal, 2016, 37 (7): 1354-1378.

[38] Siegel P. A., Hambrick D. C. Pay Disparities within Top Management Groups: Evidence of Harmful Effects on Performance of High-Technology Firms [J]. Organization Science, 2005, 16 (3): 259-274.

[39] Super J. F., Li P., Ishqaidef G., et al. Group Rewards, Group Composition and Information Sharing: A Motivated Information Processing Perspective [J]. Organizational Behavior and Human Decision Processes, 2016, 134: 31-44.

[40] Trevor C. O., Wazeter D. L. A Contingent View of Reactions to Objective Pay Conditions: Interdependence among Pay Structure Characteristics and Pay Relative to Internal and External Referents [J]. Journal of Applied Psychology, 2006, 91 (6): 1260-1275.

[41] Trevor C. O., Reilly G., Gerhart B. Reconsidering Pay Dispersion's Effect on the Performance of Interdependent Work: Reconciling Sorting and Pay Inequality [J]. Academy of Management Journal, 2012, 55 (3): 585-610.

[42] Urieşi S. Motivational Effects of Pay Dispersion in Pay for Performance Programs Implemented in Romanian Companies [J]. Management and Marketing, 2016, 11 (2): 431-448.

[43] Yanadori Y., Cui V. Creating Incentives for Innovation? The Relationship between Pay Dispersion in R&D Groups and Firm Innovation Performance [J]. Strategic Management Journal, 2013, 34 (12): 1502-1511.

[44] Yeganeh H., Su Z. The Effects of Cultural Orientations on Preferred Compensation Policies [J]. The International Journal of Human Resource Management, 2011, 21 (12): 2609-2628.

[45] 丁明智，张正堂，程德俊．薪酬制度分选效应研究综述 [J]. 外国经济与管理，2013，35 (7): 54-62.

[46] 贺伟，蒿坡．薪酬分配差异一定会降低员工情感承诺吗——薪酬水平、绩效薪酬强度和员工多元化的调节作用 [J]. 南开管理评论，2014，17 (4): 13-23.

[47] 李邵龙，龙立荣，贺伟．高管团队薪酬差异与企业绩效关系研究：行业特征的跨层调节作用 [J]. 南开管理评论，2012，15 (2): 55-65.

[48] 黎文靖，胡玉明．国企内部薪酬差距激励了谁？[J]. 经济研究，2012，47 (12): 125-136.

[49] 林浚清，黄祖辉，孙永祥．高管团队内薪酬差距、公司绩效和治理结构 [J]. 经济研究，2003 (4): 31-40, 92.

[50] 柳光强，孔高文．高管海外经历是否提升了薪酬差距 [J]. 管理世界，2018，34 (8): 130-142.

[51] 梅春，赵晓菊．薪酬差异、高管主动离职率与公司绩效 [J]. 外国经济与管理，2016，38 (4): 19-35.

[52] 卫旭华．薪酬水平和薪酬差距对企业运营结果影响的元分析 [J]. 心理科学进展，2016，24 (7): 1020-1031.

[53] 卫旭华，刘咏梅．高管团队子群体薪酬不平等对企业绩效的影响 [J]. 财贸研究，2016，27 (1): 115-122, 132.

[54] 张正堂，刘颖，王亚蓓．团队薪酬、任务互依性对团队绩效的影响研究 [J]. 南开管理评论，2014，17 (3): 112-121.

[55] 张正堂，刘宁．薪酬管理（第二版）[M]. 北京：北京大学出版社，2016.

论文执行编辑：贾良定

论文接收日期：2019 年 11 月 12 日

作者简介：

张海燕（1983-），江苏徐州人，江苏师范大学商学院副教授，博士。主要研究领域为组织信任和薪酬管理。E-mail：zhy3625@jsnu.edu.cn。

张正堂（1975-），安徽明光人，南京大学商学院教授、博士生导师，博士。主要研究领域为薪酬管理与战略人力资源管理。E-mail：njzzt2005@126.com。

Pay Dispersion Effects: A Literature Review and Research Agenda

Haiyan Zhang[1] Zhengtang Zhang[2]

(1. Business School, Jiangsu Normal University, Xuzhou, China

(2. School of Business, Nanjing University, Nanjing, China)

Abstract: As one of the important considerations in organizational pay system design and management, pay dispersion is often expected to promote employees' positive attitudes, behaviors, and performance. Therefore, pay dispersion effects have always been the core topic in organization and management research. After reviewing the literature in and abroad in the past two decades, we clarify the current research status and suggest some prospects for future research. Specifically, at first, based on the overall statistics, we generalize three main sub-fields which are the effects of pay dispersion separately on performance, turnover, and attitudes. Then, we systematically review the substantial literature respectively in the three main sub-fields from the supporting theory, outcome variable, moderator, mediator, research sample, and data source, which are the basic elements of an empirical study. Finally, we construct an integrative framework of the extant pay dispersion effects literature, conclude its features and limitations, and propose seven future research agendas. We hope that this paper could lay a foundation for scientifically revealing the landscape and essence of pay dispersion effects.

Key Words: Pay Dispersion; Performance Effects; Turnover Effects; Attitude Effects; Research Agenda

JEL Classification: M52

高绩效工作系统对员工的负面影响：理论视角与过程机制*

□黄 勇 田刘燕 李文莉 李 华

摘 要：尽管高绩效工作系统对组织与员工绩效的正向影响已得到大量研究的支持，但是高绩效工作系统也可能给员工带来负面影响，而已有文献对高绩效工作系统潜在负面结果的探究不足。基于工作要求—资源模型、自我决定理论、资源保存理论以及工作—家庭资源模型，系统回顾并阐述了高绩效工作系统负向影响员工幸福感、健康和工作—家庭冲突的中介机制，以及个体层面与组织层面的重要边界条件，阐明了高绩效工作系统如何以及在何种情况下更可能产生消极影响，构建出高绩效工作系统对员工负面影响的理论分析框架。研究结论深化了对高绩效工作系统潜在负面影响的理论阐释，并为实证研究提供了有价值的理论指导。

关键词：高绩效工作系统；负面影响；影响机制；边界条件

JEL 分类：M12

1 引言

在过去的二十几年中，高绩效工作系统（High Performance Work System）一直是战略性人力资源管理研究领域中一个活跃的主题（Han, Sun and Wang, 2019），它是指一组独立但相互关联的人力资源管理实践的集合（Sun, Aryee and Law, 2007），通常包括招聘、培训、员工参与、灵活的工作安排、内部晋升、激励性薪酬、绩效管理，以及良好的职业发展等实践（Huselid, 1995；Pfeffer, 1998；Sun et al., 2007）。组织层面的大量研究表明，高绩效工作系统能够提高组织绩效（Fu, Ma and Bosak, 2015；Messersmith, Patel and Lepak, 2011；Riaz, 2016），并且对非财务类绩效的影响

* 本文得到国家自然科学基金地区基金项目“西部民族地区企业包容性氛围营造及其对员工绩效的影响机制研究——以甘肃省临夏回族自治州为例”（71662027），教育部人文社会科学研究西部和边疆地区青年基金项目“西部民族地区企业人力资源管理实践、民族多样性氛围与员工绩效——以甘肃省民族地区为例”（15XJC630002）的资助。

显著大于对财务类绩效的影响，尤其是在中国情境下两者的相关性更强（张徽燕、李端凤和姚秦，2012）。随后对劳动过程的关注，使学者们开始考察高绩效工作系统与组织绩效之间的内在机制，特别是员工结果在这一过程中所起的作用（Ramsay，Scholarios and Harley，2000）。大量实证研究同样发现，高绩效工作系统有助于营造一种组织关心员工的氛围，提高员工的工作满意度、情感承诺和幸福感（Takeuchi Chen and Lepak，2009；曹曼、席猛和赵曙明，2019），促进员工组织公民行为，减少缺勤行为，并增强员工留在组织中的意愿（Kehoe and Wright，2013）。总之，以往研究大多基于资源基础观、行为视角、社会交换理论和劳动过程理论（Han et al.，2019），认为高绩效工作系统对组织和员工双方而言都是有益的（Van De Voorde，Paauwe and Van Veldhoven，2012）。

然而，随着研究的不断深入，部分学者逐渐发现，旨在为组织创造竞争优势的人力资源管理实践是以增强员工的工作强度为代价的（Kroon，Van De Voorde and Van Veldhoven，2009），即高绩效工作系统在提升组织绩效的同时却为员工带来了一系列负面影响。例如，高绩效工作系统增加了员工的工作压力、工作紧张、工作负荷，并提高了员工的离职意向（Jensen，Patel and Messersmith，2011；Ramsay et al.，2000）。后续开展的实证研究进一步确认了高绩效工作系统潜在的负面影响。例如，Harley、Allen 和 Sargent（2007）基于劳动过程理论指出，组织从高绩效工作系统中获得的任何绩效都是通过增加员工的工作量和将责任转移给员工实现的，而这加剧了员工的压力或负担。Jensen 和 Van De Voorde（2016）基于工作要求—资源模型发现，高绩效工作系统增加了员工的心理和情感压力，特别是显著增加了疲惫和倦怠感。Ogbonnaya 和 Messersmith（2018）根据 AMO 模型的研究指出，增强技能、增强动机和增强机会的人力资源管理实践都会增加员工的工作要求，从而给员工带来巨大的压力。最新的实证研究也表明，高绩效工作系统负向影响了员工的健康和幸福感（Huang，Xing and Gamble，2016；Jensen and Van De Voorde，2016；Van De Voorde et al.，2012）。类似地，国内研究者胡斌和毛艳华（2017）分析了中国情境下的高绩效人力资源实践对员工幸福感的影响，发现控制型人力资源实践降低了挑战性工作要求，增加了阻碍性工作要求，从而降低了工作自主性和员工幸福感。臧志和王维镭（2019）的研究指出，高绩效工作系统对员工提出了更高的工作标准，造成了员工角色超载。因此，现有研究初步表明，高绩效工作系统实施过程中会对员工产生一系列潜在的负面影响。

尽管高绩效工作系统负面影响的研究已得到不少学者的关注，但已有研究主要是实证检验其可能的负面结果，侧重分析高绩效工作系统负向影响的效应，而对核心概念的界定与理论基础的阐发不足。部分研究者虽然分别回顾了高绩效工作系统与员工幸福感（Peccei and Van De Voorde，2019；Van De Voorde et al.，2012）和健康（Jensen and Van De Voorde，2016）的关系，但更多地将员工幸福感视为高绩效工作系统的作用机制，关注其可能的正向或负向影响，且囿于工作要求—控制或工作要求—资源模型的解释。类似地，国内研究的主导视角仍是强调高绩效工作系统的积极影响。例如，高绩效工作系统有助于营造关心员工的氛围，提高工作满意度（陈万思、丁珏和费晴，2014；颜爱民、胡仁泽和徐婷，2016），提高员工的工作幸福感，并且使员工更加投入工作（黄昱方和钱兆慧，2014）。仅有的有关高绩效工作系统负面影响的研究则主要依据工作要求—资源模型、自我决定理论和归因理论，对负向影响的机制及其边界条件进行了一定的理论分析（Han et al.，2019；孙健敏和王宏蕾，2016），但缺乏对其他理论视角和不同理论视角之间的关系进行很好的阐述，没有建构出整合性的理论分析框架，也没有聚焦具体的员工结果，以此更深入地揭示高绩效工作系统负向影响员工的过程机制。基于此，本文将从批判视角出发，主要从员工视角，全面阐述高绩效工作系统给员工幸福感、健康和工作—家庭冲突造成不同负面影响的理论意涵，分析形成负向影响的作用机制与重要边界条件，构建高绩效工作系统负面影响员工的理论框架，以弥补已有研究不足，深化对高绩效工作系统影响的系统认知。

2 高绩效工作系统的概念

“高绩效工作系统”一词最早由西方管理学者于20世纪90年代提出，随后逐渐引起了各国学者的关注，并成为战略性人力资源管理的一个核心主题。文献中与之类似的概念有高承诺工作系统（High Commitment Work System）和高参与工作系统（High Involvement Work System）（Boon and Kalshoven，2014）。它们的最终目标都是提高组织绩效，但存在一些差别。高承诺工作系统旨在提高员工的组织承诺（杨富、姚梅芳和张军伟，2017），包括持续培训、高工作保障、授权、工作轮换等一系列实践（Lepak and Snell，2002；Whitener，2001）。这些实践意在提高员工的知识和能力、减少对员工的监督和控制，进而降低其缺勤率和离职意向（Ramsay et al.，2000），并使员工对组织产生情感依恋，通过不断的努力来实现组织目标。高参与工作系统注重让员工有效地参与组织决策，由员工培训和发展、团队合作、薪酬绩效奖励和员工参与等实践构成（Shih，Chiang and Hsu，2010）。这一系统强调增加员工积极主动的机会，并赋予员工做出有效决定的权力（Ramsay et al.，2000）。

高绩效工作系统通常是指一系列人力资源管理实践的集合，旨在提高员工的知识、技能和能力，增强员工的动机，进而保留高质量的员工，以提高组织绩效（Huselid，1995）。例如，Datta、Guthrie 和 Wright（2005）指出，高绩效工作系统是一种用来表示人力资源实践系统的术语，意在提高员工技能、承诺和生产力，使他们成为可持续竞争优势的来源。然而，目前研究者对高绩效工作系统还未形成一个准确的定义，对高绩效工作系统的内容构成也缺乏共识。张正堂和李瑞（2015）对187份高绩效工作系统的研究的内容进行分析后得出，招聘与选拔、培训与发展、可变薪酬与奖励以及绩效管理是运用最广泛的实践。除此之外，员工参与和授权、团队合作、信息共享和沟通也被视为高绩效工作系统的重要组成部分。Appelbaum、Bailey 和 Berg（2000）提出了“能力—

动机—机会”（AMO）模型，后续学者常常采用这一框架来界定高绩效工作系统的内容结构，即高绩效工作系统涉及三种类型的实践，包括增强员工能力、动机和机会的实践（Lepak, Liao and Chung, 2006; Jiang, Lepak and Hu, 2012）。其中，增强能力的实践包括严格的招聘、培训和技能开发；增强动机的实践包括职业发展和绩效评估；增加机会的实践则包括工作自主性、团队合作和员工参与等（Jensen and Van De Voorde, 2016）。

同样地，关于如何有效地实施高绩效工作系统，研究者也没有达成共识，文献中存在两种颇有争议的观点，即整合观和孤立观。整合观认为，人力资源实践是相互关联、相互支持且互补的（Ogbonnaya and Messersmith, 2018），将这些实践整合到一个统一的框架中，并以一致的方式一起实施时，可以产生巨大的收益。而孤立观认为，单一的人力资源管理实践对结果有独立的影响，每一种实践都会导致组织结果的差异，将这些实践整合在一个框架时，会低估它们的独特性和独立性（Ogbonnaya, Daniels and Connolly, 2017）。总体而言，大多数研究者和实证研究的结果都支持整合观（Combs, Liu and Hall, 2006; Subramony, 2009）。Han、Kang 和 Oh（2019）总结提出，匹配（Fit）是人力资源系统与组织绩效关系的基础概念，系统的纵向匹配要支持组织的战略目标，横向匹配强调多个互补的人力资源实践要保持一致，通过加强彼此间的有效性，从而支持一个共同的目标，两种匹配相互作用共同影响组织绩效。综合高绩效工作系统的内容和实施观点可知，高绩效工作系统的概念有两个核心要素：第一，高绩效工作系统是一组人力资源管理实践的集合，这些实践相互补充，并遵循“内部匹配”原则（Huselid, 1995; Ogbonnaya et al., 2017），以促进组织目标的实现；第二，实施高绩效工作系统的最终目标是提高组织绩效，组织实施的一系列实践是为了增强员工的知识、技能和能力，以及动机与工作机会（Lepak et al., 2006; Liao et al., 2009）。

3 高绩效工作系统对员工影响的分析视角

目前，大部分学者对高绩效工作系统对员工的影响持积极态度，认为高绩效工作系统把组织目标和员工目标紧密结合在一起，在提升绩效实现组织目标的同时，员工个人的目标也会得到实现，福利得到提升。然而，部分学者指出，高绩效工作系统虽然提高了员工的知识和技能，但却带来了较低的幸福感（Jensen, Patel and Messersmith, 2013; Kroon et al., 2009），因为企业实施高绩效工作系统会给员工带来高的工作强度和工作压力。Godard（2004）就曾对高绩效工作系统贡献的研究提出了批评，认为这些研究高估了高绩效工作系统的积极影响，低估了其潜在成本。因此，现有研究关于高绩效系统的影响出现了两种对立的观点，即互惠的观点和批判的观点。

互惠观认为，高绩效工作系统为组织和员工都带来了利益，它传递出员工受到组织重视的信号，通过一系列实践来提高员工的知识和技能，提供更多的机会，使员工的工作质量得到改善，幸福感得以提升。故员工会对组织产生强烈的归属感，努力提高自己的绩效，最终促进了组织绩效（Marescaux，De Winne and Forrier，2018；Ogbonnaya and Messersmith，2018）。由此，互惠观指出，高绩效工作系统为管理者和员工创造了“双赢”局面。以往基于社会交换理论、资源基础理论、人力资本理论、社会信息加工理论来探讨高绩效工作系统给员工带来积极影响的大部分研究都支持这一观点（张军伟、龙立荣和王桃林，2017）。例如，Alfes、Truss 和 Soane（2013）从社会交换理论视角分析指出，感知到的人力资源管理实践提高了员工的敬业度，促进了其绩效的提升。Van De Voorde、Veld 和 Van Veldhoven（2016）以荷兰一家综合医院的员工为样本进行的研究发现，信息共享、参与决策、工作时间控制等人力资源管理实践可以增加员工的工作多样性，使员工工作更加投入。苏中兴（2010）在中国管理情境下的研究发现，承诺和控制相结合的人力资源管理系统与中国企业绩效显著正相关。类似地，近期对幸福感的研究发现，员工可以从高绩效工作系统中获得与工作相关的资源，从而使他们感知到高的幸福感（Fan，Cui and Zhang，2014；Huang，Ahlstrom and Lee，2016；Miao and Cao，2019）。

批判观则突出高绩效工作系统的“黑暗面”，认为高绩效工作系统是通过将更高的工作要求强加给员工而实现组织目标的，这样会增加员工的压力，降低其幸福感，导致在员工和组织间出现一种“输—赢”的局面（Marescaux et al.，2018；Ogbonnaya and Messersmith，2018）。之所以出现这样的情况，主要是因为外部市场竞争激烈，组织为了生存和发展，不得不采取一些措施来改善其绩效，无形之中提高了对员工的要求，增加了他们的工作量，员工因此遭受到更大的压力，特别是当组织没有提供足够的支持时，员工体验到的压力会越来越大。因此，高绩效工作系统的实施，尽管为组织带来了收益，但却是以牺牲员工利益为代价的（Jensen and Van De Voorde，2016）。Kroon 等（2009）曾较早地指出，高绩效工作系统可被视为“披着羊皮的狼”，旨在控制员工，以提高组织的绩效。研究发现高绩效工作系统增加了工作要求，导致员工情绪衰竭和较低的幸福感（Huang et al.，2016）。Topcic、Baum 和 Kabst（2016）研究了不同指向的高绩效工作系统实践对员工的影响，发现绩效评估体系弱化了内在激励，降低了工作满意度，并增加了员工感知的压力；继续教育通过增加工作量和工作的复杂性而增加了员工的压力。Ogbonnaya 等（2017）对英国工人的研究发现，高绩效工作系统是一种剥削式的管理模式，促使员工付出更多的努力来工作，让员工面对更高的工作强度，体验到更大的工作压力，进而影响了他们的健康和幸福感。总之，批判观认为，各种提高组织绩效的实践可能是以牺牲员工的幸福和健康为代价的（Gavin and Mason，2004；Kroon et al.，2009）。

上述两种具有差异性的观点源于研究者的分析层次和关注点的不同。一方面，大部分学者在研究时关注更高层面的结果，即高绩效工作系统给组织带来了良好收益，忽视了员工对这些实践的感知（Liao et al.，2009），以及这些实践是如何影响员工体验的（Jensen and Van De Voorde，2016）。现实情况是组织在运用高绩效工作系统提高其绩效的同时，却损害了部分员工的利益，例如给员工带来更大的压力，影响员工身心健康，甚至影响到员工的家庭生活（Kashefi，2009）。另一方面，组织实施高绩效工作系统是为了满足管理者的需要，而不太关心员工的需要（Kashefi，2009）。在领导者看来，通过实施高绩效工作系统，不仅实现了组织目标，员工也从中获得了相应的物质回报，这是一种“双赢”的局面，但却忽视了员工也注重工作给他们带来的愉悦和满足感，以及高绩效工作系统潜在的消极影响。因此，从员工层面来理解高绩效工作系统的影响可以让其发挥更好的效果，并且相比组织绩效，员工的态度和行为更容易受到人力资源管理实践的影响（Truss，2001）。

4 高绩效工作系统对员工负面影响的作用机制

批判观至今尚未引起研究者足够的关注，相关研究还比较少。孙健敏和王宏蕾（2016）从不同的理论视角论述了高绩效工作系统对员工负面影响的作用机制。Han 等（2019）从员工视角阐述了高绩效工作系统通过工作要求和动机产生了消极影响。整体上，研究者对高绩效工作系统消极影响员工的理论阐释还不够深入。基于已有文献，本文综合运用工作要求—资源模型、资源保存理论、自我决定理论和工作—家庭资源模型来深入分析高绩效工作系统对员工产生负面影响的内在机制（见图 1）。员工视

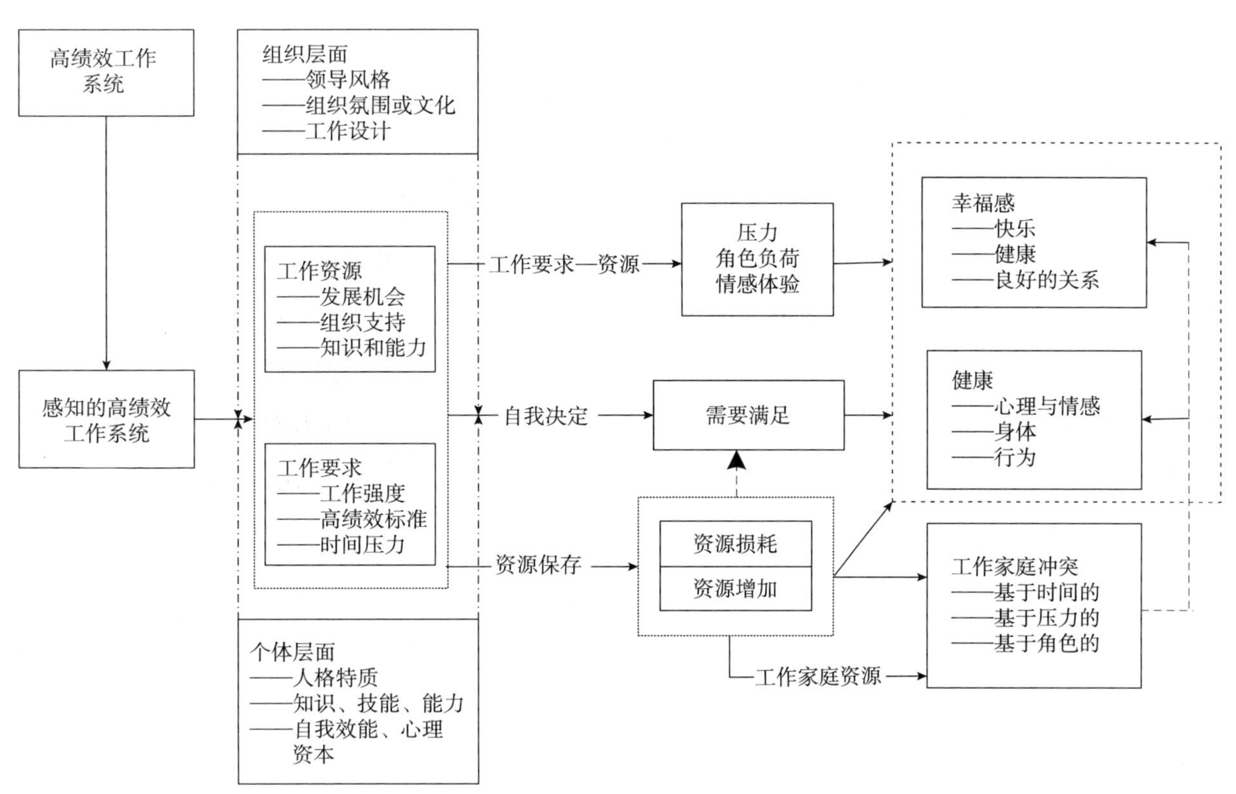

图 1　高绩效工作系统负向影响员工的机制

角的结果主要包括幸福感、健康和工作—家庭冲突，这三个方面都反映了员工自己因工作而产生的体验和经历，并且与组织相关结果密切相关。其中，幸福感和健康的概念在不同文献中的定义不一致，本文借鉴领域核心学者的界定，将幸福感视为一个多维构念（Guerci，Hauff and Gilardi，2019；Van De Voorde et al.，2012），包括快乐（Happiness），是指员工对其工作的积极的主观体验，通常用工作满意度表征；健康（Health Well-being），是指没有身体或心理疾病，以及良好的关系（Relational Well-being），是指与他人和社区之间建立高质量的关系。健康则包括心理与情感（主要表现为倦怠、焦虑和情感耗竭）、身体（主要通过健康、酗酒、疲劳和身体疾病等来测量）和行为（主要体现在工作绩效与离职意向）方面的状态（Jensen and Van De Voorde，2016）。

4.1 基于工作要求—资源模型的影响机制

工作要求—资源模型认为，所有的工作环境或工作特征都可以分为工作要求和工作资源两个类别。工作要求是指工作中那些需要持续的身体或心理努力，与某些生理或心理成本相关的身体、心理、社会或组织方面的要求（Bakker and Demerouti，2017；Demerouti et al.，2001）。工作量、时间紧迫、工作责任以及客户的情感要求等都是工作要求的具体表现形式（Crawford，LePine and Rich，2010）。工作要求常常与更大的压力和工作倦怠有关（Demerouti et al.，2001；周密、赵文红和姜玉洁，2016）。工作资源被定义为工作中身体、心理、社会或组织方面的资源，这些资源可以减少工作要求和相关生理或心理成本，促进个人成长、学习和发展，并在实现员工工作目标方面起积极作用（Demerouti et al.，2001）。工作自主权、绩效反馈、技能多样性和发展机会都被视为员工的工作资源（Bakker and Demerouti，2017）。后续研究进一步指出，工作要求和工作资源的交互作用会对员工的态度和行为产生重要影响。工作资源会调节工作要求和倦怠之间的关系（Xanthopoulou，Bakker and Demerouti，2007）。当员工面临高工作要求时，工作资源会变得更加重要，并产生高的激励潜力（Bakker and Demerouti，2008），而工作要求高、工作资源有限时，不论员工从事何种类型的职业都会产生倦怠（Demerouti et al.，2001）。

高绩效工作系统能够给员工提供多种工作资源，激活员工动机，促进员工学习、成长和发展，并有助于实现工作目标（Crawford et al.，2010），但同时对员工提出了更高的工作要求，导致员工角色负荷并易发生工作—家庭冲突，而这些都是工作压力的来源（Gilboa et al.，2008）。在面临高压力的情况下，员工不得不投入更多的努力来满足这些要求，造成其精力和情感的耗竭（Fan，Liu and Zou，2018）。具体而言，工作要求的提高增加了员工的工作强度，使员工承担更多的工作任务，导致员工感受到更大的工作压力（Ogbonnaya et al.，2017；Topcic et al.，2016）。当员工面临时间压力、加班、工作超负荷以及情感要求等一系列的工作要求时，其幸福感会随之下降（Huang et al.，2016）。同时，员工的时间和精力是有限的，工作要求的提高使他们很难有效地完成工作职责，进而降低工作绩效，而绩效与员工获得的奖惩和职业发展相关，最终限制了员工的成长和发展（孙健敏和王宏蕾，2016）。此外，高绩效工作系统可以为员工带来积极的工作体验，使他们保持良好的工作态度，但它总是通过更严格的规则、更高的期望和基于组织绩效的奖惩来加强对员工的控制的（Jensen and Van De Voorde，2016）。员工为了避免惩罚，满足组织对他们的要求，并达到绩效目标来获得奖励，不得不在工作中投入更多的时间和精力，这可能造成员工角色超载，长期发展下去容易精疲力竭。

工作要求—资源模型目前是研究高绩效工作系统对员工负面影响的主要理论视角。当员工拥有的工作资源能够满足工作要求时，就会为他们带来积极的结果，并使其体验到幸福感（Miao and Cao，2019）。而当工作资源无法满足员工所面临的工作要求时，就会为他们带来消极的结果，员工会体验到紧张感、疲惫感和倦怠感（Fan et al.，2018）。由此看来，高绩效工作系统对员工的影响是双重的，具体给员工带来正向效应还是负向效应，取决于员工将高绩效工作系统视为工作要求还是工作资源，以及员工拥有的工作资源。

4.2 基于自我决定理论的影响机制

自我决定理论（Self-determination Theory）是一个研究人类动机的宏观理论，解决了人格发展、自我调节、普遍的心理需要以及社会环境对动机、情感、行为和幸福感的影响等基本问题，并提出人们具有三种基本的心理需要，即自主性、能力和关系（Deci and Ryan，2008）。研究者将动机分为内在动机和外在动机。内在动机是指由于自身的兴趣或活动本身的乐趣而做某件事的动机，即做一件事是为了其内在的满足；外在动机是指为了获得从事某一件事所能带来的额外的结果而做这件事的动机，例如获得奖励或避免惩罚（Ryan and Deci，2000）。另外，部分学者也将动机分为自主动机和受控动机，这种划分与内在动机和外在动机存在差异，但也有一些联系，内在动机是自主动机的一种类型，而外部奖励会诱导受控动机的产生（Gagné and Deci，2005）。

员工动机常常是研究高绩效工作系统与员工绩效的关键中介因素（Han et al.，2019），已受到学者们的广泛关注。高绩效工作系统带来的工作资源和要求在激励员工的过程中发挥着十分重要的作用，工作资源在激励员工时会扮演两种角色，当扮演内在激励角色时，会促进员工的学习、成长和发展并满足其基本心理需要，如适当的反馈会促进员工学习进而提高其工作能力，决策灵活性会满足员工的自主需要，社会支持会满足员工对关系的需要（Bakker and Demerouti，2008）；当扮演外在激励角色时，工作资源为员工处理工作要求和实现工作目标提供了支持，这增强了员工的外在动机（Bakker and Demerouti，2008；Hakanen，Schaufeli and Ahola，2008）。同时，工作要求对激励过程有间接影响，这些要求会增加员工的倦怠感，减少情感承诺，工作动机也会随之减弱（Hakanen et al.，2008）。以往的实证研究表明，内在动机与积极的员工结果正相关，使员工在工作中得到更多的快乐，不仅提升个体幸福感和健康水平（Vansteenkiste，Simons and Lens，2004），而且提高其工作满意度和情感承诺，使他们在工作中更加投入（李伟和梅继霞，2013）。相反，外在动机与积极的员工结果负相关，会导致员工抑郁和焦虑（Vansteenkiste et al.，2004），造成员工职业倦怠（Kim，2018）。张春虎（2019）在回顾相关研究时，也发现自主动机对员工工作满意度、情感承诺及工作投入等工作态度和心理健康有正向影响，受控动机会增加工作倦怠感。这是因为内在动机满足了员工的需求，使员工表现出积极的行为。外在动机会削弱员工的内在动机，减少工作本身带给他们的愉悦感，容易对员工产生一种负面影响（孙健敏和王宏蕾，2016）。基本心理需要满足是影响工作动机的重要变量（曹曼等，2019），可以增强员工的内在动机，减少外在动机（Van den Broeck，Ferris and Chang，2016）。当员工的基本心理需要得到满足时，他们的动机和幸福感都是最佳的（Deci and Ryan，2000）；反之，会使员工面临工作压力，增加其工作负担，导致员工情感衰竭，甚至产生离职的想法（Olafsen，Niemiec and Halvari，2017）。

基于自我决定理论，基本心理需要满足对人力资源管理的结果至关重要（Baard，Deci and Ryan，2004），而工作要求和工作资源会影响基本需要的满足（Van den Broeck，Vansteenkiste and De Witte，2008）。当员工感知到高绩效工作系统带给他们更多的工作资源时，会促进他们的成长，并积极影响他们的基本心理需要满足；当员工感知到更多的工作要求时，会负向影响他们基本心理需要的满足（Marescaux，De Winne and Sels，2013），而基本心理需要满足对员工幸福感有显著的预测作用（Deci and Ryan，2000；刘靖东、钟伯光和姒刚彦，2013），基本心理需要的缺乏会使员工的健康和幸福感受到损害（Deci and Ryan，2000）。例如，员工参与满足了其自主需要，会增强其内在动机。而当组织将绩效和薪酬联系起来激励员工更努力工作时，会使员工一味追求绩效目标的实现和经济上的成功等外在东西，导致他们忽视自己真正需要和兴趣，尤其是当绩效达不到标准无法获得奖励时，会对内在动机有很大的伤害（Gagné and Forest，2008）。因为外在取向阻碍了员工对自主、能力和关系基本心理需要的满足，会造成高的情绪衰竭、目标实现后的短期满意、离职意向，甚至心理健康下降等消极的结果（Vansteenkiste，Neyrinck and Niemiec，2007）。Guerci等（2019）的实证研究也指出，基于个体绩效的激励薪酬与员工健康和良好的人际关系显著负相关。不过高绩效工作系统会增强员工的内在动机还是外在动机，取决于它的影响强度（Weibel，Rost and Osterloh，2009）。当组织更加关注员工招聘、培训和参与等管理实践时，会增强员工的内在动机，而当组织更关注绩效考核、薪酬管理等实践时，很可能会削弱员工的主动性和积极性。

4.3 基于资源保存理论的影响机制

资源保存理论（Conservation of Resources Theory）是近20年来研究压力和创伤的重要理论之一（Hobfoll，2011）。作为一个激励理论，它的基本原则是个体有动机去保护他们现有的资源并获得新的资源，这些宝贵资源潜在或实际的损失都会对他们构成威胁，从而产生压力（Hobfoll，1989）。任何可能有用的东西都可能是一种资源，包括物质资源（Object Resources，如车、房子等）、条件资源（Condition Resources，如事业、婚姻等）、个人资源（Personal Resources，如关键技能和自我效能感、自尊等个人特征）以及能源性资源（Energy Resources，如知识、金钱等）。这些资源主要用来迎接挑战，当无法应付挑战时，人们便会产生压力（Hobfoll, 2011）。产生压力的另外一个原因是人们经历了资源损失，当个体在工作中失去资源时，他们很可能会经历倦怠、抑郁以及健康等方面的问题（Halbesleben, Neveu and Paustian - Underdahl, 2014）。Crawford 等（2010）的元分析指出，个体的资源损失或受到威胁，以及个体用有限的资源满足需求时，更容易产生压力，随着时间的推移，这些压力会导致员工倦怠。此外，当面临这些压力的时候，个体会努力将资源净损失最小化（Hobfoll, 1989）。

根据资源保存理论，高绩效工作系统之所以给员工带来负面影响，主要是因为：第一，较大的工作量、角色冲突、与主管和同事的关系等会使个人面临实际的资源损失或感知到资源损失的威胁，这会产生较大的工作压力（Kashefi, 2009）和倦怠（Wright and Hobfoll, 2004）。另外，完成高的工作要求会使员工面临资源损失的威胁，当员工感受到这种威胁时，会有一种压力感。第二，每个人所拥有的资源是有限的，当员工拥有的资源不能满足工作的要求时，他们会感受到压力，产生愤怒、沮丧以及倦怠等一系列负面情绪或状态。另外，缺乏资源会使员工经历越来越多的资源损失，进而降低工作投入（Boon and Kalshoven, 2014）。Hobfoll、Johnson 和 Ennis（2003）对女性的一项研究表明，控制和社会支持等资源的损失与抑郁和愤怒情绪的增加有关。第三，资源保存理论提出，资源损失比资源收益的影响更强，实证研究也表明，资源损失带来的负面效应大于资源收益的积极影响（Hobfoll, 2001）。员工常常需要多种资源来满足高绩效工作系统提出的工作要求，当员工在工作中投入的资源不能为他们带来收益或者带来的收益小于投入的资源时，即投入产出比失衡时，会使员工产生压力。Sun 和 Pan（2008）对中国制造企业的工人进行的研究发现，员工从组织中获得的资源受到威胁或被耗尽，无法满足工作要求，也无法从资源投资中获得预期的回报时，员工会产生情感衰竭。但是当员工从高绩效工作系统中获得一定资源时，员工会运用这些资源来管理他们的资源，并利用其获得积极的资源循环，进而使他们工作更加投入（Boon and Kalshoven, 2014; Huang, Fan and Su, 2018）。

4.4 基于工作—家庭资源模型的影响机制

家庭作为重要的非工作领域，对员工个人幸福、工作态度和行为有着重要影响（Xin, Chen and Kwan, 2018），然而，在探析高绩效工作系统对员工的负面影响时，学者们大多关注压力、倦怠、离职意向等工作领域的结果，较少关注对员工工作—家庭关系的影响。工作—家庭关系包括工作—家庭促进和工作—家庭冲突。工作—家庭资源模型（Work - home Resources Model）为分析工作—家庭关系提供了一个很好的理论框架（Ten Brummelhuis and Bakker, 2012），该模型基于资源保存理论的观点，主要解决三个问题：第一，个人资源是工作和家庭之间的连接，一个领域的需求消耗了个体资源，会导致另一个领域的成果减少，造成工作—家庭冲突；工作和家庭资源增加了个人资源，反过来会改善家庭和工作结果，实现工作—家庭促进。第二，拥有关键资源（Key Resources，如自尊、乐观）和宏观资源（Macro

Resources，如文化、社会平等）的个体更容易经历工作—家庭促进，经历较少的工作—家庭冲突。第三，不论从长期还是短期来看，一个领域的需求和资源都是通过个体资源来影响另一个领域的结果。

基于工作—家庭资源模型，高绩效工作系统会给员工带来负面影响，主要是造成了工作—家庭冲突，这种冲突又会引发有害的结果，比如高水平的压力和离职意向，低水平的情感承诺、工作满意度及身心健康（Chen，Jiang and Tang，2018）。至今研究高绩效工作系统与工作—家庭冲突关系的文献还比较少（Carvalho and Chambel，2015）。基于工作—家庭资源模型的理论观点，高绩效工作系统造成员工工作—家庭冲突主要是因为：一方面，员工扮演着多重角色，而员工的时间和精力是有限的（Halbesleben，Harvey and Bolino，2009），高绩效工作系统提出的高要求需要员工把个人资源集中在工作领域，使员工在工作中耗费大量的资源（Hall，Dollard and Tuckey，2010）。这加重了员工的资源损耗（Lin，Ma and Johnson，2016），导致员工没有充足的资源来履行家庭职责（康勇军和彭坚，2019），并且高要求给员工的工作角色带来较大的压力，这种工作超负荷还会蔓延到下班时间，从而导致工作—家庭问题的出现（Huang et al.，2016）。因为员工会利用现有的资源来应对工作中的压力，留下较少的资源用于家庭需求（Grandey and Cropanzano，1999）。类似地，Kashefi（2009）分析指出，让员工获得新技能、参与决策，以及参与自我导向的工作团队等策略，会使员工的工作节奏加快，并产生相互矛盾的需求，进而加剧工作与家庭之间的冲突。另一方面，高工作要求意味着员工需要完成更多的工作任务，工作责任也随之增多，这会耗费他们更多的精力和时间，而用于履行家庭职责的时间会减少，导致较低的工作—家庭平衡（Ronda，Ollo-López and Goñi-Legaz，2016）。此外，当员工拥有的关键资源和宏观资源较少，不能很好地应对工作中的压力时，员工很有可能在工作领域中面临资源损失，而当其溢出到家庭领域时，容易引发资源损耗螺旋，导致员工工作—家庭冲突（李爱梅等，2015）。因此，高绩效工作系统对工作—家庭关系的影响是双重的，当高绩效工作系统带给员工更多的工作要求时，员工会经历资源的损失，并溢出到家庭领域，引发资源损失螺旋，进而造成工作—家庭冲突。而当高绩效工作系统带给员工更多的工作资源时，这些资源会溢出到家庭领域，员工更容易经历工作—家庭促进。

5 高绩效工作系统对员工负面影响的边界条件

如前所述，高绩效工作系统对员工既能产生正向影响也能产生负向影响，具体产生哪种效果则依赖于特定的条件（孙健敏和王宏蕾，2016），因而阐述高绩效工作系统对员工的负面影响，需要阐明影响机制发挥作用的情境，即边界条件。基于上述理论视角和已有文献，本文将从个体和组织两个层面来探索高绩效工作系统对员工负面影响的边界条件。

5.1 个体层面

工作要求—资源模型和资源保存理论均指出，当实施的高绩效工作系统增加了对员工的工作要求，减少资源，或者使员工面临资源损失时，更可能对员工产生负面影响（Demerouti et al.，2001；Hobfoll，1989）。因此，个体资源在缓解高绩效工作系统对员工的负面影响方面发挥着重要作用，这些个人资源主要包括员工自身所拥有的关键资源，如员工的个人特质、KSA和心理资本等。以往的实证研究表明，拥有某些特征的员工能够很好地应对高绩效工作系统带给他们的焦虑、压力以及倦怠。情绪稳定和责任心作为一种内部资源，能够调节工作要求和员工倦怠之间的关系（Volpone，Perry and Rubino，2013），拥有这些特征的员工能够有效应对工作要求。主动性人格作为一种个体特质也能够影响个体的资源获取，进而减弱高绩效工作系统对员工的消极影响，拥有这种特质的员工能够重塑他们的工作，增加其工作资源和工作挑战（Bakker，Tims and Derks，2012），并且在要求苛刻的条件下，能够提升其心理韧性（Jensen and Van De Voorde，2016）。另外，根据资源保存理论，自我效能感、乐观、希望等个体因素能够缓解高绩效工作系统对员工的负面影响（Hobfoll，2001）。因为拥有这些特征的员工能够较好地应对高绩效工作系统带给他们的工作要求，并能主动调整自己的工作环境，降低资源的损耗，进而在面对高工作要求时经历更少的压力及倦怠等负面影响。同时，员工拥有的知识、技能和能力不仅可以应对高绩效工作系统提出的高要求，促进工作目标的实现（Bakker and Demerouti，2007），而且有助于产生新的资源（Hobfoll，1989）。员工将自己拥有的KSA投入到工作中时，他们可以获得薪酬和职位等其他资源，进而产生积极的态度和行为。当员工缺乏工作所需要的知识、技能和能力时，很难应对高工作要求，会产生消极的反应，不利于实现工作目标。因此，员工拥有的个人资源对高绩效工作系统与员工压力、倦怠以及焦虑等消极结果的关系起到缓冲作用。员工可以利用这些资源来应对高绩效工作系统带来的高工作要求，并且当这些资源与工作要求相匹配时，可以为他们带来良好的工作体验，进而促进积极的工作态度与行为。

5.2 组织层面

组织环境也是影响高绩效工作系统有效性的一个重要因素（Jackson，Schuler and Rivero，1989）。组织通过工作设计可以为员工提供降低高绩效工作系统负面影响的资源，如工作控制、工作自主性。作为重要的任务特性，工作控制或自主性是一种有价值的资源（Jensen and Van De Voorde，2016），这种资源有助于个体应对由高绩效工作系统导致的焦虑、角色超载、压力以及工作强度等，从而降低高绩效工作系统带给他们的负面影响（Han et al.，2019；Jensen et al.，2013）。类似地，当员工能够控制自己的工作时，意味着他们拥有较多的自主权，可以自主决定其工作时间和工作方法，从而提升自我决定感（孙健敏和王宏蕾，2016），促进员工表现出积极的态度和行为，并减少负面情绪的产生。另外，领导者和组织文化作为组织环境的重要构成，在塑造组织环境以及高绩效工作系统氛围方面均发挥重要的作用（Jensen and Van De Voorde，2016），是影响高绩效工作系统影响员工态度和行为的重要情境。

领导者作为组织信息的传达者，在人力资源管理实施方面承担着较大的责任，在人力资源管理与绩效关系中扮演着重要的角色（Alfes et al.，2013），他们通过将战略和人力资源目标付诸实践来创造一个环境，影响员工的感知，进而影响他们的态度和行为（Pereira and Gomes，2012）。不同的领导者风格会影响员工对高绩效工作系统形成不同的看法。变革型领导在传达公司使命的同时会将员工的个性化考虑在内，帮助员工就高绩效工作系统达成共识，增强他们的工作满意度（Weller et al.，2019）。服务型领导是一种超越个人利益，以员工个人发展为重的领导风格（胥彦和李超平，2019），相比于自身的利益，更重视员工的需求和利益（Liden，Wayne and Zhao，2008）。他们会把高绩效工作系统作为帮助员工实现工作目标的资源（Fan et al.，2018），使员工对高绩效工作系统有一种积极的体验，在领导的帮助和影响下员工会感知到更多的工作资源，进而产生积极的工作态度。相反，指导型领导（Directive Leadership）渴望下属对他的服从，通过明确方向来详细指导下属的工作（Kahai，Sosik and Avolio，2004），员工在执行任务的过程中很少有表达自己意见的机会。这种领导风格会增加员工的压力，员工会感受到更多的工作要求（Fan et al.，2018），进而产生焦虑、倦怠及疲惫等。因此，领导风格是影响员工对高绩效工作系统的体验及其结果的重要因素。

组织文化同样会影响员工对高绩效工作系统的认知与理解，进而影响员工态度和行为（Lau and Ngo，2004）。员工导向的文化重视企业的人力资本，通过满足员工的技能成长来获得组织成功，满足了员工的内在心理机制，从而使他们产生一种顺从的心态并认可组织的目标和价值观，员工在这种文化中会认为组织实施高绩效工作系统是为了给他们提供充足的资源来提高其知识、技能和能力（张玮和刘延平，2015），这有利于员工高度参与工作并引发对组织的情感承诺（Shantz，Arevshatian and Alfes，2016）。相反地，结果导向的文化强调员工的行为要遵从于组织目标的需要，即员工的一切行动准则都是为了实现目标，在这样的环境中员工处于一种被动状态，并认为这些实践只是组织为了降低成本而实施的，他们只是达到绩效目标的一种工具，这会导致员工经历更大的工作负荷，并转化为更高水平的情绪衰竭（Shantz et al.，2016；张玮和刘延平，2015）。最近的研究也指出，整合型组织文化注重员工的发展，能为员工创造一种轻松和谐的工作氛围，并提供更多的发展空间，使其更好地理解组织对他的要求并找到归属感，进而起到改善员工负面行为的作用（张高旗、徐云飞和赵曙明，2019）。与组织文化类似，Bowen 和 Ostroff（2004）指出，组织氛围强度是影响人力资源管理系统和企业绩效关系的重要因素，而这种强氛围的功能本质上与组织文化类似，会使员工对组织实施的高绩效工作系统形成相似的看法，对预期和奖励的行为有共同的理解，并影响他们进一步的行为。但是就目前的研究而言，组织文化在高绩效工作系统与员工认知和行为关系中所起的作用得到的关注较少，之后需要进一步的探讨。

6 结论与展望

综上所述，高绩效工作系统是影响组织与

员工绩效的重要管理实践，然而高绩效工作系统可能产生双重效应，已有文献主要检验了高绩效工作系统对组织和员工绩效的正向影响，缺乏从员工视角深入分析高绩效工作系统的潜在负面影响。本文聚焦员工结果，从批判观出发，依据工作要求—资源模型、资源保存理论、自我决定理论和工作—家庭资源模型，阐述了高绩效工作系统影响员工幸福感、健康以及工作—家庭冲突的过程机制和边界条件，重点分析了工作要求、工作资源和动机的中介作用，并以工作—要求资源模型为基础性的理论框架，阐明其与资源保存理论和自我决定理论的内在联系，进而构建了高绩效工作系统负向影响员工的理论模型。这深化了研究者对高绩效工作系统在组织和员工层面潜在负面结果的一般性分析（孙健敏和王宏蕾，2016），拓展了探究高绩效工作系统负面影响的理论视角（Han et al.，2019；Jensen and Van De Voorde，2016），并将工作—家庭冲突纳入负面影响的范围之内，整体上更全面地解释了高绩效工作系统如何以及在什么条件下会对员工带来消极影响。由于高绩效工作系统一直是战略性人力资源管理研究的重要内容，相关实践也已被大量企业所采用，因而持续关注高绩效工作系统在不同层面的实施效果具有显著的理论价值与实践意义。鉴于此，未来研究仍需深入验证高绩效工作系统为什么、如何以及在哪些组织情境下更易产生负面效应？

首先，深化高绩效工作系统负面效应研究的理论建构。高绩效工作系统负面影响的已有理论与实证研究初步探讨并检验了其对员工行为和幸福感的影响，相比对组织层面的研究，理论建构和实证分析仍不足。尽管研究者依据主流的工作压力或激励理论阐述了高绩效工作系统可能会造成工作负荷，增加工作强度或降低工作动机，但大多数研究主要是将这些理论作为假设提出的依据，并没有完整阐释和直接检验高绩效工作系统产生负面影响的过程。同时，工作要求和工作资源虽然被视为是导致负面结果的首要原因，但是在不同的行业或企业情境中，工作要求和工作资源的表现形式存在差异，而已有研究很多是在笼统地分析工作要求和工作资源的作用，而没有很好地建构出不同情境中具体的工作要求和工作资源的影响，并且负面结果更关注员工体验到的压力和倦怠，对其他员工结果的关注较少。另外，研究者在分析高绩效工作系统的影响时，基本都暗含了线性关系，Han 等（2019）指出，高绩效工作系统与员工反应之间可能存在倒 U 形关系。因此，未来研究需要在理论上进一步阐明高绩效工作系统产生负面影响的主要机制以及影响的形式，构建完整的理论框架。

其次，从内容和过程取向出发，加强高绩效工作系统负面影响的实证研究。与战略性人力资源管理的研究传统类似，研究者主要是选取现有的“最佳实践”，据此检验高绩效工作系统对员工的消极影响，关注的是高绩效工作系统的内容构成，而缺乏从过程角度阐述人力资源管理实践的执行，特别是在此过程中管理者和人力资源管理部门的角色，员工对组织人力资源管理执行的体验或感知，而这些感知会直接影响员工对人力资源管理实践的归因，进而影响员工对人力资源管理的反应（Nishii，Lepak and Schneider，2008）。同时，已有研究指出，管理者主张的人力资源管理与实际执行或员工感知到的常常存在差异（Liao et al.，2009），因而从内容和过程两个角度检验高绩效工作系统的负面影响，能够更好地揭示其效应。另外，组织和员工感知的高绩效工作系统代表了不同的分析层次，在检验高绩效工作系统对员工的负面影响时需要进行多层分析，综合考察组织、部门和员工个体层面的因素对高绩效工作系统引发的工作要求和工作资源的影响，深入揭示负向影响的过程机制与边界条件。

最后，推进高绩效工作系统负面影响研究的情境化。人力资源管理系统的有效性研究不能脱离特定的管理情境和经济社会发展阶段进行，高绩效工作系统在中国情境中的实践与西方企业相比存在差异（苏中兴，2010）。同时，文化会影响人力资源管理实践的形式和有效性，具有高权力距离、集体主义和不确定回避特征的中国文化深深影响了员工对人力资源管理实践的感知。因此，探讨中国不同类型企业或行业的高绩效工作系统的负面影响，并考察员工文化价值观念的作用，将为企业有效实施高绩效工作系统提供有针对性的管理启示。

参考文献

[1] Alfes K., Truss C., Soane E. C., et al. The Relationshipbetween Line Manager Behavior, Perceived HRM Practices, and Individual Performance: Examining the Mediating Role of Engagement [J]. Human Resource Management, 2013, 52 (6): 839-859.

[2] Appelbaum E., Bailey T., Berg P., et al. Do High Performance Work Systems Pay Off? [M]//Vallas S. (Ed.), The Transformation of Work. Bingley: Emerald Group Publishing Limited, 2000.

[3] Baard P. P., Deci E. L., Ryan R. M. Intrinsic Need Satisfaction: A Motivational Basis of Performance and Well-Being in Two Work Settings [J]. Journal of Applied Social Psychology, 2004, 34 (10): 2045-2068.

[4] Bakker A. B., Demerouti E. Job Demands-Resources Theory: Taking Stockand Looking Forward [J]. Journal of Occupational Health Psychology, 2017, 22 (3): 273-285.

[5] Bakker A. B., Demerouti E. The Job Demands-Resources Model: Stateof the Art [J]. Journal of Managerial Psychology, 2007, 22 (3): 309-328.

[6] Bakker A. B., Demerouti E. Towards a Modelof Work Engagement [J]. Career Development International, 2008, 13 (3): 209-223.

[7] Bakker A. B., Tims M., Derks D. Proactive Personalityand Job Performance: The Role of Job Crafting and Work Engagement [J]. Human Relations, 2012, 65 (10): 1359-1378.

[8] Boon C., Kalshoven K. How High-Commitment HRM Relates to Engagement and Commitment: The Moderating Role of Task Proficiency [J]. Human Resource Management, 2014, 53 (3): 403-420.

[9] Bowen D. E., Ostroff C. Understanding HRM-Firm Performance Linkages: The Role of the "Strength" of the HRM System [J]. Academy of Management Review, 2004, 29 (2): 203-221.

[10] Carvalho V. S., Chambel M. J. Perceived High-Performance Work Systems and Subjective Well-Being: Work-to-Family Balance and Well-Being at Work as Mediators [J]. Journal of Career Development, 2015, 43 (2): 116-129.

[11] Chen Y., Jiang Y. J., Tang G., et al. High-Commitment Work Systemsand Middle Managers' Innovative

Behavior in the Chinese Context: The Moderating Role of Work - Life Conflicts and Work Climate [J]. Human Resource Management, 2018, 57 (5): 1317-1334.

[12] Combs J., Liu Y., Hall A., et al. Howmuch do High-Performance Work Practices Matter? A Meta-Analysis of Their Effects on Organizational Performance [J]. Personnel Psychology, 2006, 59 (3): 501-528.

[13] Crawford E.R., LePine J.A., Rich B.L. Linking Job Demandsand Resources to Employee Engagement and Burnout: A Theoretical Extension and Meta-Analytic Test [J]. Journal of Applied Psychology, 2010, 95 (5): 834-848.

[14] Datta D.K., Guthrie J.P., Wright P.M. Human Resource Managementand Labor Productivity: Does Industry Matter? [J]. Academy of Management Journal, 2005, 48 (1): 135-145.

[15] Deci E.L., Ryan R.M. Self-determination theory: A Macrotheoryof Human Motivation, Development, and Health [J]. Canadian Psychology, 2008, 49 (3): 182-185.

[16] Deci E.L., Ryan R.M. The "What" and "Why" of Goal Pursuits: Human Needs and the Self-Determination of Behavior [J]. Psychological Inquiry, 2000, 11 (4): 227-268.

[17] Demerouti E., Bakker A.B., Nachreiner F., et al. The Job Demands - Resources Modelof Burnout [J]. Journal of Applied Psychology, 2001, 86 (3): 499-512.

[18] Fan D., Cui L., Zhang M.M., et al. Influenceof High Performance Work Systems on Employee Subjective Well-Being and Job Burnout: Empirical Evidence from the Chinese Healthcare Sector [J]. The International Journal of Human Resource Management, 2014, 25 (7): 931-950.

[19] Fan X., Liu Y., Zou X. Wherethere is Light, There is Dark: A Dual Process Model of High-Performance Work Systems in the Eyes of Employees [J]. Frontiers of Business Research in China, 2018, 12 (1): 1-18.

[20] Fu N., Ma Q., Bosak J., et al. Exploring the Relationships between HPWS, Organizational Ambidexterity and Firm Performance in Chinese Professional Service Firms [J]. Journal of Chinese Human Resource Management, 2015, 6 (1): 52-70.

[21] Gagné M., Deci E.L. Self - Determination Theory and Work Motivation [J]. Journal of Organizational Behavior, 2005, 26 (4): 331-362.

[22] Gagné M., Forest J. The Studyof Compensation Systems through the Lens of Self - Determination Theory: Reconciling 35 Years of Debate [J]. Canadian Psychology, 2008, 49 (3): 225-232.

[23] Gavin J.H., Mason R.O. The Virtuous Organization: The Valueof Happiness in the Workplace [J]. Organizational Dynamics, 2004, 33 (4): 379-392.

[24] Gilboa S., Shirom A., Fried Y., et al. A Meta-Analysisof Work Demand Stressors and Job Performance: Examining Main and Moderating Effects [J]. Personnel Psychology, 2008, 61 (2): 227-271.

[25] Godard J. A Critical Assessmentof the High - Performance Paradigm [J]. British Journal of Industrial Relations, 2004, 42 (2): 349-378.

[26] Grandey A.A., Cropanzano R. The Conservationof Resources Model Applied to Work - Family Conflict and Strain [J]. Journal of Vocational Behavior, 1999, 54 (2): 350-370.

[27] Guerci M., Hauff S., Gilardi S. High Performance Work Practicesand Their Associations with Health, Happiness and Relational Well - Being: Are There Any Tradeoffs? [J]. The International Journal of Human Resource Management, 2019 (11): 1-31.

[28] Hakanen J.J., Schaufeli W.B., Ahola K. The Job Demands - Resources Model: A Three - Year Cross -

Lagged Studyof Burnout, Depression, Commitment, and Work Engagement [J]. Work & Stress, 2008, 22 (3): 224-241.

[29] Halbesleben J. R. B., Harvey J., Bolino M. C. TooEngaged? A Conservation of Resources View of the Relationship between Work Engagement and Work Interference with Family [J]. Journal of Applied Psychology, 2009, 94 (6): 1452-1465.

[30] Halbesleben J. R. B., Neveu J. P., Paustian-Underdahl S. C., et al. Gettingto the "COR" Understanding the Role of Resources in Conservation of Resources Theory [J]. Journal of Management, 2014, 40 (5): 1334-1364.

[31] Hall G. B., Dollard M. F., Tuckey M. R., et al. Job Demands, Work-Family Conflict, and Emotional Exhaustion in Police Officers: A Longitudinal Test of Competing Theories [J]. Journal of Occupational and Organizational Psychology, 2010, 83 (1): 237-250.

[32] Han J. H., Kang S., Oh I. S., et al. The Goldilocks Effectof Strategic Human Resource Management? Optimizing the Benefits of a High Performance Work System Through the Dual Alignment of Vertical and Horizontal Fit [J]. Academy of Management Journal, 2019, 62 (5): 1388-1412.

[33] Han J., Sun J. M., Wang H. L. Do High Performance Work Systems Generate Negative Effects? Howand When? [J]. Human Resource Management Review, 2020, 30 (2): 100699.

[34] Harley B., Allen B. C., Sargent L. D. High Performance Work Systemsand Employee Experience of Work in the Service Sector: The Case of Aged Care [J]. British Journal of Industrial Relations, 2007, 45 (3): 607-633.

[35] Hobfoll S. E. Conservationof Resources: A New Attempt at Conceptualizing Stress [J]. American Psychologist, 1989, 44 (3): 513-524.

[36] Hobfoll S. E. Conservationof Resources Theory: Its Implication for Stress, Health, and Resilience [M]//The Oxford Handbook of Stress, Health, and Coping. Oxford, uk: Oxford University Press, 2011.

[37] Hobfoll S. E., Johnson R. J., Ennis N., et al. Resource Loss, Resource Gain, and Emotional Outcomes among Inner City Women [J]. Journal of Personality and Social Psychology, 2003, 84 (3): 632-643.

[38] Hobfoll S. E. The Influenceof Culture, Community, and the Nested-Self in the Stress Process: Advancing Conservation of Resources Theory [J]. Applied Psychology, 2001, 50 (3): 337-421.

[39] Huang L. C., Ahlstrom D., Lee A. Y. P., et al. High Performance Work Systems, Employee Well-Being, and Job Involvement: An Empirical Study [J]. Personnel Review, 2016, 45 (2): 296-314.

[40] Huang Q., Xing Y., Gamble J. Job Demands-Resources: A Gender Perspective on Employee Well-Being and Resilience in Retail Stores in China [J]. The International Journal of Human Resource Management, 2016, 30 (8): 1323-1341.

[41] Huang Y., Fan D., Su Y., et al. High-Performance Work Systems, Dual Stressorsand "New Generation" Employee in China [J]. Asia Pacific Business Review, 2018, 24 (4): 490-509.

[42] Huselid M. A. The Impactof Human Resource Management Practices on Turnover, Productivity, and Corporate Financial Performance [J]. Academy of Management Journal, 1995, 38 (3): 635-672.

[43] Jackson S. E., Schuler R. S., Rivero J. C. Organizational Characteristicsas Predictors of Personnel Practices [J]. Personnel Psychology, 1989, 42 (4): 727-786.

[44] Jensen J. M., Patel P. C., Messersmith J. Exploring Employee Reactionsto High Performance Work Sys-

tems: Is There a Potential "Dark Side"? [J]. Academy of Management Proceedings, 2011 (1): 1-6.

[45] Jensen J. M., Patel P. C., Messersmith J. G. High-Performance Work Systemsand Job Control: Consequences for Anxiety, Role Overload, and Turnover Intentions [J]. Journal of Management, 2013, 39 (6): 1699-1724.

[46] Jensen J. M., Van De Voorde K. High Performanceat the Expense of Employee Health? Reconciling the Dark Side of High Performance Work Systems [M]//In N. M. Ashkanasy, R. J. Bennett & M. J. Martinko (Eds.), Understanding the High Performance Workplace: The line betueon motivation and abuse. New York: Taylor & Francis, 2016.

[47] Jiang K., Lepak D. P., Hu J., et al. Howdoes Human Resource Management Influence Organizational Outcomes? A Meta-Analytic Investigation of Mediating Mechanisms [J]. Academy of Management Journal, 2012, 55 (6): 1264-1294.

[48] Kahai S. S., Sosik J. J., Avolio B. J. Effectsof Participative and Directive Leadership in Electronic Groups [J]. Group & Organization Management, 2004, 29 (1): 67-105.

[49] Kashefi M. Job Satisfactionand/or Job Stress: The Psychological Consequences of Working in "High Performance Work Organizations" [J]. Current Sociology, 2009, 57 (6): 809-828.

[50] Kehoe R. R., Wright P. M. The Impactof High-Performance Human Resource Practices on Employees' Attitudes and Behaviors [J]. Journal of Management, 2013, 39 (2): 366-391.

[51] Kim J. The Contrary Effects of Intrinsic and Extrinsic Motivations on Burnout and Turnover Intention in the Public Sector [J]. International Journal of Manpower, 2018, 39 (3): 486-500.

[52] Kroon B., Van de Voorde K., Van Veldhoven M. Cross-Level Effectsof High-Performance Work Practices on Burnout: Two Counteracting Mediating Mechanisms Compared [J]. Personnel Review, 2009, 38 (5): 509-525.

[53] Lau C. M., Ngo H. Y. The HR System, Organizational Culture, and Product Innovation [J]. International Business Review, 2004, 13 (6): 685-703.

[54] Lepak D. P., Liao H., Chung Y., et al. A Conceptual Reviewof Human Resource Management Systems in Strategic Human Resource Management Research [J]. Research in Personnel and Human Resources Management, 2006, 25 (6): 217-271.

[55] Lepak D. P., Snell S. A. Examiningthe Human Resource Architecture: The Relationships among Human Capital, Employment, and Human Resource Configurations [J]. Journal of Management, 2002, 28 (4): 517-543.

[56] Liao H., Toya K., Lepak D. P., et al. Do They See Eye to Eye? Management and Employee Perspectives of High-Performance Work Systems and Influence Processes on Service Quality [J]. Journal of Applied Psychology, 2009, 94 (2): 371-391.

[57] Liden R. C., Wayne S. J., Zhao H., et al. Servant Leadership: Developmentof a Multidimensional Measure and Multi-Level Assessment [J]. The Leadership Quarterly, 2008, 19 (2): 161-177.

[58] Lin S. H. J., Ma J., Johnson R. E. When Ethical Leader Behavior Breaks Bad: How Ethical Leader Behavior Can Turn Abusive Via Ego Depletionand Moral Licensing [J]. Journal of Applied Psychology, 2016, 101 (6): 815-830.

[59] Marescaux E., De Winne S., Forrier A. Developmental HRM, Employee Well-Being and Performance: The Moderating Role of Developing Leadership [J]. European Management Review, 2018, 16 (2): 317-331.

[60] Marescaux E., De Winne S., Sels L. HR Practices and HRM Outcomes: The Role of Basic Need Satisfaction [J]. Personnel Review, 2013, 42 (1): 4-27.

[61] Messersmith J. G., Patel P. C., Lepak D. P., et al. Unlockingthe Black Box: Exploring the Link between High-Performance Work Systems and Performance [J]. Journal of Applied Psychology, 2011, 96 (6): 1105-1118.

[62] Miao R., Cao Y. High-Performance Work System, Work Well-Being, and Employee Creativity: Cross-Level Moderating Role of Transformational Leadership [J]. International Journal of Environmental Research and Public Health, 2019, 16 (9): 1609-1640.

[63] Nishii L. H., Lepak D. P., Schneider B. Employee Attributionsof the "Why" of HR Practices: Their Effects on Employee Attitudes and Behaviors, and Customer Satisfaction [J]. Personnel Psychology, 2008, 61 (3): 503-545.

[64] Ogbonnaya C., Daniels K., Connolly S., et al. Integratedand Isolated Impact of High-Performance Work Practices on Employee Health and Well-Being: A Comparative Study [J]. Journal of Occupational Health Psychology, 2017, 22 (1): 98-114.

[65] Ogbonnaya C., Messersmith J. Employee Performance, Well-Being, and Differential Effects of Human Resource Management Sub-Dimensions: Mutual Gains or Conflicting Outcomes? [J]. Human Resource Management Journal, 2018, 29 (3): 509-526.

[66] Olafsen A. H., Niemiec C. P., Halvari H., et al. On the Dark Sideof Work: A Longitudinal Analysis Using Self-Determination Theory [J]. European Journal of Work and Organizational Psychology, 2017, 26 (2): 275-285.

[67] Peccei R., Van De Voorde K. Human Resource Management-Well-Being-Performance Research Revisited: Past, Present, and Future [J]. Human Resource Management Journal, 2019, 29 (9): 539-563.

[68] Pereira C. M. M., Gomes J. F. S. The Strengthof Human Resource Practices and Transformational Leadership: Impact on Organizational Performance [J]. The International Journal of Human Resource Management, 2012, 23 (20): 4301-4318.

[69] Pfeffer J. Seven Practicesof Successful Organizations. Part 2: Invest in Training, Reduce Status Differences, and Don't Keep Secrets [J]. Health Forum Journal, 1999, 42 (2): 55-57.

[70] Ramsay H., Scholarios D., Harley B. Employeesand High-Performance Work Systems: Testing Inside the Black Box [J]. British Journal of Industrial Relations, 2000, 38 (4): 501-531.

[71] Riaz S. High Performance Work Systemsand Organizational Performance: An Empirical Study on Manufacturing and Service Organizations in Pakistan [J]. Public Organization Review, 2016, 16 (4): 421-442.

[72] Ronda L, Ollo-López A, Goñi-Legaz S. Family-Friendly Practices, High-Performance Work Practicesand Work-Family Balance: How Do Job Satisfaction and Working Hours Affect This Relationship? [J]. Management Research: The Journal of the Iberoamerican Academy of Management, 2016, 14 (1): 2-23.

[73] Ryan R. M., Deci E. L. Intrinsicand Extrinsic Motivations: Classic Definitions and New Directions [J]. Contemporary Educational Psychology, 2000, 25 (1): 54-67.

[74] Shantz A., Arevshatian L., Alfes K., et al. The Effect of HRM Attributions on Emotional Exhaustion and the Mediating Roles of Job Involvement and WorkOverload [J]. Human Resource Management Journal, 2016, 26 (2): 172-191.

[75] Shih H. A., Chiang Y. H., Hsu C. C. High Involvement Work System, Work-Family Conflict, and Expa-

triate Performance - Examining Taiwanese Expatriates in China [J]. The International Journal of Human Resource Management, 2010, 21 (11): 2013-2030.

[76] Subramony M. A Meta-Analytic Investigation of the Relationship between HRM Bundles and Firm Performance [J]. Human Resource Management, 2009, 48 (5): 745-768.

[77] Sun L. Y., Aryee S., Law K. S. High-Performance Human Resource Practices, Citizenship Behavior, and Organizational Performance: A Relational Perspective [J]. Academy of Management Journal, 2007, 50 (3): 558-577.

[78] Sun L. Y., Pan W. HR Practices Perceptions, Emotional Exhaustion, and Work Outcomes: A Conservation of Resources Theory in the Chinese Context [J]. Human Resource Development Quarterly, 2008, 19 (1): 55-74.

[79] Takeuchi R., Chen G., Lepak D. P. Through the Looking Glass of a Social System: Cross-Level Effects of High-Performance Work Systems on Employees' Attitudes [J]. Personnel Psychology, 2009, 62 (1): 1-29.

[80] Ten Brummelhuis L. L., Bakker A. B. A Resource Perspectiveon the Work-Home Interface: The Work-Home Resources Model [J]. American Psychologist, 2012, 67 (7): 545-556.

[81] Topcic M., Baum M., Kabst R. Are High-Performance Work Practices Relatedto Individually Perceived Stress? A Job Demands-Resources Perspective [J]. The International Journal of Human Resource Management, 2016, 27 (1): 45-66.

[82] Truss C. Complexities and Controversies in Linking HRM with Organizational Outcomes [J]. Journal of Management Studies, 2001, 38 (8): 1121-1149.

[83] Van den Broeck A., Ferris D. L., Chang C. H., et al. A Reviewof Self-Determination Theory's Basic Psychological Needs at Work [J]. Journal of Management, 2016, 42 (5): 1195-1229.

[84] Van den Broeck A., Vansteenkiste M., De Witte H., et al. Explainingthe Relationships between Job Characteristics, Burnout, and Engagement: The Role of Basic Psychological Need Satisfaction [J]. Work & Stress, 2008, 22 (3): 277-294.

[85] Van De Voorde K., Paauwe J., Van Veldhoven M. Employee Well-Being and the HRM-Organizational Performance Relationship: A Review of Quantitative Studies [J]. International Journal of Management Reviews, 2012, 14 (4): 391-407.

[86] Van De Voorde K., Veld M., Van Veldhoven M. Connecting Empowerment-Focused HRM and Labour Productivity to Work Engagement: The Mediating Role of Job Demands and Resources [J]. Human Resource Management Journal, 2016, 26 (2): 192-210.

[87] Vansteenkiste M., Neyrinck B., Niemiec C. P., et al. On the Relations among Work Value Orientations, Psychological Need Satisfaction and Job Outcomes: A Self-Determination Theory Approach [J]. Journal of Occupational and Organizational Psychology, 2007, 80 (2): 251-277.

[88] Vansteenkiste M., Simons J., Lens W., et al. Motivating Learning, Performance, and Persistence: The Synergistic Effects of Intrinsic Goal Contents and Autonomy-Supportive Contexts [J]. Journal of Personality and Social Psychology, 2004, 87 (2): 246-260.

[89] Volpone S. D., Perry S. J., Rubino C. An Exploratory Study of Factors that Relate to Burnout in Hobby-Jobs [J]. Applied Psychology, 2013, 62 (4): 655-677.

[90] Weibel A., Rost K., Osterloh M. Pay For Performancein the Public Sector-Benefits and (Hidden) Costs [J]. Journal of Public Administration Research and Theory, 2009, 20 (2): 387-412.

［91］ Weller I.，Süß Julian，Evanschitzky H.，et al. Transformational Leadership，High - Performance Work System Consensus，and Customer Satisfaction［J］. Journal of Management，2019，45（4）：1-29.

［92］ Whitener E. M. Do "High Commitment" Human Resource Practices Affect Employee Commitment? A Cross-Level Analysis Using Hierarchical Linear Modeling［J］. Journal of Management，2001，27（5）：515-535.

［93］ Wright T. A.，Hobfoll S. E. Commitment，Psychological Well-Beingand Job Performance：An Examination of Conservation of Resources（COR）Theory and Job Burnout［J］. Journal of Business & Management，2004，9（4）：389-406.

［94］ Xanthopoulou D.，Bakker A. B.，Demerouti E.，et al. The Roleof Personal Resources in the Job Demands - Resources Model［J］. International Journal of Stress Management，2007，14（2）：121-141.

［95］ Xin J.，Chen S.，Kwan H. K.，et al. Work-Family Spilloverand Crossover Effects of Sexual Harassment：The Moderating Role of Work-Home Segmentation Preference［J］. Journal of Business Ethics，2018，147（3）：619-629.

［96］ 曹曼，席猛，赵曙明. 高绩效工作系统对员工幸福感的影响——基于自我决定理论的跨层次模型［J］. 南开管理评论，2019，22（2）：176-185.

［97］ 陈万思，丁珏，费晴. 高绩效工作系统对员工工作满意度的直接与间接影响研究［J］. 管理学报，2014，11（5）：696-703.

［98］ 胡斌，毛艳华. 中国情境下高绩效人力资源实践对工作幸福感的跨层影响［J］. 管理评论，2017，29（7）：163-173.

［99］ 黄昱方，钱兆慧. 高绩效工作系统对员工敬业度的影响机理研究［J］. 管理学报，2014，11（11）：1646-1654.

［100］ 康勇军，彭坚. 累并快乐着：服务型领导的收益与代价——基于工作—家庭资源模型视角［J］. 心理学报，2019，51（2）：227-237.

［101］ 李爱梅，王笑天，熊冠星，等. 工作影响员工幸福体验的"双路径模型"探讨——基于工作要求—资源模型的视角［J］. 心理学报，2015，47（5）：624-636.

［102］ 李伟，梅继霞. 内在动机与员工绩效：基于工作投入的中介效应［J］. 管理评论，2013，25（8）：160-167.

［103］ 刘靖东，钟伯光，姒刚彦. 自我决定理论在中国人人群的应用［J］. 心理科学进展，2013，21（10）：1803-1813.

［104］ 苏中兴. 转型期中国企业的高绩效人力资源管理系统：一个本土化的实证研究［J］. 南开管理评论，2010，13（4）：99-108.

［105］ 孙健敏，王宏蕾. 高绩效工作系统负面影响的潜在机制［J］. 心理科学进展，2016，24（7）：1091-1106.

［106］ 胥彦，李超平. 领导风格与敬业度关系的元分析［J］. 心理科学进展，2019，27（8）：1363-1383.

［107］ 颜爱民，胡仁泽，徐婷. 新生代员工感知的高绩效工作系统与工作幸福感关系研究［J］. 管理学报，2016，13（4）：542-550.

［108］ 杨富，姚梅芳，张军伟. 高承诺工作系统对员工组织公民行为的影响——基于自我决定理论的视角［J］. 南京师大学报（社会科学版），2017（2）：67-75.

［109］ 臧志，王维镭. 高绩效工作系统对员工工作的双重影响［J］. 知识经济，2019（16）：113-115.

［110］ 张春虎. 基于自我决定理论的工作动机研究脉络及未来走向［J］. 心理科学进展，2019，27（8）：1489-1506.

［111］ 张高旗，徐云飞，赵曙明. 心理契约违背、

劳资冲突与员工离职意向关系的实证研究：整合型组织文化的调节作用［J］. 商业经济与管理，2019（9）：29-43.

［112］张徽燕，李端凤，姚秦. 中国情境下高绩效工作系统与企业绩效关系的元分析［J］. 南开管理评论，2012，15（3）：139-149.

［113］张军伟，龙立荣，王桃林. 高绩效工作系统对员工工作绩效的影响：自我概念的视角［J］. 管理评论，2017，29（3）：136-146.

［114］张玮，刘延平. 组织文化对组织承诺的影响研究——职业成长的中介作用检验［J］. 管理评论，2015，27（8）：117-126.

［115］张正堂，李瑞. 企业高绩效工作系统的内容结构与测量［J］. 管理世界，2015（5）：100-116.

［116］周密，赵文红，姜玉洁. 基于工作要求—资源模型的新生代产业工人工作倦怠的研究——心理韧性的作用［J］. 软科学，2016，30（12）：67-71.

论文执行编辑：贾良定

论文接收日期：2019年11月20日

作者简介：

黄勇（1984-），男，甘肃平凉人，西北师范大学商学院副教授，南京大学商学院管理学博士。研究方向为组织行为与人力资源管理。E-mail：hyong-319@163.com。

田刘燕（1995-），女，山西吕梁人，西北师范大学商学院硕士研究生。研究方向为战略性人力资源管理。E-mail：1634258744@qq.com。

李文莉（1995-），女，甘肃白银人，西北师范大学商学院硕士研究生。研究方向为人力资源管理。E-mail：1358943704@qq.com。

李华（1994-），女，江苏徐州人，西北师范大学商学院硕士研究生。研究方向为人力资源管理。E-mail：1783901541@qq.com。

The Negative Effects of High Performance Work Systems on Employees: Theoretical Perspectives and Process Mechanisms

Yong Huang　Liuyan Tian　Wenli Li　Hua Li

(School of Business, Northwest Normal University, Lanzhou, China)

Abstract: Although a large number of studies supported the positive effects of high performance work systems on organizational and employees' performance, high performance work systems may also have negative impacts on employees. However, the current literatures have not fully explored the potential negative outcomes of high performance work systems. Based on the job demands-resources model, conservation of resources theory, self-determination theory and work-home resources model, this paper systematically reviews and elaborates the mediating mechanisms of high performance work systems that negatively affect employees' well-being, physical and mental health and work-family conflicts, as well as important individual and organizational-level boundary conditions. It also explicates how and under what conditions high performance work systems will be more likely to bring about negative impacts, and proposes a theoretical framework about the negative effects of high performance work systems on employees. The results deepen the theoretical analyses of the potential negative effects of high performance work systems and provide a valuable theoretical framework for empirical research.

Key Words: HPWS; Negative Effects; Influence Mechanisms; Boundary Conditions

JEL Classification: M12

组织中恢复体验的作用机制与本土化发展*

□ 袁　月　余　璇

摘　要：恢复体验是从心理上提升恢复的心理机制。近年来，作为应对“超标”压力的关键心理因素，组织中恢复体验的积极正面影响受到学者们的广泛关注。本文系统梳理了组织中恢复体验的概念内涵、维度测量及实证研究，强化了中国本土文化对组织中恢复体验的权变影响。未来研究应继续完善组织中恢复体验的结构维度，扩展恢复体验的前因变量、结果变量以及恢复体验的研究方法，深化组织中恢复体验的相关研究。

关键词：恢复体验；机制；本土化

JEL 分类：M12

引　言

2018 年 6 月，《第一财经周刊》和欧姆龙健康医疗（中国）有限公司共同发布《都市人压力调查报告》，该报告显示 43%的都市人承受的压力“超标”。已有研究指出，“超标”压力会对倦怠、幸福感等产生影响（Lee et al.，2019；宋锟泰等，2018）。因此，在组织中，员工为了应付“超标”压力，使自己精力充沛，必须从工作的消极状态中恢复过来（De Bloom et al.，2015）。而恢复体验作为提升心理上恢复的机制（Sonnentag and Fritz，2007），除了能够缓解工作带来的负面影响（Bosch et al.，2018）外，还能增强工作幸福感（Siltaloppi et al.，2009）、工作投入（Ragsdale et al.，2016）以及工作绩效（Sonnentag，Kuttler and Fritz，2010）等。

* 国家自然科学基金青年项目“虚拟团队高质量联结的形成及对团队和个体创造力的影响：一项跨层次追踪研究”（71802033）；中国博士后科学基金第 67 批面上资助项目“可持续性人力资源管理：影响因素与作用效果的追踪研究”（2020M673191）；2019 年共青团中央“青少年发展研究”研究课题“积极心理学视域下青少年恢复体验形成及作用的追踪调查研究”（19ZD028）；重庆工商大学研究生创新型科研项目“恢复体验的影响因素与作用后果：基于大学生的一项追踪调查”（yjscxx2019-101-96）。

正是由于恢复体验的积极正面影响，恢复体验逐渐受到人们的广泛关注。已有研究总结了2007~2012年国外恢复体验的研究现状（吴伟炯等，2012），然而自2012年至今，恢复体验在国内外的研究取得了很大的发展。区别于一般情境下的恢复体验，组织情境中的恢复体验能应付员工“超标”的工作压力，在组织中越来越受到重视，且没有相关综述反映组织中恢复体验的最新进展。同时，相比西方学者，中国学者对恢复体验的研究才刚起步，且受到中国传统哲学，如资源观（面子和关系等）、情绪表达观（内敛、硬抗等）等影响，恢复体验对中国员工和企业的影响可能会有别于西方的研究，却鲜有研究针对中国情境下的恢复体验展开探讨。

因此，本文着重梳理2012年后国内外关于恢复体验的相关文献。为保证综述文章的完整性，本文以“恢复体验”为中文关键词，在中国知网进行搜索，截至2020年4月29日，共搜索到中文文献共163篇，其中与组织中恢复体验相关的文章共39篇，2012年之后的文章共39篇。以“recovery experience”为关键词在Web of Science等相关英文数据库中进行搜索，截至2020年4月29日，共搜索到英文文献共1450篇，其中与组织中恢复体验相关的文章共156篇，2012年之后的文章共56篇。

本文针对上述搜索到的2012年后中英文文章（合计95篇）中恢复体验的概念内涵、维度测量及实证研究进行整理，并探讨中国情境下组织中恢复体验的发展前景，阐述相关研究的不足和未来研究发展趋势，全面地呈现当前组织中恢复体验的研究进展，希望为未来的研究提供参考。

1 恢复体验的概念内涵

“恢复”概念最初源自生物学，在心理学和组织行为学领域最初被定义为：在压力工作环境中被调用的个体功能系统恢复到基线水平的过程（Craig and Cooper，1992；Meijman and Mulder，1998）。随着“恢复”概念在组织行为学领域的逐渐深入，人们不再只考察社交活动或生理活动带来的恢复，而开始将视线转移到恢复产生的原因以及其内在机制上。

为了区分恢复体验与恢复之间的关系，Sonnentag和Bayer（2005）认为应将恢复体验定义成个体经历职业应激后补充与恢复资源的心理过程，强调个体心理层面的恢复。随后，Sonnentag和Fritz（2007）进一步完善恢复体验的定义，指出恢复体验是一种在心理上提升恢复的机制，即个人不论通过何种恢复行为，最终达到恢复效果的一种潜在心理体验，包含心理脱离、放松、掌握体验和控制体验四个维度。

其中，心理脱离（Psychological Detachment）意味着从心理上脱离工作，停止思考自己的工作和与工作相关的问题。强调相对于身体上脱离工作环境，心理上脱离工作环境也非常重要，表现为非工作期间不对功能系统提出进一步要求。放松（Relaxation）指的是一个与休闲活动相关的过程。它的特征是低激活的状态和增加积极影响（Stone et al.，1995）。掌握体验（Mastery Experience）是员工在除工作之外的其他领域获得挑战经验和学习机会的体验。掌握体验强调新技能的学习，是通过建立新的内部资源支持恢复过程产生的。控制体验（Control Experience）是指员工在非工作时间内的自主体验，即员工感觉他们可以决定从事哪些活动，何时以及如何从事这些活动的程度（Sonnentag and Fritz，2007）。控制与积极反应有关（Burger，1989），控制体验高的个体，感受到的自我效能感和胜任感更高，从而帮助个体获得新的心理资源，加速促进个体身心的迅速恢复并提高个体的主观幸福感和工作幸福感。因此，控制是一个重要的外部资源，提供了获得内部资源的机会（Hobfoll，1998）。

Sonnentag 和 Fritz（2007）提出的概念得到了学术界的广泛认可，被广泛运用于后续的研究中（Kinnunen et al.，2010）。

2 恢复体验的维度和测量

2.1 恢复体验结构维度

学者们对恢复体验进行了不同的定义，同时也提出了恢复体验的不同维度（如表 1 所示）。主要包括以下几个方面：

（1）二维度。Bernardo 等（2009）认为恢复体验是恢复的心理机制，主要包含心理脱离和情绪的语言表达两个维度。其中，情绪的语言表达即表现情绪的方式，尤其是负面情绪的宣泄，个体通过寻找社会支持从而增加自我效能感，最后达到增进个体恢复的效果，进而有效增进个体恢复过程。

（2）三维度。Mojza 等（2010）认为恢复体验包含的心理脱离、掌握体验和社群体验三个维度。其中，社群体验指的是为社会接触和联结提供机会的活动（Sonnentag and Fritz，2007），意味着进一步培养关系（Fritz and Sonnentag，2005）。社群体验是指通过维护社会网络和利用社会支持产生恢复的机制。

（3）四维度。Sonnentag 和 Fritz（2007）提出和开发了心理脱离、放松、掌握体验和控制体验四个维度。

（4）五维度。①Bosch 等（2018）提出午休时间的恢复体验包含心理脱离、放松、控制、掌握和关联性五个维度。其中，关联性指的是与他人的亲密感（Deci and Ryan，2000）。它意味着体验一种社区和归属感，自由地分享喜悦和担忧。②Van Hooff 和 De Pater（2017）指出不同于已有研究，除了心理脱离、放松、掌握体验、控制体验这四个维度的恢复体验外，还有一种独立的、额外的恢复体验——快乐，并且快乐与员工恢复状态之间的独特关联可能比其他四种经历中的任何一种都更强。

表 1 恢复体验结构维度

维度	研究者	内容
二维度	Bernardo 等（2009）	心理脱离、情绪的语言表达
三维度	Mojza 等（2010）	心理脱离、掌握体验、社群体验
四维度	Sonnentag 和 Fritz（2007）	心理脱离、控制体验、放松体验、掌握体验
五维度	Bosch 等（2018）	心理脱离、放松、掌握体验、控制体验、关联性
	Van Hooff 和 De Pater（2017）	心理脱离、放松、掌握体验、控制体验、快乐

注：笔者根据相关文献整理所得。

2.2 恢复体验的研究方法

已有恢复体验的研究方法主要包括自陈式量表、观察法和日记法三种，其中自陈式量表测量最为常见且运用最为广泛。

（1）自陈式量表法。自陈式量表法是目前研究恢复体验最常用的方法。使用最多的恢复体验量表由 Sonnentag 和 Fritz（2007）开发，先后在西班牙、瑞典、芬兰和日本（Sanz-Vergel et al.，2010；Almén et al.，2010；Kinnunen et al.，2011；Shimazu et al.，2012）经过不同学者的测试，均具有良好的信度与效度。自陈式量表操作简单，易于实施，受到学者们的广泛使用，但如果仅通过自陈式量表横向测量员工恢复体验，往往难以准确测量恢复体验这个动态的过程，存在缺陷。

（2）观察法。观察法是通过同事、配偶、家人或心理学专家对被试的观察与评价来获取被试恢复体验资料。例如 Sonnentag（2010）等在关于工作压力、情绪耗竭及恢复体验需求的研究中使用了配偶评价的方式来测量员工的恢复体验，通过对员工配偶的观察得出相应结论。观察法直接与研究对象接触，能更清晰地了解研究对象的资料，资料更加客观、可靠。但对有深度的核心问题难以进行研究，且受到研究者主观影响。

（3）日记法。相较于其他两种测量方式，日记法更为复杂且持续周期较长，但测量结果更为准确，因此逐渐引起人们关注与使用。在西方国家，日记法得到了学者们的广泛使用，如 Bosch 等（2018）通过对 109 名员工每天提供三次调查数据（开始工作、午餐后、结束工作）的为期两周调查，探讨四种午休期间的恢复体验对员工下午幸福感的作用。而与西方国家相比，我国学者在运用日记法对恢复体验进行研究较少，仅刘三明等（2013）在研究工作—家庭需求对工作—家庭冲突的影响时采用了日记法，对 43 名被试进行了为期五天的追踪研究，通过他们每天行为的记录测量他们的心理脱离程度。

3 恢复体验的实证研究

恢复体验提出至今，得到国内外学者的广泛认同与研究，已有研究主要从资源保存理论、努力—恢复模型以及工作要求—资源模型三个理论点出发，以员工资源的改变为关键点，探讨恢复体验的影响因素及结果。基于已有研究，本文主要从恢复体验的前因变量、结果变量、中介调节机制几个方面对恢复体验进行归纳和总结。

3.1 恢复体验的前因变量

关于职业压力的资源理论认为，有压力的工作要求会减少员工的资源，而压力恢复需要补充这些资源（例如，资源保存理论和努力恢复模型；Hobfoll，1989；Meijman and Mulder，1998）。因此，压力恢复是一个动态的过程，即补充压力工作经历中消耗的资源，并将心理—生物系统恢复到压力前水平（Xanthopoulou et al.，2014；Zijlstra et al.，2014），即应对压力和补充资源的过程。恢复体验作为应对超标压力的关键，现有对恢复体验的探讨主要从压力恢复过程出发，因此，恢复体验的前因变量主要体现在个体特征、工作要求、工作资源三个方面。

3.1.1 个体特征变量

从个体上看，影响恢复体验的变量主要包括人口统计学变量、人格特质等方面，具体分析如下：

（1）人口统计学变量。从人与人之间的差距来看，由于性别、受教育程度与所从事的行业不同，个体存在一定的差异，主要体现在：①性别。已有研究发现，不同性别员工的恢复体验存在差异（Kinnunen and Feldt，2009）。在中国，针对不同的样本和情境，已有研究发现女性员工的恢复体验程度显著高于男性员工（张冉冉，2017；王欣，2016）。②受教育程度。受教育程度的差异主要体现在恢复体验中心理脱离这一维度，研究发现，不同受教育程度的员工其心理脱离上存在显著差异（王欣，2016；张南，2016；崔涛，2017）。③职业/单位类型。隋晓磊（2016）研究发现在国有企业、事业单位工作的女性中高层管理者相比于在民营企业工作的女性中高层管理者具有更高水平的恢复体验。

（2）人格特质。已有研究指出"大五"人格对恢复体验的影响（Sonnentag and Fritz，2007；Saima et al.，2012），其中经验开放性、外向性与掌握体验正相关，情绪稳定性与心理脱离、掌握体验和控制体验正相关。同时，不同于"大五"人格研究，其余人格特质如消极情绪特质与过度承诺的职业个性也对员工恢复体验产生一定影响，尤其是对恢复体验中心理脱离维度产生影响（Kühnel et al.，2009；Potok and Littman-Ovad，2014）。

（3）态度或倾向。工作激情作为一种自我定义活动的倾向，已有研究发现工作激情的两个维度会对恢复体验造成影响，其中员工的强制型激情会破坏恢复体验，和谐型激情会预测恢复体验（Donahue et al.，2012）。吴佳慧（2016）通过问卷调查发现企业员工的职场精神力显著影响非工作时间的恢复体验。尤达等（2018）研究发现，工作场所的依恋情感可以有效地促进恢复体验的提升。

3.1.2 工作要求

员工在组织中，不仅面临工作环境中的压力，导致员工产生资源损耗，而且在员工非工作时间的行为也会对员工造成影响。已有恢复体验的研究主要包括工作压力、工作负荷以及未完成工作等。已有研究指出，工作压力越大，员工就越难从工作中恢复过来，工作压力与恢复体验负相关（王欣，2016）。员工面临高工作要求负向影响恢复体验（Bernardo et al.，2012；洪芳、张冉冉，2017），员工的高工作负荷负向影响恢复体验中心理脱离维度（Kinnunen and Feldt，2013；Oliver and Christine，2017）。不同的是，Kinnunen 和 Feldt 在为期一年的长时间调查下，发现工作负荷没有对闲暇时间的掌握体验产生持久的负面影响。而 Oliver 和 Christine（2017）的研究表明在工作周结束时，未完成的工作任务与自主性和掌握力无关。Jonge 等（2018）在对 230 名医护人员的研究中表明，与工作相关的非工作时间活动、与非工作相关的家庭/护理活动均与恢复体验中的认知和脱离负相关。

3.1.3 工作资源

资源保存理论认为，有效的恢复过程的关键是在非工作时间补充资源。因此，为了维持身心资源的平衡，组织或员工会采取相应措施来增加资源或者减少现有资源继续损失。

（1）采取相应措施来增加资源。已有研究表明，组织为员工提供恢复培训计划（Hahn et al.，2011）和文化休闲活动（Eschleman et al.，2014；Tuisku et al.，2016）有助于提升员工的恢复体验。其中，接受性和创造性的文化休闲活动正向影响体验中放松、控制和掌握三个维度，但与心理脱离无关。同时，吴佳慧（2016）研究发现组织分割供给（即组织对员工将工作与非工作领域分开所提供的支持性管理措施）与员工在非工作时间恢复体验具有显著的正相关关系。

（2）减少现有资源继续损失。Hahn 等（2012）的研究表明周末与配偶的共处能积极影响员工的恢复体验。谢雅萍等（2018）在研究休闲参与和工作激情关系时，引入了恢复体验变量，经过验证休闲参与正向作用恢复体验。

3.2　恢复体验的结果变量

现有对恢复体验的结果变量研究主要体现在如下四个方面：

（1）个体幸福感。已有研究指出恢复体验会影响员工的主观幸福感（生活满意度、积极情绪和消极情绪）和职业幸福感。比如，员工较高的恢复体验会带来更高的生活满意度（Chen et al.，2016；苏红，2018；佘壮等，2019）。崔涛（2017）研究发现心理脱离能够显著地预测生活满意度、积极情感，但不能显著地预测消极情感。Kinnunen 和 Feldt（2013）研究发现，从长期来看，恢复体验与职业幸福感无关。

（2）个体恢复状态。已有研究指出恢复体验会影响个体恢复状态（包括疲劳、倦怠、活力、宁静、工作投入等）。例如，Van Hooff 和 Baas（2012）通过探讨冥想训练对恢复状态中压力和宁静的探讨，发现恢复体验有利于减少员工压力，增加宁静。Gluschkoff 等（2016）在研究中发现恢复体验中的放松维度能缓解员工的倦怠。Hooff 和 Pater（2017）研究发现，恢复体验四个维度和快乐与员工恢复状态（疲劳和活力）有关。Bosch 等（2018）在对午休期间的恢复体验进行研究时，发现恢复体验负向作用于员工的午后倦怠。此外，不少学者采用纵向研究、日记法等方法研究得出恢复体验对工作投入有正向影响（Siltaloppi et al.，2011；Tuisku et al.，2016；Ragsdale et al.，2016；Mcgrath et al.，2017；Lee et al.，2017）。陈玫瑰和张静（2019）采用对照实验和问卷调查相结合的方法对 114 名护士进行观察，研究发现恢复体验干预可以有效提高护士的工作投入。

（3）身心健康。已有研究表明具有较高心理脱离程度的员工会体会到较少的心理和生理压力综合征（Fritz and Sonnentag，2005；Sonnentag and Fritz，2007）。何琳等（2017）研究发现个体恢复体验越差则生理健康越差。他卉等（2018）通过问卷调查发现不同恢复体验类型的护士群体身心健康存在差异。他们通过聚类分析将恢复体验聚类为充分型、中间型和缺乏型三种类型，三种类型的护士心理健康得分存在差异，其中充分型、中间型护士心理健康得分随着紧张水平的增加而降低。

（4）工作产出。已有研究指出恢复体验可以帮助员工减轻工作压力，提高工作绩效（Fritz and Sonnentag，2005；Binnewies et al.，2010；Hahn et al.，2011；石冠峰等，2019）。王俊（2017）采用经验取样法对员工进行追踪调查，发现前一天晚上的恢复体验显著影响第二天的组织公民行为和任务绩效。曲怡颖和任浩（2017）研究指出恢复体验与员工创造力呈显著正向关系。

3.3 中介与调节机制

3.3.1 中介机制

一方面，已有研究指出恢复体验本身可以作为其他变量关系之间的中介变量。Donahue 等（2012）在研究员工的工作激情与情绪耗竭之间关系时，发现员工恢复体验部分中介了工作激情对员工情绪耗竭的影响。Van Hooff 和 Baas（2012）在研究冥想与恢复的关系时，发现恢复体验部分中介了减压活动（冥想与听广播）类型与恢复之间的关系（即减少主观报告的压力水平，增加平静）。Bennett 等（2018）通过元分析将恢复体验整合到挑战—障碍框架中，发现恢复体验部分中介了挑战需求、障碍需求、工作特征对员工疲劳和活力的影响。Wiendy（2020）在对职业女性的工作家庭冲突对员工幸福感的关系时，发现恢复体验（心理脱离和情绪的语言表达）部分中介了工作家庭冲突对员工幸福感的影响。Ding 等（2020）通过对高压下护士群体睡眠质量对抑郁症症状影响的探讨，发现恢复体验在睡眠障碍与抑郁症症状之间起中介作用，恢复体验可以对抗睡眠障碍对抑郁症症状的不利影响。洪芳和张冉冉（2017）研究验证心理脱离、放松体验在工作要求与职业幸福感之间起到多重中介作用。沈淑宾（2017）在研究休闲参与对知识型员工的影响时发现恢复体验对知识型员工休闲参与和工作激情间的倒 U 形关系具有部分中介效应。

另一方面，已有研究指出某些变量可以作为恢复体验与其他变量之间的中介变量。Lee 等（2016）研究指出基于组织的自尊在酒店员工恢复体验的四个维度（心理脱离、放松体验、掌握体验和控制体验）对职业满意度、工作奉献和生活满意度的正向影响中具有中介作用。Ragsdale 和 Beehr（2016）研究发现周一资源（自我调节能力和乐观状态）是心理脱离和控制体验对倦怠、工作投入之间的中介变量。Bosch 等（2018）使用日记法探讨 100 多名员工午休后恢复体验的作用，研究发现恢复状态在午休期间的放松体验、控制体验和关联性对下午疲劳和工作投入的影响中均起到中介作用。曲怡颖和任浩（2017）在对长三角地区 14 家企业和设计院进行研究时发现，在恢复体验对员工创造力关系中，创造力自我效能感起中介作用。石冠峰和刘朝辉（2019）针对三家企业 200 名员工研究发现，专注在恢复体验与工作绩效的关系中起部分中介作用。佘壮等（2019）通过对 322 名中学教师的问卷调查，研究发现积极情绪在恢复体验对生活满意度的影响中具有中介作用。

3.3.2 调节机制

一方面，已有研究指出恢复体验本身可以作为对其他变量关系之间的调节变量。Cho 和 Park（2018）研究发现，恢复体验四个维度中仅心理脱离调节周末体育活动与周一消极情绪状态之间的关系，且当周末不产生心理脱离时，员工周末体育活动会增加周一消极情绪状态。Jae-Geum 等（2020）研究发现，恢复体验对周末活动和工作压力之间的关系有积极的调节作用。其中，恢复体验的水平越高，周末活动对工作压力影响下的心理健康的影响越大。隋晓磊（2016）通过对女性高层管理者工作投入对工作—家庭促进的研究，发现恢复体验及心理脱离、放松体验、掌握体验、控制体验四个维度能够调节工作投入对工作—家庭促进的影响，员工的恢复体验程度越高，工作投入与工作—家庭促进之间的正向关系就越强。沈艺和周箴（2016）通过对781名中层管理者进行研究，发现恢复体验能显著调节管理者工作压力对职业幸福感的负作用。吴伟炯（2017）在对通勤时间对生活满意度和快乐度的研究中发现，恢复体验正向调节通勤时间与通勤效用的关系。林梦迪（2018）的研究发现，恢复体验能正向调节员工睡眠质量与活力的正相关关系，即员工恢复体验水平越高，睡眠质量与活力之间的正向相关关系越强。

另一方面，已有研究指出某些变量可以作为一些变量与恢复体验之间的调节变量。Park和Sprung（2015）以双职工家庭为研究对象，发现配偶的恢复支持有利于促进放松体验和掌握体验对夫妻双方生活满意度的正向作用。Ragsdale等（2016）通过研究周末活动（低强度和工作相关）和积极特质影响和消极特质影响对恢复体验（心理超脱、放松、掌握）的三种相互作用，发现恢复体验，特别是心理疏离和掌握，取决于周末活动和情感倾向之间的互动。当积极特质较高时，消极特质对周末活动和掌握体验之间的关系都有不利影响。当积极特质较低时，消极特质对周末活动中低努力活动与心理疏离的关系有不利影响。Oliver和Christine（2017）研究表明在工作周结束时，周末完成任务的进展减轻了未完成任务对两种恢复体验的不利影响。曲怡颖和任浩（2017）对长三角地区14家企业和设计院进行研究时发现，工作复杂度负向调节恢复体验与员工创造力自我效能感之间的关系。王俊（2017）采用经验取样法历时两个星期对员工进行调查，研究发现心理资本在个体内恢复体验和工作行为的联系之间发挥调节作用。石冠峰和刘朝辉（2019）在研究员工恢复体验与工作绩效的关系中发现，工作意义在恢复体验和工作绩效间起负向调节作用。

综上所述，本文对相关研究进行整理后得到了恢复体验的实证研究模型，如图1所示。

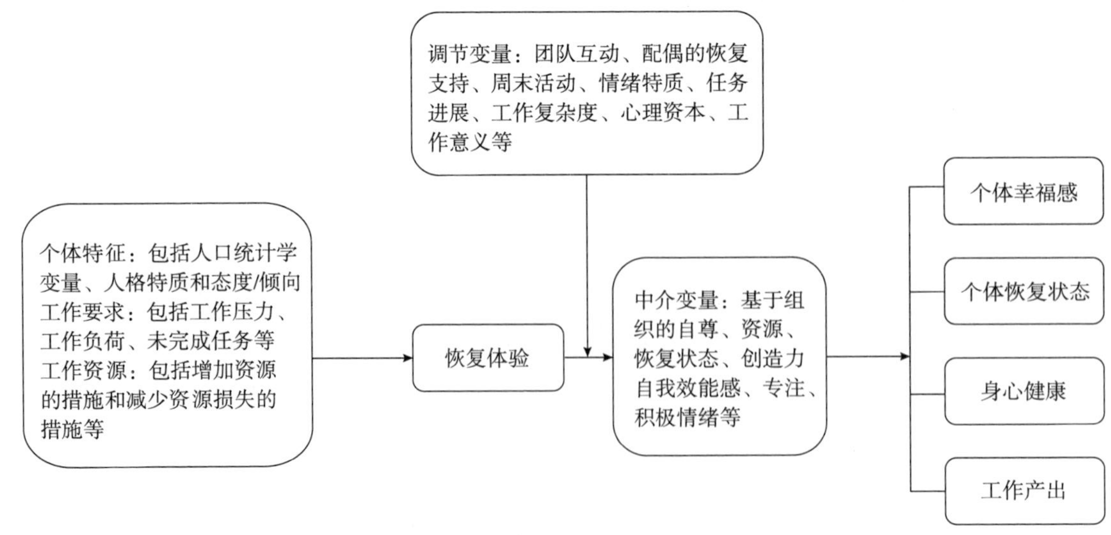

图1 恢复体验实证研究模型

4 中国本土化的权变作用

“本土化契合”概念和情境理论表明，学术研究具有一定的地域文化限制，对于特定的国家和地域，由于社会文化背景不同，人们的行为也不尽相同（金辉等，2019）。以往关于恢复体验的研究主要基于西方文化背景，而忽略了中国文化对其的影响。

“人情、关系、面子”是中国社会结构的关键，也是最为典型的中国文化特征。文献以“人情、关系、面子”为本土化与恢复体验结合进行论述。其中，人情和关系在中国文化情境中紧密相关（陈维政、任晗，2015）。在中国社会生活中，人们说到“关系”时，更多的是指人与人之间特殊的人情关系（陈维政、任晗，2015），而恢复体验的本土化影响研究所指的人情也是通过人与人之间的关系也就是人情关系实现的。因此，将两者的研究进行合并，用“关系”与恢复体验的研究进行表现。

此外，在中国集体主义文化中，由于群体、关系价值的优先性，使人际间的和谐高于个人真实情绪体验和表达（Matsumoto et al.，2008）。同时，已有研究表明，中国本土文化影响组织冲突行为（Leung et al.，2002）、合作行为（Chen and Peng，2008）、决策行为（Park and Luo，2001）。因此，本文推断在社会特征不尽相同的情况下，中国人为了考虑群体、关系价值的优先性，避免冲突或促进合作，往往容易产生含蓄型以及硬抗型情绪表达。这种“情绪表达”会增加资源的损耗，从而很可能影响员工的恢复体验。

由以上分析可知，中国文化的核心要素“面子、关系”以及“情绪表达”很可能使中国组织中的恢复体验有别于西方。本文选取这几个核心要素，并深入分析这几个要素对员工恢复体验可能产生的影响。具体表现在以下几个方面：

4.1 “面子”导向影响恢复体验

面子在中国社会被视为社会交往中必须遵守的最为微妙的法则之一（Zhang et al.，2011），是个体为了维护自身社会形象而付出努力的心理倾向（Cheung et al.，1996；金耀基，1988）。

首先，面子表现为自我知觉的面子，面子在东方文化中被称为社会认知的自我形象（Goffman，1955），它反映了个体一生中所获得的声誉（Hu，1944），往往与自尊、自我形象相联系。因此，“面子”量表高分者通常表现为具有强烈的自尊心，希望在众人面前有好形象，不懂装懂，处处维持体面。因此，难以自发进行恢复活动，很难产生恢复体验。其次，面子表现为地位性面子。面子与自身社会地位相匹配，当个体自身社会地位较低，且遭受压力的同时，难以先于其余员工独自进行休息，阻碍了个体恢复体验的发生。最后，面子表现为人际关系面子。它传达了“一种来自于了解一个人的地位的价值感，反映了对一个人的表现或外表与真实价值之间的一致性的关注”（Hwang，1987）。因此，不丢一个人的脸，同时挽救另一个人的脸被认为是可取的（Wong et al.，2010）。在工作中，示弱被视为一种丢面子的行为，这就导致了员工在面对高压的工作任务时，为了维护面子，难以产生寻求帮助的行为。同时，挽救他人面子的特征意味着，即使其余员工发现高压员工症状时，为了维护他人的面子，在本人开口前，很难主动要求帮助别人，可能造成员工难以从繁重的工作任务中脱离出来，影响员工恢复体验的产生。

4.2 “关系”导向影响恢复体验

中国本土化的关系主要有两个含义：一是个体以自我为中心，按照亲疏远近将人进行分类，并对属于不同类别的人采取不同的交往法则（费孝通，2005）；二是认为关系是人与人之间的一种互动联系，具有情感性、工具性和混合性（黄光国、胡先缙，2005）。本文主要探讨作为人与人联系的关系导向，在这种关系导向下，员工需要也愿意花费时间去与他人建立关系。因此，受到“关系”导向的调节，员工在下班以及周末时间的恢复体验可能受到影响。

首先，从社会交换视角来看，关系被看作一种人际交换规则，需要双方付出情感资源或物质资源进行维持。在恢复体验的研究中，已有的人情关系可以被具化为不同形式的社会资源，如金钱、礼品、机会或允诺，员工知道建立人情资源对其来说是有利的，当自己工作完成时，仍愿意帮助其他员工，从而身心难以脱离工作，耗费资源，难以产生恢复体验。其次，关系导致成就动机发生改变，进而对恢复体验产生影响。基于“关系”导向，个人的成就不仅是他自己的成就，还是关系性的成就，员工给予关系导向，比较注重他人的感受。结合已有研究的关联性（Bosch et al.，2018）、社群体验（Mojza et al.，2010）与情绪的语言表达（Bernardo et al.，2009）这几个不同的维度，可以知道员工与外界进行交流的过程对员工恢复体验影响密切。因此，在关系导向的作用下，如果我们的行为方式与西方国家存在不同，在恢复体验的影响方面也会存在不同，我国学者进行恢复体验研究时有必要将此情境条件纳入研究。最后，关系作为一种资源，作为帮助的回报，员工与他人建立关系，社会资源增加，满足资源保存理论中资源投资这一原则，即通过资源投资来保护和获取新的资源（Hobfoll，1989），增加了员工的掌握体验与控制体验，有助于员工产生恢复。

4.3 “情绪表达”与恢复体验

与鼓励“一吐为快”的美国文化不同，中国文化推崇“喜怒不形于色”。在中国集体主义文化中，由于群体、关系价值的优先性，使人际间的和谐高于个人真实情绪体验和表达（Matsumoto et al.，2008）。中国文化抑制个体情绪的自由表达，认为情绪表达会损害人际和谐（Wei et al.，2013），尤其是关于消极情绪的表达，为了不影响群体中的其他人，人们倾向于抑制而不是表达（Brotheridge and Céleste，2006）。

因此，中国文化规范会增强抑制型情绪表达与消极结果变量间的正向关系，而在一定程度上削弱甚至扭转情绪表达矛盾与心理症状之间的负向关系。例如研究发现，情绪表达抑制对中国人和亚裔美国人的幸福感有较少的负面影响（Butler et al.，2007；Soto et al.，2011）。中国抑制情绪表达的文化特征，使员工消极负面的情绪表达受到抑制，员工难以展现自身困难的一面。因此在遭受压力时通常采用硬抗的形式，而不是主动采取行动获得帮助，这些多付出的时间和精力以及心理层面的压力，抑制了恢复体验的发生。同时，员工在工作时为了团体任务的完成难以表达自己的观点，或即使自身任务已经完成，也不会从工作中脱离出去或是难以脱离的情况也会对恢复体验产生影响。

5 研究展望

恢复体验自提出以来受到了国内外学者的广泛关注，目前学者们虽然对此展开了大量研究，但仍然存在一些问题值得我们探讨。

5.1 探讨恢复体验的结构维度

（1）结合已有研究，虽然现有恢复体验的四维度结构受到了学者们的广泛使用，但是恢复体验在维度和测量方面仍存在争议。随着研究的逐步深入，尤其是社会交往方面维度逐渐纳入恢复体验研究中，如已有研究提出的情绪表达、社群体验以及关联性等维度均与个体社会交往过程有关，因此，对于恢复体验的未来维度与测量研究、社会性维度都是研究者需要着重注意的研究问题。

（2）本土化恢复体验维度和测量需进一步探索。针对恢复体验本土化发展与西方国家存在的不同，现有恢复体验的研究并没有对其进行区分，尤其在测量方面，不能照搬西方的测量方式，需要根据本土化情景开发出有针对性的测量维度。同时，本文仅仅从理论方面对本土化情景中的“面子”“关系”“情绪表达”进行探讨，在接下来的研究中，应针对这些方面进行相应的实证研究。

5.2 扩展恢复体验的前因变量

（1）深化个体层面恢复体验影响因素研究。个体层面的研究主要包括人格特质以及倾向和态度等方面，其中已有人格特质的研究中，主要探讨“大五”人格的影响，基于成就动机的是一种人格特质的角度出发（王辉，1990），本文认为高成就动机的个体，会为了追求更高层次的职位而难以从工作中脱离出来，影响员工恢复体验。此外，睡眠质量在实际生活中总是被误认为与恢复体验强相关，但是在已有研究中并未被证实，现有研究仅将睡眠质量作为调节恢复体验与绩效、幸福感等变量之间的调节（Sonnentag et al.，2008），研究者可以从这个现象出发进行探讨。

（2）增加组织层面恢复体验影响因素研究。结合现有对恢复体验的前因变量研究，多考虑从个体出发，通过研究个体特征、个体资源的补充与损耗，探讨恢复体验的改变。但在组织中，我们不能忽视组织因素的影响，尤其是组织中领导者、领导者与员工互动以及员工与员工之间互动等多方面因素均可能造成员工恢复体验产生偏差。因此，未来研究可以从组织层面出发，采用跨层等方法扩展恢复体验的影响因素。

5.3 探讨恢复体验的“双刃剑”效应

现有对恢复体验的研究主要集中在对个体产生的影响，在组织层面和职业层面的研究较少，今后应在组织层面和职业层面加强研究。同时，现有研究主要关注恢复体验的积极影响，而对其可能带来的负面影响没有进行过多关注。组织中出现过度追求恢复体验现象，影响原本无压力的员工进行放松，可能给整个组织氛围造成负面影响。比如，Fritz 等（2010）从 7 所美国大学中抽取了 172 名行政人员，通过填写断舍离问卷，收集员工工作表现的数据，结果发现心理脱离和工作表现之间存在类似于抛物线一样的关系。当员工心理脱离程度过高，员工在回到工作上时，主动行为会出现比较大幅度的下降。另外，恢复体验的影响结果在跨层次之间较少，今后可以探讨个体恢复体验对组织的影响以及领导者恢复体验对员工的影响等，拓宽恢复体验理论。

5.4 研究方法多元化

研究方法的选取与应用对相关变量的准确测量有重要意义。针对恢复体验而言，现有研究主要采用了自陈式量表法、实验法和日记法三种。其中，自陈式量表法运用最为广泛，但其测量结果往往只包含单一时刻的恢复体验，受环境等其余变量的影响较大，测量准确度有待提高。因此，在自陈式量表法的基础上，为满足研究者对恢复体验变化的探讨以及变化过程中对员工个体态度与行为、工作产出等的影响，日记法的使用变得更为重要。日记法是研究者采取的纵向多始点的测量方法，通过对企业员工进行长期追踪调研，反映恢复体验所体现的心理过程的变化，更加准确地对恢复体验进行测量，对未来恢复体验研究更加有益。同时，在已有测量方法的基础上，随着科技的增长，我们可以利用的技术越来越多，这些新兴技术可以帮助我们采用大数据对恢复体验进行研究。例如，通过大数据与问卷或日记法等进行结合，采用 Python 大数据爬虫技术，对样本的健康测量软件进行数据收集，减少样本在问卷调查过程中的不确定行为。同时与日记法和问卷法进行有效结合，使数据收集更具有科学性。因此，学者在研究中应根据研究目的选取适当的研究方法对恢复体验相关研究进行测量。

参考文献

［1］ Almén N. , Lundberg H. , Sundin O. , Jansson B. The reliability and factorial validity of the Swedish version of the recovery experience questionnaire ［J］. Nordic Psychology, 2018, 70 (4): 1-10.

［2］ Bennett A. A. , Bakker A. B. , Field J. G. Recovery from work-related effort: A meta-analysis ［J］. Journal of Organizational Behavior, 2018, 39 (3): 262-275.

［3］ Bernardo M. J. , Alfredo R. M. , Isabel A. , et al. Elucidating the role of recovery experiences in the job demands-resources model ［J］. The Spanish Journal of Psychology, 2012, 15 (2): 659-669.

［4］ Bernardo M. J. , Mayo M. , Isabel A. , et al. Effects of work-family conflict on employees' well-being: The moderating role of recovery strategies ［J］. Journal of Occupational Health Psychology, 2009, 14 (4): 427-440.

［5］ Binnewies C. , Sonnentag S. , Mojza E. J. Recovery during the weekend and fluctuations in weekly job performance: A week-level study examining intra-individual relationships ［J］. Journal of Occupational and Organizational Psychology, 2010, 83: 419-41.

［6］ Bosch C. , Sonnentag S. , Pinck A. S. What makes for a good break? A diary study on recovery experiences during lunch break ［J］. Journal of Occupational and Organizational Psychology, 2018, 91 (1): 134-157.

［7］ Burger J. M. Negative reactions to increases in perceived personal control ［J］. Journal of Personality and Social Psychology, 1989, 56: 246-256.

［8］ Butler E. A. , Lee T. L. , Gross J. J. Emotion regulation and culture: Are the social consequences of emotion suppression culture-specific? ［J］. Emotion, 2007, 7 (1): 30-48.

［9］ Chen C. C. , Petrick J. F. , Shahvali M. Tourism experiences as a stress reliever ［J］. Journal of Travel Research, 2016, 55 (2): 150-160.

[10] Chen X. P., Peng S. Guanxi dynamics: shifts in the closeness of ties between Chinese coworkers [J]. Management and Organization Review, 2008, 4 (1) : 63-80

[11] Cheung F. M., Leung K., Fan R. M., et al. Development of the Chinese personality assessment inventory [J]. Journal of Cross Cultural Psychology, 1996, 27 (2): 181-199.

[12] Cheung F. M., Leung K., Zhang J. X., et al. Indigenous Chinese personality constructs: is the five-factor model complete? [J]. Journal of Cross-Cultural Psychology, 2001, 32 (4): 407-433.

[13] Cho S. S., Park Y. How to benefit from weekend physical activities: Moderating roles of psychological recovery experiences and sleep [J]. Stress and Health, 2018, 34 (5): 639-648.

[14] Craig A., Cooper R. E. Symptoms of acute and chronic fatigue [A]//Smith A. P., Jones D. M. Handbook of human performance [C]. London: Academic Press, 1992.

[15] De Bloom J., Kinnunen U., Korpela K. Recovery processes during and after work: associations with health, work engagement, and job performance [J]. Journal of Occupational and Environmental Medicine, 2015, 57: 732-742.

[16] Deci E. L., Ryan R. M. The "what" and "why" of goal pursuits: human needs and the self-determination of behavior [J]. Psychological Inquiry, 2000, 11: 227-268.

[17] Ding J., Gehrman P. R., Liu S., et al. Recovery experience as the mediating factor in the relationship between sleep disturbance and depressive symptoms among female nurses in Chinese public hospitals: a structural equation modeling analysis [J]. Psychology Research and Behavior Management, 2020, 13: 303.

[18] Donahue E. G., Forest J., Vallerand R. J., et al. Passion for Work and Emotional Exhaustion: The Mediating Role of Rumination and Recovery [J]. Applied Psychology: Health and Well-Being, 2012, 4 (3): 341-368.

[19] Eschleman K. J., Madsen J., Alarcon G., Barelka A. Benefiting from creative activity: the positive relationships between creative activity, recovery experiences, and performance-related outcomes [J]. Journal of Occupational and Organizational Psychology, 2014, 87 (3): 579-598.

[20] Esch T., Stefano G. B. The neurobiology of pleasure, reward processes, addiction and their health implications [J]. Neuroendocrinology Letters, 2004, 35 (4): 235-251.

[21] Fritz C., Sonnentag S. Recovery, health, and job performance: Effects of weekendexperiences [J]. Journal of Occupational Health Psychology, 2005, 10 (3): 187-199.

[22] Fritz C., Yankelevich M., Zarubin A., et al. Happy, healthy, and productive: The role of detachment from work during nonwork time [J]. Journal of Applied Psychology, 2010, 95 (5): 977-983.

[23] Gluschkoff K., Elovainio M., Kinnunen U., et al. Work Stress, Poor Recovery and Burnout in Teachers [J]. Occupational Medicine, 2016, 66 (7): 564-570.

[24] Goffman E. On face-work: An analysis of ritual elements in socialinteraction [J]. Psychiatry: Interpersonal and Biological Processes, 1955, 18: 213-231.

[25] Hahn V. C., Binnewies C., Haun S. The role of partners for employees' recovery during the weekend [J]. Journal of Vocational Behavior, 2012, 80 (2): 288-298.

[26] Hahn V. C., Binnewies C., Sonnentag S., et al. Learning how to recover from job stress: Effects of a recovery training program on recovery, recovery-related self-efficacy, and well-being [J]. Journal of Occupational Health Psychology, 2011, 16 (2): 202-216.

[27] Hobfoll S. E. Conservation of resources: A new attempt at conceptualizing stress [J]. American Psychologist, 1989, 44: 513-524.

[28] Hu H. C. The Chinese concept of "face" [J]. American Anthropologist, 1944, 46: 45-64.

[29] Hwang K. K. Face and favor: The Chinese power game [J]. American Journal of Sociology, 1987, 92: 944-974.

[30] Jeong J. G., Kang S. W., Choi S. B. Employees' weekend activities and psychological well-being via job stress: A moderated mediation role of recovery experience [J]. International Journal of Environmental Research and Public Health, 2020, 17 (5): 1642.

[31] Kühnel J., Sonnentag S., Westman M. Does work engagement increase after a short respite? The role of job involvement as a double-edged sword [J]. Journal of Occupational and Organizational Psychology, 2009, 82: 575-94.

[32] Kinnunen U., Feldt T. Job characteristics, recovery experiences and occupational well-being: Testing cross-lagged relationships across 1 year [J]. Stress Health, 2013, 29: 369-382.

[33] Kinnunen U., Feldt T., Siltaloppi M., et al. Job demands-resources model in the context of recovery: testing recovery experiences as mediators [J]. European Journal of Work and Organizational Psychology, 2011, 20 (6): 805-832.

[34] Kinnunen U., Mauno S., Siltaloppi M. Job insecurity, recovery and well-being at work: Recovery experiences as moderators [J]. Economic and Industrial Democracy, 2010, 31 (2): 179-194.

[35] Lee Chen-Yi, WuJu-Hui, Du Je-Kang. Work stress and occupational burnout among dental staff in a medical center [J]. Journal of Dental Sciences, 2019, 14 (3): 295-301.

[36] Lee K. H., Choo S. W., Hyun S. S. Effects of recovery experiences on hotel employees' subjective well-being [J]. International Journal of Hospitality Management, 2016, 52: 1-12.

[37] Leung K., Koch P. T., Lu L. A dualistic model of harmony and its implications for conflict management in Asia [J]. Asia Pacific Journal of Management, 2002, 19 (2-3): 201-220.

[38] Madelon L. M., Irene E. Let's have fun tonight: the role of pleasure in daily recovery from work [J]. Applied Psychology, 2017, 66 (3): 359-381.

[39] Matsumoto D., Yoo S. H., Fontaine J. Mapping expressive differences around the world: the relationship between emotional display rules and individualism versus collectivism [J]. Journal of Cross-Cultural Psychology, 2008, 39 (1): 55-74.

[40] Mcgrath E., Helena D., Garrosa E., et al.. Rested, friendly, and engaged: The role of daily positive collegial interactions at work [J]. Journal of Organizational Behavior, 2017, 38 (8): 1213-1226.

[41] Meijman T. F., Mulder G. Psychological aspects of workload [C]//Drenth P. J. D., Thierry H. De Wolff C. J. Handbook of work and organizational psychology. Hove, England: Psychology Press, 1998.

[42] Mojza E. J., Lorenz C., Sonnentag S., et al. Daily recovery experiences: The role of volunteer work during leisure time [J]. Journal of Occupational Health Psychology, 2010, 15 (1): 60-74.

[43] Oliver W., Christine S. Ovsiankina's great relief: How supplemental work during the weekend may contribute to recovery in the face of unfinished tasks [J]. International Journal of Environmental Research and Public Health, 2017, 14 (12): 1606.

[44] Park S. H., Luo Y. Guanxi and organizational

dynamics: Organizational networking in Chinese firms [J]. Strategic Management Journal, 2001, 22 (5): 455-477.

[45] Park Y. A. Sprung J. M. Weekly work-school conflict, sleep quality, and fatigue: Recovery self-efficacy as a cross-levelmoderator [J]. Journal of Organizational Behavior, 2015, 36 (1): 112-127.

[46] Potok P., Littman-Ovadia H. Does personality regulate the work stressor Psychological detachment relationship? [J]. Journal of Career Assessment, 2014, 22 (1): 43-58.

[47] Ragsdale J. M., Beehr T. A. A rigorous test of a model of employees' resource recovery mechanisms during a weekend [J]. Journal of Organizational Behavior, 2016, 37 (6): 911-932.

[48] Ragsdale J. M., Hoover C. S., Wood K. Investigating affective dispositions as moderators of relationships between weekend activities and recovery experiences [J]. Journal of Occupational and Organizational Psychology, 2016, 89 (4): 734-750.

[49] Russell J. A. Core affect and the psychological construction ofemotion [J]. Psychological Review, 2003, 110: 145-172.

[50] Sanz-Vergel A. I., Sebastián J., Rodríguez-Muñoz A, et al. Adaptación del "Cuestionario de Experiencias de Recuperación" a una muestra española [J]. Psicothema, 2010, 22 (4): 990-996.

[51] Sari W. P. Work family conflict, recovery experience, and employee's well being in working women (case study of nurses in inpatient division at hospital in Bandung) [J]. HOLISTICA-Journal of Business and Public Administration, 2020, 11 (1): 124-138.

[52] Shimazu A., Sonnentag S., Kubota K., Kawakami N. Validation of the Japanese version of the recovery experience questionnaire [J]. Journal of Occupational Health, 2012, 54 (3): 196-205.

[53] Siltaloppi M, Kinnunen U, Feldt T. Recovery experiences as moderators between psychological work characteristics and occupational well-being [J]. Work Stress, 2009, 23: 330-348.

[54] Siltaloppi M., Kinnunen U., Feldt T., Tolvanen A. Identifying patterns of recovery experiences and their links to psychological outcomes across one year [J]. International Archives of Occupational and Environmental Health, 2011, 84 (8): 877-888.

[55] Sonnentag S, Kuttler I, Fritz C. Job stressors, emotional exhaustion, and need for recovery: A multi-source study on the benefits of psychological detachment [J]. Journal of Vocational Behavior, 2010, 76 (3): 355-365.

[56] Sonnentag S., Bayer U. V. Switching off mentally: Predictors and consequences of psychological detachment from work during off-job time [J]. Journal of Occupational Health Psychology, 2005, 10 (4): 393-414.

[57] Sonnentag S., Binnewies C., Mojza E. J. "Did you have a nice evening?" A day-level study on recovery experiences, sleep, and affect [J]. The Journal of Applied Psychology, 2008, 93 (3): 674-684.

[58] Sonnentag S, Fritz C. The recovery experience questionnaire: development and validation of a measure for assessing recuperation and unwinding fromwork [J]. Journal of Occupational Health Psychology, 2007, 12 (3): 204.

[59] Sonnentag S. Kuttler I, Fritz C. Job stressors, emotional Exhaustion, and need for recovery: a multi-source study on the benefits of psychological detachment [J]. Journal of Vocational Behavior, 2010, 76 (3): 355-365.

[60] Soto J. A., Perez C. R., Kim Y. H., et al. Is expressive suppression always associated with poorer psychological functioning? A cross-cultural comparison between European Americans and Hong KongChinese [J]. Emotion,

2011, 11 (6): 1450-1455.

[61] Stone A. A., Kennedy-Moore E., Neale J. M. Association between daily coping and end-of-day mood [J]. Health Psychology, 1995, 14 (4): 341-349.

[62] Tuisku K., Virtanen M., Bloom J. D., Kinnunen U. Cultural leisure activities, recovery and work engagement among hospital employees [J]. Industrial Health, 2016, 54 (3): 254-262.

[63] Van Hooff, M. L. M., & Baas, M. Recovering by means of meditation: The role of recovery experiences and intrinsic motivation [J]. Applied Psychology, 2012, 62 (2): 185-210.

[64] Van Hooff L. M, De Pator J. E. Let's have fun tonight: The role of pleasure in daily recovery from work [J]. Applied Psychology: An International Review, 2017, 66 (3): 359-381.

[65] Wei M. F., Su J. C., Carrera S., et al. Suppression and interpersonal harmony: A cross-cultural comparison between Chinese and European Americans [J]. Journal of Counseling Psychology, 2013, 60 (4): 625-633.

[66] Wong Y. T., Wong S. H., Wong Y. W. A study of subordinate-supervisorguanxi in Chinese joint ventures [J]. International Journal of Human Resource Management, 2010, 21: 2142-2155.

[67] Xanthopoulou D., Sanz-Vergel A. I., Demerouti E. Reconsidering the daily recovery process: New insights and related methodological challenges [A]//Leka S., Sinclair, R. R. Contemporary occupational health psychology: Global perspectives on research and action [M]. Chichester, UK: John Wiley & Sons, 2014.

[68] Yang M. H. Gifts, favors, and banquets: The art of social relationships in China [J]. Wilder House, 1994, 93 (3): 559-565.

[69] Zhang X. A., Cao Q., Grigoriou N. Consciousness of social face: the development and validation of a scale measuring desire to gain face versus fear of losing face [J]. The Journal of Social Psychology, 2011, 151 (2): 129-149.

[70] Zijlstra F. R. H., Cropley M., Rydstedt L. W. From recovery to regulation: An attempt to reconceptualize "Recovery from Work" [J]. Stress and Health (Special Issue), 2014, 30: 244-252.

[71] 陈玫瑰，张静．恢复体验干预对护士睡眠质量和工作投入的影响 [J]. 护理学杂志，2019，34 (6)：48-51.

[72] 陈维政，任晗．人情关系和社会交换关系的比较分析与管理策略研究 [J]. 管理学报，2015，12 (6)：789-798.

[73] 崔涛．工作不安全感对主观幸福感的影响研究 [D]. 西安：西安工程大学硕士学位论文，2017.

[74] 费孝通．乡土中国 [M]. 北京：北京出版社，2005.

[75] 何琳，张彩林，杨婷等．某市三甲医院护士职业应激、恢复体验与生理健康的关系 [J]. 中华劳动卫生职业病杂志，2017，35 (6)：425-428.

[76] 洪芳，张冉冉．工作要求与员工职业幸福感的关系——恢复体验的多重中介作用 [J]. 经营与管理，2017 (7)：35-38.

[77] 黄光国，胡先缙．面子——中国人的权力游戏 [M]. 北京：人民大学出版社，2005.

[78] 黄光国，胡先缙．人情与面子——中国人的权力游戏 [J]. 领导文萃，2005 (7)：163-167.

[79] 黄光国．人情与面子：中国人的权力游戏 [A]//黄光国，胡先缙．人情与面子：中国人的权力游戏 [M]. 北京：北京大学出版社，2010.

[80] 黄小倩．中国人的人情交往及其日常行动策略——以一则影视作品为例 [J]. 常熟理工学院学报，2007 (5)：43-46.

[81] 金辉，段光，李辉．面子、人情与知识共享

意愿间关系的实证研究：基于知识隐性程度的调节效应［J］. 管理评论，2019，31（5）：149-164.

［82］金耀基．“面”、“耻”与中国人行为之分析［A］//杨国枢．中国人的心理［M］. 台北：桂冠图书公司，1988.

［83］金耀基．人际关系中人情之分析［A］//杨国枢．中国人的心理［M］. 台北：桂冠图书公司，1988.

［84］李伟民．论人情——关于中国人社会交往的分析和探讨［J］. 中山大学学报（社会科学版），1996（2）：57-64.

［85］曲怡颖，任浩．恢复体验对员工创造力影响的作用机制研究［J］. 软科学，2017，31（4）：57-60+65.

［86］佘壮，肖君政，牛亏环，江光荣．恢复体验对生活满意度的影响：积极情绪的中介作用［J］. 心理研究，2019，12（1）：75-80.

［87］石冠峰，刘朝辉．员工恢复体验对工作绩效的影响机制研究［J］. 科技进步与对策，2019，36（18）：147-153.

［88］宋锟泰，张正堂，赵李晶等．工作中的时间压力对员工工作幸福感的影响研究——个体特质调节焦点与服务型领导的三重交互作用［J］. 华东经济管理，2019，33（1）：162-170.

［89］苏红．旅游恢复性体验对员工生活满意度影响实证研究［D］. 广州：广州大学硕士学位论文，2018.

［90］隋晓磊．女性中高层管理者工作投入对工作—家庭促进的影响研究［D］. 济南：山东大学硕士学位论文，2016.

［91］他卉，张彩林，何琳，兰亚佳．恢复体验类型在调节紧张相关健康状况的作用分析［J］. 中国工业医学杂志，2018（3）：172-176.

［92］王国保．中国文化因素对知识共享、员工创造力的影响研究［D］. 杭州：浙江大学博士学位论文，2010.

［93］王辉．成就动机的理论发展及测量问题［J］. 社会心理研究，1990（3）.

［94］王俊．恢复体验和工作行为的动态关系——心理资本的调节作用［C］. 重庆：第二十届全国心理学学术会议——心理学与国民心理健康摘要集，2017.

［95］王欣．工作压力对职场新人职业倦怠的影响：心理脱离的中介作用［D］. 烟台：鲁东大学硕士学位论文，2016.

［96］吴佳慧．职场精神力对员工非工作时间恢复体验的影响——组织分割供给的跨层次调节作用［D］. 重庆：重庆大学硕士学位论文，2016.

［97］吴伟炯，刘毅，谢雪贤．国外恢复体验研究述评与展望［J］. 外国经济与管理，2012（11）：46-53.

［98］谢雅萍，沈淑宾，陈睿君．越休闲越激情？——休闲参与对知识型员工工作激情的影响机制研究［J］. 经济管理，2018，40（7）：130-147.

［99］翟学伟．人情、面子与权力的再生产——情理社会中的社会交换方式［J］. 社会学研究，2004（5）：48-57.

［100］翟学伟．中国人际关系的特质——本土的概念及其模式［J］. 社会学研究，1993（4）：74-83.

［101］张南．医护人员下班后工作相关手机使用与工作投入的关系：心理脱离的调节作用［D］. 哈尔滨：哈尔滨工程大学硕士学位论文，2016.

［102］尤达，刘群阅，艾嘉蓓，黄启堂，兰思仁. 森林公园游憩者依恋情感对恢复性体验影响研究［J］. 林业经济问题，2018，38（5）：66-71，108.

［103］张冉冉．工作要求与职业幸福感的关系：恢复体验的中介作用［D］. 杭州：浙江理工大学硕士学位论文，2017.

［104］张珊珊，周明洁，陈爽等．本土化人格特质与工作绩效的关系：线性与非线性［J］. 心理科学，2012，35（6）：1440-1444.

论文执行编辑：贾良定

论文接收日期：2020 年 4 月 19 日

作者简介：

袁月（1996-），重庆工商大学工商管理学院在读研究生。研究方向为组织行为与人力资源开发。E-mail:yuanyue_xue@163.com。

余璇（1986-）（通讯作者），重庆工商大学工商管理学院副教授，博士后。研究方向为积极组织行为与人力资源开发。E-mail：yuxuan_0917@aliyun.com。

Recovery Experience: A Review on Mechanisms and Localization Development

Yue Yuan　Xuan Yu

(School ofBusiness Administration, Chongqing Technology and Business University, Chongqing, China)

Abstract: Recovery experience is a kind of psychological mechanism that promotes and recovers in psychology. In recent years, the positive influence of recovery experience has attracted scholars' extensive attention, as it acts as the key psychological factor in coping with "excessive" pressure. This paper systematically sorts out the concept connotation, dimension measurement and empirical research of recovery experience, moreover, it strengthens the contingency influence of Chinese native culture on recovery experience. Therefore, future research should continue to improve the structural dimension of the recovery experience in organizations, focus on expanding the antecedent variables, outcome variables and research methods of the recovery experience, and deepen the relevant research on the recovery experience in organizations at the same time.

Key Words: Recovery Experience; Mechanism; Indigenization

JEL Classification: M12

创业者认知图式如何影响新创企业商业模式创新性*

□ 迟考勋　邵月婷

摘　要：基于组织新制度理论，实证分析了认知图式对新创企业商业模式创新性的影响机制。结果表明：一般性图式负向影响商业模式创新性，而特殊性图式则正向影响商业模式创新性；一般性图式会降低创业者环境扫描活动的努力程度与持续程度，从而不利于设计出高创新性商业模式；特殊性图式则不仅会提升创业者环境扫描活动的努力程度与持续程度，而且还会驱使他们关注行业外新信息，从而有利于设计出高创新性商业模式。

关键词：认知图式；环境扫描；商业模式创新性；组织新制度理论

JEL 分类：M10

引　言

中国经济正处于从追求数量增长转向重视质量提升的转型升级关键时期，创新引领当前经济转型升级，新商业模式作为典型创新形式在此扮演着重要角色。新创企业是设计新商业模式最活跃的群体，有些新创企业更是热衷于设计高创新性商业模式并发掘其中所蕴含的巨大价值，这使它们能够顺利渡过生存危机进而驶入发展“快车道”，成为助推经济转型升级的一股不可忽视的力量。根据科技部火炬中心联合长城企业战略研究所发布的《2016 年中国独角兽企业发展报告》，滴滴出行、小米、摩拜等新创企业之所以能迅速成长为独角兽企业，带动新兴产业涌现及促进传统产业变革，很大程度上得益于创业者所设计的独特商业模式。尽管如此，但真正能够颠覆行业传统经营规则的原生的高创新性商业模式却仍然十分少见，多数创业

* 本文获得教育部人文社会科学研究青年基金“新创企业商业模式设计的认知机制研究”（19YJC630021）、山东省自然科学基金博士基金项目“互联网创业企业商业模式原型设计的认知机制研究”（ZR2019BG012）与山东省高等学校优秀青年创新团队课题“山东省装备制造业绿色低碳转型的新动能培育机理与实现路径研究”（2019RWG034）的资助。

者倾向于在复制传统商业模式的基础上，或者仅仅改变传统商业模式的部分组成内容（Osiyevskyy and Dewald，2015），或者几乎不去改变传统商业模式，而是致力于通过设置互补方案、锁定合作者关系、提升使用效率等方式来保障新创企业能够从传统商业模式中获取超额收益（Amit and Zott，2001）。这意味着，设计出高创新性商业模式绝非易事，“为何有的创业者能够设计出高创新性商业模式，而有的却不能”这一现实问题很值得探讨。

该现实问题属于“商业模式设计”主题研究范畴。关于商业模式设计，目前学者们多基于“过程—结果”导向，认为商业模式是创业者通过试错学习手段，在不断开发、检验、调整多种商业模式设想过程中逐步确立起来的（Andries et al.，2013），但相关研究却仅展示了试错学习的过程步骤，并未分析导致商业模式设计结果呈现出不同创新性的深层次原因。

从前因出发探讨商业模式设计问题可以弥补这一不足，其可被称为“前因—结果”导向的商业模式设计研究，有“定位”与“认知”两种不同的解释视角。早期研究多采用定位视角，认为外部环境需求决定商业模式设计方向（Teece，2010），而企业资源储备差异则会进一步导致商业模式设计结果具有不同创新性（Morris et al.，2005）。该观点假定创业者可以均等且完全地获取并解读外部环境信息，但这往往很难成立，在后续研究中受到了很大质疑。近年来认知视角研究逐步兴起，学者们认为商业模式是创业者构思形成的，头脑中已有的关于商业模式的认知图式为构思活动提供参考模版（Amit and Zott，2015），这些认知图式差异是创业者设计出创新性不同的商业模式的根本原因（Chesbrough and Rosenbloom，2002）。比较来说，认知视角研究遵循有限理性决策逻辑，放松了早期定位视角研究的前提假定，更符合决策实际情况，从认知图式出发来探讨商业模式设计机制问题也更为合理。然而，认知视角研究当前却尚处于起步阶段，缺乏一个清晰的理论逻辑来界定认知图式类别进而分析其影响机制（Chesbrough，2010），并且也忽视了外部环境在商业模式设计过程中所扮演的“关键信息素材提供者”角色，因而很有可能将该过程错误等同为创业者的空想过程，难以系统化解释商业模式设计结果为何会具有不同创新性。因此，进一步研究有必要整合定位视角观点，而整合的关键则在于处理好“创业者认知图式”与“外部环境信息”两者的关系。

根据这些认识，本文将采用认知视角，把上文所提的现实问题转化为“创业者认知图式如何影响新创企业商业模式创新性”这一理论问题，基于组织新制度理论来界定认知图式类别并解答该问题。根据李东等（2010）、Sarma 和 Sun（2017）等学者的观点，商业模式就是一种制度，因而借鉴组织新制度理论的分析逻辑来解答本文的理论研究问题是合适的。“制度如何形成与变迁”是组织新制度理论的核心研究内容（Greenwood et al.，2014），学者们倡导以组织决策者认知图式为核心，同时强调外部环境的重要地位，通过引入其他领域中的成熟认知理论展开分析（Beckert，2010）。较具代表性的研究观点认为，组织决策者认知图式影响他们如何认识社会环境，进而决定他们最终形成什么样的制度（Weber and Glynn，2006）。具体到本文的理论研究问题上，我们进一步借鉴意义建构理论来拓展该观点，认为环境扫描活动是创业者认识商业环境特性的重要手段，不同的认知图式会驱使创业者开展不同的环境扫描活动，进而设计出创新性不同的商业模式（Chesbrough and Rosenbloom，2002；Battistella et al.，2012）。

综合上述分析，本文将围绕“认知图式—环境扫描—商业模式创新性”这一理论逻辑链条，探讨创业者认知图式对新创企业商业模式创新性的作用关系，这可细化为如下研究内容：环境扫描对创业者认知图式与新创企业商业模式创新性影响关系的中介效应。从理论贡献来说，本文从认知视角进行分析不仅是对“过程—结果”导向研究的有力补充，而且通过揭示认知图式这一商业模式设计前因对设计结果所产生的影响，也有益于推进“前因—结果”导向研究的发展。

1 理论分析与研究假设

1.1 商业模式的制度属性与类别界定

商业模式多被定义为企业与其利益相关者的交易系统（Amit and Zott，2001），该系统具有鲜明的制度属性，表现为商业规则、规范与信条（Sarma and Sun，2017），能够引导与约束企业的业务经营行为，确保特定的顾客价值创造与企业价值获取得以持续与重复（李东等，2010）。组织新制度理论学者认为，制度包括规制、规范、认知三大支柱，强调制度的认知支柱是该领域研究的最显著特征，这里的认知支柱指组织关于社会环境性质的共同理解，反映到个体层面就是组织决策者头脑中用来建构社会意义的认知图式（斯科特，2010）。商业模式的认知性在近些年也越来越受关注，Tikkanen等（2005）认为，商业模式首先是管理者认知层面的产业信条，这些信条决定着企业配置什么样的有形物质来塑造客观商业模式结构；Malmström等（2015）更是直接将商业模式界定成解释企业如何从商业交易中获取价值的认知图式。因此，认知图式是商业模式制度属性的本质体现，也是基于组织新制度理论探讨商业模式设计问题的关键切入点。

旧制度影响新制度的形成与变迁（斯科特，2010），因而从微观认知层面来说，组织决策者当前关于社会环境性质的认知图式决定着他们是遵守还是变革场域内主导的制度安排（Beckert，2010），区分认知图式类别是解释这种决定性作用的首要任务（Gray et al.，2015）。在商业模式研究中，Amit和Zott（2015）也明确指出，创业者头脑中关于商业模式的已有认识差异是导致他们设计出不同种类商业模式的重要前因。

组织新制度理论研究以场域（Field）作为核心分析层次，它是由那些聚合或集群在一起的组织构成的一个被认可的制度生活领域（斯科特，2010）。同一场域中的组织面对相同的制度安排，因而组织决策者关于社会环境性质的认知图式也是同质的；不同场域的制度安排不同，因而就不同场域的组织决策者来说，对方关于社会环境性质的认知图式均是独特的（Greenwood et al，2014）。具体到商业模式研究中，场域可被视同为企业所处的行业（Amit and Zott，2015），不少基于组织新制度理论开展的企业管理领域研究也做了类似处理（Cliff et al.，2006）。根据这些认识，以创业活动目标行业为参照物，创业者关于商业模式的认知图式可区分为一般性图式与特殊性图式（见图 1）。

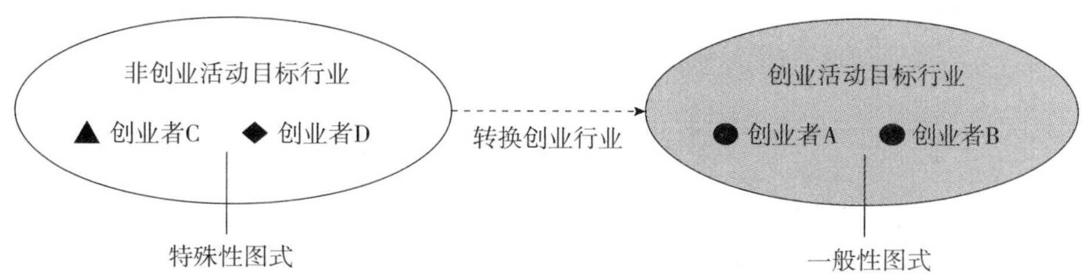

图 1　创业者关于商业模式的认知图式类别界定

如图 1 所示，创业者 A 与创业者 B 属于业内创业，先前均一直在创业活动目标行业内工作，对该行业中交易活动的开展流程与规则有着共同理解，并且这种理解相较顾客、供应商、投资者、政府等其他利益相关者的认识也并无差异，因而他们关于商业模式的认知图式反映的是创业活动目标行业内个体及组织所普遍熟悉的主导商业模式（Aspara et al.，2013），可称之为“一般性图式”；创业者 C 与创业者 D 属于转换行业创业，先前均一直在创业活动目标行业外工作，他们对如何开展交易活动的理解不同于创业活动目标行业的主导商业模式，因而在创业者 A 与创业者 B 看来，创业者 C 与创业者 D 关于商业模式的认知图式是十分独特的，不为创业活动目标行业内的个体及组织所熟悉，会引发认知冲突（Osiyevskyy and Dewald，2015），可称之为“特殊性图式”。不同类别认知图式会使创业者对“商业模式应当是什么”产生差异化理解，这是造成新创企业商业模式设计结果呈现出不同创新性的根本原因（Martins et al.，2015）。

尽管商业模式领域研究并未直接提及上述两种认知图式，但一些学者对此却也有着类似界定。例如，Chesbrough 和 Rosenbloom（2002）分析了六家诞生于施乐公司研发中心的新技术企业的商业模式设计过程，发现这些企业在开始阶段均视施乐公司商业模式为开展业务经营活动的主导逻辑，导致它们最初的商业模式与施乐公司的商业模式并没有很大差异，这种主导逻辑就是一般性图式的体现；Martins 等（2015）则分析了特斯拉、星巴克等六家企业的创始人或高层管理者的商业模式设计过程，发现他们通过学习借鉴其他行业的业务经营方式形成了关于商业模式的独特认识，并据此设计出了高创新性商业模式，这种独特认识就是特殊性图式的体现。

1.2　创业者认知图式与新创企业商业模式创新性

根据组织新制度理论观点，新创企业要想顺利进入市场并得到在位者认同，就必须争取到合法性认可。为此，创业者可能会实施稳健化设计策略，模仿属于创业活动目标行业在位者可控范围内的主导商业模式，从而有效规避因应用高创新性商业模式而可能遭受到的强有力抵触（Hargadon and Douglas，2001）。Cliff 等（2006）认为，强烈遵循与维护所处行业主导经营逻辑的创业者易成为模仿型创业者，他们在该逻辑影响下所做出的战略决策（如商业模式设计）往往呈现出趋同化现象。另外，资源获取是保障新创企业顺利成长的关键，若创业者能够与所在行业的在位者形成十分紧密的关系，那么他们可以直接获得在位者的资源支持，并树立起较高的行业地位。因此，一般性图式会驱使创业者倾向于坚守与维护行业内主导商业模式，以确保自身与在位者的良好关系得到长期保持（Zott and Amit，2007）。

更深层次来说，基于熟悉的认知图式来构思商业模式，而且这种认知图式又恰好适合于当前行业时，创业者会感到十分安定舒适，如果能够从主导商业模式中获益则会进一步使其感到愉快满意。这意味着，主导商业模式会带给创业者正向的情感感受，而作为反馈，创业者在情感层面上提升对主导商业模式的认可（Sosna et al.，2010）。深厚的情感是维系制度稳定的重要保障，高度的情感层面认可意味着行动者会给予当前制度安排以极高的精神层面支持，不会做出偏离当前制度安排的决策（Voronov and Vince，2012），因而当主导商业模式仍具有盈利潜质时，一般性图式越丰富，创业者就越不会有多少激情去放弃该模式转而追求充满不确定性的高创新性模式。

据此，本文提出如下假设。

假设1a：一般性图式负向影响商业模式创新性。

组织新制度理论认为，制度并非一成不变，拥有丰富场域外经验的行动者会热衷于对现有制度发起挑战（Cliff et al.，2006）。行业主导商业模式的改变有赖于创业者的反思行为（Reflexivity），而先前经验的独特性程度则决定着反思水平的高低（Mutch，2007）。特殊性图式源自创业者先前所积累的不同于当前行业工作特征的经验，这种新颖性使特殊性图式与创业活动目标行业环境在表面上往往很难形成匹配（Jones and Casulli，2014）。然而，对于来自行业外的创业者而言，特殊性图式是进行商业模式设计的主要参考标准，在没有合适替代物的情况下，他们仍会坚持依据该图式来做出决策。由此，创业者不得不去更深入地分析特殊性图式与目标行业创业环境的结构化匹配程度（Jones and Casulli，2014），这属于较高水平的反思行为，使他们容易发现对目标行业主导商业模式加以革新的机会。

反思行为的背后是创业者对利益的诉求。目标行业主导商业模式可能会与创业者的主导价值系统产生冲突，导致创业者认知失调，这是引发商业模式创新的重要原因（Cliff et al.，2006）。解决认知失调的前提是拥有对目标行业主导商业模式的可行替代方案。来自行业外的创业者并不将目标行业主导商业模式视为必然遵循的准则，丰富的特殊性图式能够引导他们开发出可行的替代方案，因而在感受到主导模式不利于自身创业活动开展时，会从绩效层面与道德层面对该模式的合法性地位提出强烈质疑（Greenwood et al.，2002）。这种质疑会进一步驱使来自行业外的创业者去积极揭示主导商业模式的不足，并基于结构化匹配方式来开发符合自身利益的新商业模式（Gerasymenko et al.，2015）。

据此，本文提出如下假设。

假设1b：特殊性图式正向影响商业模式创新性。

1.3 环境扫描的中介效应

在外部环境信息量巨大及创业者认知资源有限的情况下，创业者环境扫描活动具有如下特征（Li et al.，2013）：一是创业者会有选择地扫描不同领域的环境信息；二是创业者会适度地将认知资源分配给环境扫描活动，体现为相对于其他工作，创业者开展环境扫描活动的努力程度与持续程度。下文将围绕这两个特征展开分析。

1.3.1　环境扫描领域的中介效应

主导商业模式的制度属性使其在创业者头脑中拥有权威地位，该地位意味着主导模式是正确模式的代表（Chesbrough and Rosenbloom，2002），这为基于此的包含认知偏差的环境扫描活动赋予适当性。一般性图式越丰富，创业者在商业模式设计时就越会看重自己所熟悉的与主导模式相关的信息，很少去考虑这些信息是否真正有价值。相反，不熟悉的信息意味着高度不确定性（Jones and Casulli，2014），创业者无法根据已有认知图式来判断这些信息所反映出的是威胁还是机会，因而很难对它们实施有效控制，会倾向于忽视不熟悉信息。另外，主导商业模式的制度属性也要求创业者必须严谨细致地去理解该模式，以确保在“合法”框架内追求竞争层面的设计（Amit and Zott，2015），这驱使创业者去广泛搜集关于主导模式的信息。当创业者的一般性图式的丰富程度较高时，他们会发现主导商业模式也并非不能改变，相反为了维系主导模式的优越性，应当不断进行局部调整（Weber and Glynn，2016）。这种局部调整体现在认知层面上会有一个认知改变临界点，在达到临界点前，创业者需考虑如何更好地适应主导模式，这就要求其聚焦搜集行业内信息，以不断丰富主导模式的信息库，提升主导模式效力（Aspara et al.，2013）。

据此，本文提出如下假设。

假设2a：一般性图式负向影响不熟悉领域扫描。

假设2b：一般性图式负向影响行业外领域扫描。

特殊性图式带给创业者的商业模式设计方案并非来自甚至可能不适合用于当前创业活动目标行业，但这种方案却同样具有制度属性，创业者对此十分熟悉并长期从中获益，不会轻易放弃（Chesbrough and Rosenbloom，2002），他们不得不努力从行业内收集那些对于自己而言尚不够熟悉的信息来找到有效应用这些方案的切入点。搜集行业内信息的目的是了解该行业，但创业者并不会认同行业内主导商业模式。Cliff等（2006）认为，对主导商业模式的质疑是新模式开发的起点，而这通常是由拥有行业外经验的创业者最先发起的。然而，尽管创业者在“摆脱主导商业模式束缚”这一目标上是明确的，但在“创造新商业模式”这一最终目标上却是模糊的（Greenwood et al.，2002），他们难以对关键信息进行精确定位，也难以确定对不同来源信息的使用程度，因而不得不参考多个行业商业模式设计逻辑来开展试验活动，而验证试验假设的需求则会进一步拓展环境扫描的行业领域（Andries et al.，2013）。

据此，本文提出如下假设。

假设2c：特殊性图式正向影响不熟悉领域扫描。

假设2d：特殊性图式正向影响行业外领域扫描。

从不熟悉领域与行业外领域所获得的新信息与新知识为创业者提供了认识商业模式的新

视野，使他们有机会去广泛了解其他行业的商业模式，并能够认清目标行业主导商业模式存在的不足及修正的机会，质疑主导模式存在的合理性，摆脱对该主导模式“神话”般地位的认识（Cliff et al.，2006）。随着新信息与新知识的输入，创业者会倾向于采用类比推理、概念连接等创造性方式，将新的信息与知识连接到已有的知识结构中，进而构建起能够替代目标行业主导商业模式的高创新性商业模式（Li et al.，2013；Martins et al.，2015）。相反，当创业者聚焦于行业内熟悉信息时，他们不仅很难知悉其他行业的商业模式信息，从而无法开发出能够替代目标行业主导商业模式的可行方案，而且随着行业内经验的持续增加，创业者还会过度依赖与使用自己所熟悉的与行业主导商业模式相关的认知图式，形成认知惯性，这都将约束创业者设计高创新性商业模式的意愿与能力（Gerasymenko et al.，2015）。

据此，本文提出如下假设。

假设3a：不熟悉领域扫描正向影响商业模式创新性。

假设3b：行业外领域扫描正向影响商业模式创新性。

结合上文分析，从认知图式来看，一般性图式越丰富，创业者就会有较大可能设计出低创新性的商业模式，并且不太倾向于在不熟悉领域与行业外领域开展环境扫描活动，而特殊性图式越丰富，创业者则有较大可能设计出高创新性的商业模式，并且会热衷于在不熟悉领域与行业外领域开展环境扫描活动；从环境扫描来看，创业者越热衷于在不熟悉领域与行业外领域开展环境扫描活动，就越有可能设计出高创新性的商业模式，相反则越有可能设计出低创新性的商业模式。基于此，本文进一步提出如下中介效应假设。

假设4a：不熟悉领域扫描在一般性图式与商业模式创新性之间发挥中介效应。

假设4b：行业外领域扫描在一般性图式与商业模式创新性之间发挥中介效应。

假设4c：不熟悉领域扫描在特殊性图式与商业模式创新性之间发挥中介效应。

假设4d：行业外领域扫描在特殊性图式与商业模式创新性之间发挥中介效应。

1.3.2 环境扫描强度的中介效应

一般性图式使创业者不会在环境扫描活动上投入很多时间与精力，这主要是由主导商业模式制度属性的同形机制所致。一方面，结合模仿同形机制，新创企业建立初期通常面临较高不确定性，模仿在位者商业模式是降低不确定性的有效手段，在位者商业模式是行业主导商业模式，因而创业者没有必要搜集额外的信息来证实其合法性。另一方面，结合强制同形机制与规范同形机制，创业者设计出的商业模式应满足行业内利益相关者及社会文化对自身的期待（Aspara et al.，2013），即有一把公共标尺来衡量新创企业商业模式是否合适，这把公共标尺就是行业内主导商业模式。这意味着，基于主导商业模式来开展业务十分安全，一般性图式会导致创业者十分乐于直接接受这把标尺，不会过于主动地搜集新信息来挑战主导商业模式。

基于上述分析，本文提出如下假设。

假设5a：一般性图式负向影响扫描努力程度。

假设5b：一般性图式负向影响扫描持续

程度。

特殊性图式导致创业者并不认同行业主导商业模式，会尝试修正甚至颠覆该模式。改变主导商业模式属于制度变革行为，这并不轻松，创业者需大量收集并理解行业内外信息，形成新知识，以向利益相关者证明主导模式的弊端及新模式的优势（Gerasymenko et al.，2015）。例如，Denicolai 等（2014）认为，企业要想实现商业模式创新，除了应重视自身经验知识积累外，还需要不断从外部获取新知识，并通过新颖方式来连接两类知识。组织新制度理论认为，制度变革并非一蹴而就，会经历去制度化、前制度化、理论化、扩散化、加强制度化等关键环节，行动者在不同环节中需要关注不同的环境信息，并开展不同的变革活动（Greenwood et al.，2002）。根据该观点，高创新性商业模式设计过程也包括多个子过程，这在商业模式研究中多被称为不同学习阶段，每个阶段都有特定的知识积累任务，任何阶段的缺失都会对商业模式的整体设计过程产生巨大损害，这表明环境扫描活动必须长期坚持。

据此，本文提出如下假设。

假设 5c：特殊性图式正向影响扫描努力程度。

假设 5d：特殊性图式正向影响扫描持续程度。

创业者扫描努力与持续程度高，意味着他们会为环境扫描活动分配更多的注意力资源，这种分配能够降低因注意力资源有限而出现的认知偏差（Li et al.，2013）。认知偏差降低使创业者系统分析不同来源信息，开发出多种可行的商业模式设计方案成为可能，而随着可选择方案的增加，创业者也更有可能设计出高创新性商业模式（Andries et al.，2013）。例如，Chesbrough（2010）的研究认为，高创新性商业模式来自实验过程，由于创业者在最初阶段关于“是否创新”及“如何创新”很难有着清晰认识，并且考虑到创新结果的不确定性以及利益相关者容易产生抵制情绪的缘故，他们通常会同时实验多种商业模式方案，进而根据实验结果来选择出最终的新商业模式。另外，创业者努力与持续地开展环境扫描活动，还有助于提升他们的创造性信息的加工能力，使他们更有可能设计出高创新性商业模式。

据此，本文提出如下假设。

假设 6a：扫描努力程度正向影响商业模式创新性。

假设 6b：扫描持续程度正向影响商业模式创新性。

结合上文分析，从认知图式来看，一般性图式越丰富，创业者就会有较大可能设计出低创新性的商业模式，并且不太倾向于为环境扫描活动投入较大精力，扫描活动持续程度也不高，而特殊性图式越丰富，创业者则有较大可能设计出高创新性的商业模式，并且会十分努力且持久地开展环境扫描活动；从环境扫描来看，创业者越努力与越持久地开展环境扫描活动，就越有可能设计出高创新性的商业模式，相反则越有可能设计出低创新性的商业模式。基于此，本文进一步提出如下中介效应假设。

假设 7a：扫描努力程度在一般性图式与商业模式创新性之间发挥中介效应。

假设 7b：行业持续程度在一般性图式与商业模式创新性之间发挥中介效应。

假设 7c：扫描努力程度在特殊性图式与商业模式创新性之间发挥中介效应。

假设 7d：扫描持续程度在特殊性图式与商业模式创新性之间发挥中介效应。

本文的研究模型如图 2 所示。

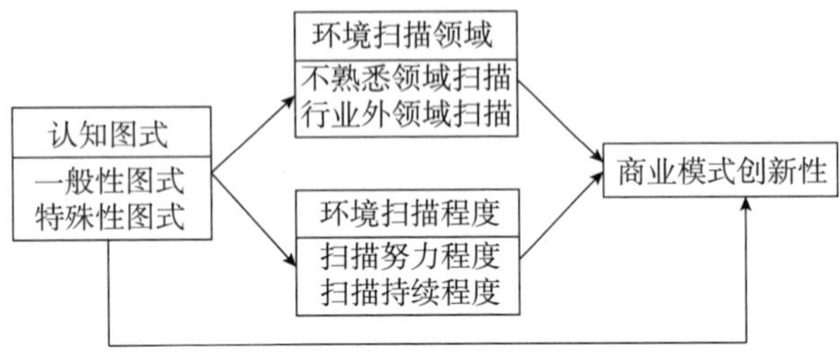

图 2　本文的研究模型

2　研究设计

2.1　研究变量的测量

2.1.1　自变量：认知图式

本文借鉴高阶理论观点，以创业者工作经验作为代理变量来测量创业者认知图式。操作方法如下：第一步，要求受访者列出所有工作经验，并详细填答这些经验所在行业及起止时间。第二步，参考 Toft-Kehler 等（2014）的研究，以《国民经济行业分类》（GB/T4754—2011）的代码距离为基础，计算工作经验所在行业与当前创业行业的行业相似度，采用行业相似度指标来反映创业者工作经验的行业内外属性。具体来说，第 i 段工作经验所在行业与当前创业行业的行业相似度可以用公式（1）计算：

$$Similarity(i) = d_i \quad (1)$$

其中，d_i 表示第 i 段工作经验所在行业与当前创业行业的国民经济行业分类代码距离。当两个行业前三位数字代码相同时，说明它们属于相同中类，具有很强关联性，此时 $d_i=3$；当两个行业前两位数字代码相同时，说明它们属于相同大类，具有较强关联性，此时 $d_i=2$；当两个行业仅有英文字母代码相同时，说明它们属于相同门类，彼此之间虽有关联性，但却不明显，此时 $d_i=1$；当两个行业的英文字母代码也不相同时，说明它们完全是不同行业，没有关联性，此时 $d_i=0$。第三步，结合 Spanjer 和 Witteloostuijn（2017）的研究，计算创业者行业内与行业外经验的加权累计分值，它们分别是创业者一般性图式与特殊性图式的丰富程度得分。计算公式如下：

$$IE = \sum_{i=1}^{+\infty} e_i d_i \quad (2)$$

$$OE = \sum_{i=1}^{+\infty} e_i (3 - d_i) \quad (3)$$

其中，IE 与 OE 分别是创业者行业内与行业外经验的加权累计分值；e_i 是第 i 段工作经验的年限；d_i 含义同公式（1），反映行业相似度，由于 d_i 最大取值为 3，因而$3-d_i$所表示的是第 i 段工作经验所在行业与当前创业行业的行业差异度，当 $d_i=0$ 时，意味着第 i 段工作经验完全属于行业外经验。

2.1.2　因变量：商业模式创新性

商业模式创新性测量借鉴 Zott 和 Amit（2007）开发的新颖型商业模式量表，并参考 Guo 等（2017）研究对题项进行删减，保留了 9 个题项，采用李克特 5 点量表进行测度（1=完全不符合，5=完全符合）。

2.1.3　中介变量：环境扫描领域与环境扫描强度

环境扫描领域与环境扫描强度测量借鉴了 Li 等（2013）的测量方法。环境扫描领域包括不熟悉领域扫描与行业外领域扫描两个变量，这两个变量均采用分数分配表来测量；环境扫描强度包括扫描努力程度与扫描持续程度两个变量，这两个变量均采用包括 4 个题项的李克特 5 点量表进行测量（1=完全不符合，5=完全符合）。

2.1.4　控制变量

本文在分析中控制了如下变量：个体层面包括创业者的性别、年龄、教育水平；企业层面包括企业年龄、企业所处行业、企业资产规模及企业所在地区。所有控制变量在分析中都通过赋值 0 或 1 进行了虚拟化处理。

2.2　样本与数据收集

通过借鉴以往商业模式研究（Zott and Amit，2007），本文选择成立年限在 4 年以内（2014 年 1 月 1 日至 2017 年 12 月 31 日）的服务业新创企业作为调研对象，并参考《中国统计年鉴（2016）》中的数据与“中国创新创业指数”，选择服务业发达或创新活跃度较高的天津市、山东省作为调研区域。基于上述工作，本文采用委托专业的市场调研公司及访问创业孵化器的形式来发放与回收问卷，经过筛选工作，最终的正式数据库包括 142 份有效问卷。进一步，本文通过对变量测项的偏度和峰度进行描述性统计分析来判定数据是否符合正态分布，发现各测量题项的偏度绝对值均小于 2，同时峰度绝对值均小于 5，因而可以判定所测量指标的数据符合正态分布。由于本文所搜集的数据均是来自受访者的自我汇报，这有可能导致共同方法偏差问题。为了降低该问题，本文从程序设计与统计检验两个方面来控制共同方法偏差问题。其中，程序设计采用了以下几种方式：一是问卷设置了很多客观变量；二是问卷设置反转题与验证题；三是在问卷指导语部分，明确指出本次调研仅用于学术研究，填答没有对错之分，我们会对信息进行严格保密，以避免受访者因出于保护隐私或宣传自己考虑而出现填答偏差。统计检验则借鉴周浩和龙立荣（2004）的观点，采用 Harman 单因子检测方式，将所有变量放到一起进行未旋转的探索性因子分析，进而根据因子分析结果，如果析出单独一个因子或一个公因子的解释力非常大，则可以判定数据存在较为严重的共同方法偏差问题。结果显示：KMO 为 0.867，在未旋转时共得到五个因子，第一个因子的解释力 35.646%，并未占到多数，说明本文的共同方法偏差在可接受的范围之内。样本特征的描述性统计结果具体如表 1 所示。

表 1　样本特征的描述性统计（N=142）

变量	类别	数量及比例	变量	类别	数量及比例
性别	男	82（57.7%）	地区	天津	96（67.6%）
	女	60（42.3%）		山东	46（32.4%）
年龄	25 岁及以下	8（5.6%）	资产规模	50 万元以下	23（16.2%）
	26~30 岁	33（23.2%）		50 万~99 万元	10（7.0%）
	31~35 岁	57（40.1%）		100 万~499 万元	63（44.4%）
	36~40 岁	30（21.1%）		500 万~999 万元	22（15.5%）
	41 岁及以上	14（9.9%）		1000 万元及以上	24（16.9%）

续表

变量	类别	数量及比例	变量	类别	数量及比例
教育水平	高中/中专及以下	5（3.5%）	企业年龄	1年	28（19.7%）
				2年	47（33.1%）
	大专	42（29.6%）		3年	39（27.5%）
				4年	28（19.7%）
	大学本科	76（53.5%）	行业	信息传输、软件和信息技术服务业	26（18.3%）
	硕士	17（12.0%）		批发和零售业	29（20.4%）
				租赁和商务服务业	27（19.0%）
	博士	2（1.4%）		其他	60（42.3%）

2.3 信度与效度检验

信度检验方面：商业模式创新性、扫描持续程度的α系数分别为0.876与0.751，均大于0.7；扫描努力程度的α值分别为0.690，但通过分析CITC值，发现在删除“我采取不同的方法寻找信息源以获取相关信息”题项后，总体信度显著提升到0.745，因而在正式分析中删除了该题项。

在此基础上，本文运用Mplus 7.0软件检验各变量量表的建构效度。结果发现，商业模式创新性量表：$\chi^2/df=1.163$，RMSEA = 0.034，CFI = 0.991，TLI = 0.988，SRMR = 0.037；扫描努力程度与扫描持续程度量表：$\chi^2/df=1.353$，RMSEA = 0.050，CFI = 0.989，TLI = 0.979，SRMR = 0.032。另外，从标准化的因子载荷值来看，各变量测量条目与构念之间的因子载荷均在0.01的水平上显著，并且都大于0.5。因此，不同变量测量模型的拟合度均比较好，表明这些量表的建构效度比较理想。

最后，本文通过构建比较嵌套测量模型，使用Mplus 7.0软件比较分析各种嵌套测量模型拟合度的方式来检验研究变量之间的区分效度。如表2所示，与两个竞争性的测量模型相比较，基准模型（三因子模型）的拟合效果最为理想。这意味着，本文三个应用李克特5点量表测量的研究变量具有较高的区分效度，能够代表3个不同的构念。

表2 研究变量的区分效度分析（N=142）

模型	χ^2	*df*	χ^2/df	*RMSEA*	*SRMR*	*CFI*	*TLI*
基准模型	153.969	99	1.555	0.063	0.056	0.941	0.929
两因子模型	197.932	103	1.922	0.081	0.062	0.899	0.882
单因子模型	296.133	104	2.847	0.114	0.080	0.795	0.763

注：基准模型为商业模式创新性、扫描努力程度、扫描持续程度；两因子模型为扫描努力程度、扫描持续程度合并；单因子模型为所有变量合并。

3 实证分析与结果

3.1 相关性分析

研究变量的均值、方差及相关分析结果如表3所示。结果显示，虽然核心研究变量之间存在一定的相关性，但并不严重，说明它们之间不存在严重的多重共线性问题。

表3 研究变量均值、标准差与相关系数（N=142）

变量	1	2	3	4	5	6	7	8	9	10	11	12	13	14
1. 商业模式创新性	1													
2. 一般性图式	-0.565**	1												
3. 特殊性图式	0.462**	-0.236**	1											
4. 不熟悉领域扫描	0.229**	-0.196*	0.244**	1										
5. 行业外领域扫描	0.324**	-0.182*	0.231**	0.632**	1									
6. 扫描努力程度	0.613**	-0.377**	0.441**	0.180*	0.192*	1								
7. 扫描持续程度	0.533**	-0.210*	0.360**	0.188*	0.117	0.691**	1							
8. 性别	-0.004	0.059	0.036	-0.039	-0.155	0.120	0.045	1						
9. 年龄	-0.013	-0.225**	-0.299**	0.111	0.139	-0.129	-0.146	0.074	1					
10. 教育水平	-0.001	0.013	-0.019	0.134	0.085	0.051	0.012	0.095	-0.051	1				
11. 企业年龄	-0.055	0.116	-0.122	0.093	-0.045	-0.081	-0.002	0.220**	0.221**	0.085	1			
12. 行业	0.127	0.092	-0.005	-0.024	0.117	0.012	-0.036	0.184*	0.081	0.023	0.192*	1		
13. 资产规模	-0.162	0.127	-0.160	-0.027	-0.075	-0.154	-0.110	0.069	-0.116	0.109	-0.086	0.045	1	
14. 地区	0.149	0.020	0.190*	0.181*	0.311**	0.077	0.084	-0.379**	-0.203*	-0.327**	-0.323**	-0.139	-0.131	1
均值	3.751	9.880	14.289	45.845	46.014	2.745	3.868	0.578	0.690	0.669	0.528	0.183	0.768	0.676
标准差	0.597	9.374	12.477	17.040	19.321	0.588	0.662	0.496	0.464	0.472	0.501	0.388	0.424	0.470

注：变量1是均值，变量2和变量3是根据客观数据计算而来，变量4和变量5是主观评价值，变量6和变量7是均值，变量8男性=1，变量9年龄35岁及以下=1，变量10教育水平大学本科及以上=1，变量11企业年龄为1年与2年=1，变量12信息传输、软件和信息技术服务业=1，变量13创建时资产规模100万元及以上=1，变量14天津=1；* 表示 $p<0.05$，** 表示 $p<0.01$。

3.2 假设检验

本文在对数据进行标准化处理的基础上，开展假设检验分析。表4是创业者认知图式对环境扫描的回归分析结果：根据模型2，一般性图式对不熟悉领域扫描的影响不显著，假设2a未得到支持，但特殊性图式对不熟悉领域扫描具有显著正向影响作用（$\beta=0.255$，$p<0.01$），假设2c得到支持；根据模型4，一般性图式对行业外领域扫描的影响不显著，假设2b未得到支持，但特殊性图式对行业外领域扫描具有显著正向影响作用（$\beta=0.229$，$p<0.01$），假设2d得到支持；根据模型6，一般性图式对扫描努力程度具有显著负向影响作用（$\beta=-0.340$，$p<0.01$），假设5a得到支持，特殊性图式对扫描努力程度具有显著正向影响作用（$\beta=0.289$，$p<0.01$），假设5c得到支持；根据模型8，一般性图式对扫描持续程度具有显著负向影响作用（$\beta=-0.179$，$p<0.01$），假设5b得到支持，特殊性图式对扫描持续程度具有显著正向影响作用（$\beta=0.271$，$p<0.01$），假设5d得到支持。

表4 认知图式对环境扫描的回归分析结果（N=142）

因变量	不熟悉领域扫描		行业外领域扫描		扫描努力程度		扫描持续程度	
	模型1	模型2	模型3	模型4	模型5	模型6	模型7	模型8
性别	0.030	0.002	-0.060	-0.086	0.187**	0.164**	0.094	0.066
年龄	0.165*	0.206**	0.228***	0.269***	-0.122	-0.123	-0.151*	-0.117
教育水平	0.239***	0.231***	0.243***	0.235***	0.088	0.076	0.037	0.027
企业年龄	0.151*	0.191**	0.004	0.036	-0.090	-0.010	0.032	0.082
行业	-0.029	-0.029	0.165**	0.164**	0.025	0.040	-0.030	-0.027
资产规模	0.025	0.089	-0.021	0.035	-0.187**	-0.091	-0.122	-0.049
地区	0.352***	0.322***	0.435***	0.408***	0.102	0.081	0.091	0.062
一般性图式		-0.130		-0.098		-0.340***		-0.179**
特殊性图式		0.255***		0.229***		0.289***		0.271***
R^2	0.127	0.216	0.217	0.283	0.087	0.317	0.049	0.167
ΔR^2	0.127**	0.089***	0.217***	0.065***	0.087*	0.230***	0.049	0.118***
F值	2.778**	4.032***	5.320***	5.785***	1.824*	6.792***	0.984	2.940***
VIF（max）	1.463	1.506	1.463	1.506	1.463	1.506	1.463	1.506

注：*表示$p<0.1$，**表示$p<0.05$，***表示$p<0.01$。

表5是环境扫描中介效应的回归分析结果：根据模型2，一般性图式对商业模式创新性具有显著负向影响作用（$\beta=-0.530$，$p<0.01$），假设1a得到支持，特殊性图式对商业模式创新性具有显著正向影响作用（$\beta=0.293$，$p<0.01$），假设1b得到支持；根据模型3，行业外领域扫描、扫描努力程度、扫描持续程度三个中介变量对商业模式创新性具有显著的正向影响关系，系数分别为$\beta=0.181$（$p<0.05$）、$\beta=0.420$（$p<0.01$）、$\beta=0.229$（$p<0.05$），假设3b、假设6a、假设6b得到支持，不熟悉领域扫描对商业模式创新性的影响不显著，假设3a没有得到支持。

中介效应方面：根据表5的模型4、模型5、模型6及模型7，在分别加入四个中介变量后，一般性图式对商业模式创新性仍然都呈现显著负向影响关系，其标准化系数的绝对值均小于表 5 中的模型 2 的标准化系数-0.530 的绝对值，这种作用在表 5 的模型 8 中依然稳健。然而，由于在表 4 中，一般性图式对不熟悉领域及一般性图式对行业外领域的关系均未通过检验，因此仅能判定扫描努力程度与扫描持续程度在一般性图式与商业模式创新性关系之间发挥中介效应，即假设 7a 与假设 7b 得到支持，而假设 4a 与假设 4b 则没有得到支持。根据表 5 的模型 4、模型 5、模型 6 及模型 7，在分别加入 4 个中介变量后，特殊性图式对商业模式创新性仍然呈现显著正向影响关系，其标准化系数的绝对值均小于表 5 中的模型 2 的标准化系数 0.293 的绝对值，这种作用在表 5 的模型 8 中依然稳健。然而，由于在模型 3 中，不熟悉领域扫描对商业模式创新性的关系并未通过检验，因此仅能判定行业外领域扫描、扫描努力程度与扫描持续程度在特殊性图式与商业模式创新性关系之间发挥中介效应，也即假设 4d、假设 7c 与假设 7d 得到支持，而假设 4c 则没有得到支持。

表 5　环境扫描中介效应的回归分析结果（N=142）

因变量	商业模式创新性							
	模型 1	模型 2	模型 3	模型 4	模型 5	模型 6	模型 7	模型 8
性别	0.051	0.034	-0.039	0.034	0.045	-0.027	0.011	0.000
年龄	0.004	-0.043	0.050	-0.048	-0.077	0.003	-0.001	-0.013
教育水平	0.070	0.056	-0.016	0.050	0.026	0.028	0.046	0.019
企业年龄	-0.062	0.052	-0.031	0.047	0.047	0.056	0.023	0.045
行业	0.159*	0.187***	0.125*	0.188***	0.166**	0.172***	0.197***	0.159***
资产规模	-0.162*	-0.043	-0.052	-0.046	-0.048	-0.010	-0.026	-0.011
地区	0.173*	0.164**	0.034	0.155*	0.111	0.133*	0.142**	0.099
一般性图式		-0.530***		-0.526***	-0.517***	-0.403***	-0.466***	-0.417***
特殊性图式		0.293***		0.286***	0.264***	0.186***	0.197***	0.158**
不熟悉领域扫描			-0.011	0.027				-0.090
行业外领域扫描			0.181**		0.129*			0.154*
扫描努力程度			0.420***			0.372***		0.190**
扫描持续程度			0.229**				0.355***	0.250***
R^2	0.075	0.487	0.466	0.488	0.499	0.582	0.593	0.622
ΔR^2	0.075	0.412***	0.391***	0.001	0.012*	0.095***	0.105***	0.135***
F 值	1.558	13.950***	10.308***	12.489***	13.065***	18.245***	19.054***	16.205***
VIF（max）	1.463	1.506	2.100	1.638	1.738	1.516	1.511	2.443

注：* 表示 $p<0.1$，** 表示 $p<0.05$，*** 表示 $p<0.01$。

3.3　稳健性检验

3.3.1　筛选样本检验结论稳健性

从正式调查样本中筛选出部分样本再次进行回归分析是检验研究结论稳健性的常用方法。本文基于创业者先前工作经验来计算一般性图式与特殊性图式的得分，主要以有经验的创业者所创建的新创企业作为研究对象，但也包含少部分创业者先前行业内外经验均为 0 的样本。

有研究指出，创业者经验有无往往会使创业者决策逻辑呈现出显著差异性（Jones and Casulli，2014）。为了避免创业者经验有无的干扰，本文剔除 10 个创业者先前行业内外经验均为 0 的样本，基于剩余的 132 个有效样本对前文研究结论进行稳健性检验。

表 6 给出了在筛选样本后，创业者认知图式与环境扫描关系的回归分析结果。该表显示：一般性图式对扫描努力程度、扫描持续程度的负向影响关系显著，假设 5a、假设 5b 仍然通过检验，与先前研究结论一致；特殊性图式对不熟悉领域扫描、行业外领域扫描、扫描努力程度、扫描持续程度的正向影响关系显著，假设 2c、假设 2d、假设 5c、假设 5d 仍然通过检验，与先前研究结论一致。

表 6　筛选样本检验认知图式与环境扫描关系的稳健性（N=132）

因变量	不熟悉领域扫描		行业外领域扫描		扫描努力程度		扫描持续程度	
	模型 1	模型 2	模型 3	模型 4	模型 5	模型 6	模型 7	模型 8
一般性图式		-0.164*		-0.135		-0.377***		-0.200**
特殊性图式		0.214**		0.187**		0.271***		0.265***
R^2	0.127	0.217	0.210	0.276	0.065	0.335	0.033	0.171
ΔR^2	0.127**	0.090***	0.210***	0.066***	0.065	0.271***	0.033	0.137***
F 值	2.574**	3.760***	4.700***	5.166***	1.223	6.836***	0.608	2.789***
VIF（max）	1.430	1.433	1.430	1.433	1.430	1.433	1.430	1.433

注：* 表示 $p<0.1$，** 表示 $p<0.05$，*** 表示 $p<0.01$；这里省略了控制变量对因变量的回归分析结果，表 7、表 8 也做了类似处理。

表 7 给出了在筛选样本后，环境扫描在创业者认知图式与商业模式创新性关系之间的中介效应的回归分析结果。表 7 显示：一般性图式与特殊性图式分别对商业模式创新性的负向与正向影响关系显著，假设 1a、假设 1b 仍然通过检验，与先前研究结论一致；行业外领域扫描、扫描努力程度、扫描持续程度对商业模式创新性的正向影响关系显著，假设 3b、假设 6a、假设 6b 仍然通过检验，与先前研究结论一致；行业外领域扫描在特殊性图式与商业模式创新性之间发挥中介效应，假设 4d 仍然通过检验；扫描努力程度、扫描持续程度在两种认知图式与商业模式创新性之间都发挥着中介效应，假设 7a、假设 7b、假设 7c、假设 7d 仍然通过检验。

表 7　筛选样本检验环境扫描中介效应的稳健性（N=132）

因变量	商业模式创新性							
	模型 1	模型 2	模型 3	模型 4	模型 5	模型 6	模型 7	模型 8
一般性图式		-0.561***		-0.564***	-0.544***	-0.437***	-0.497***	-0.452***
特殊性图式		0.263***		0.267***	0.240***	0.174**	0.178**	0.153**
不熟悉领域扫描			-0.057	-0.016				-0.148*
行业外领域扫描			0.221**		0.126*			0.189**
扫描努力程度			0.418***			0.328***		0.157*

续表

因变量	商业模式创新性							
	模型 1	模型 2	模型 3	模型 4	模型 5	模型 6	模型 7	模型 8
扫描持续程度			0.229 **				0.322 ***	0.241 ***
R^2	0.069	0.527	0.468	0.527	0.538	0.598	0.612	0.644
ΔR^2	0.069	0.458 ***	0.399 ***	0.000	0.012 *	0.071 ***	0.086 ***	0.118 ***
F 值	1.312	15.086 ***	9.606 ***	13.477 ***	14.106 ***	18.010 ***	19.123 ***	16.438 ***
VIF（max）	1.430	1.433	2.086	1.529	1.619	1.563	1.501	2.349

注：* 表示 $p<0.1$，** 表示 $p<0.05$，*** 表示 $p<0.01$。

总的来说，筛选样本后再次进行回归分析发现，前文研究中通过检验的变量间假设关系在稳健性分析中依然显著，与前文研究结论一致，因而结论是稳健的。

3.3.2 替换关键变量测量方法检验结论稳健性

使用不同方法来重新测量自变量或因变量这两个关键变量，并基于新的测量结果再次进行回归分析是检验研究结论稳健性的另一种常用方法，因而本文进一步通过对商业模式创新性采取不同的测量方法来进行稳健性检验。国内有不少学者使用了 Zott 和 Amit（2007）的量表来测量商业模式创新性，他们的量表只包括原始量表的部分题项，本文所采用的量表能够涵盖这些题项。参考这些研究，本文删除“公司持续地推动商业模式创新”题项，使用剩余 8 个题项测量商业模式创新性进行稳健性检验。环境扫描中介效应的稳健性检验回归结果如表 8 所示，分析结果与前文研究结论一致，因而结论是稳健的。

表 8　替换关键变量测量方法检验环境扫描中介效应的稳健性（N=142）

因变量	商业模式创新性							
	模型 1	模型 2	模型 3	模型 4	模型 5	模型 6	模型 7	模型 8
一般性图式		−0.529 ***		−0.525 ***	−0.517 ***	−0.411 ***	−0.471 ***	−0.422 ***
特殊性图式		0.282 ***		0.273 ***	0.253 ***	0.182 **	0.193 **	0.154 **
不熟悉领域扫描			0.005	0.036				−0.074
行业外领域扫描			0.173 *		0.129 *			0.147 *
扫描努力程度			0.413 ***			0.348 ***		0.181 **
扫描持续程度			0.205 **				0.328 ***	0.227 ***
R^2	0.074	0.478	0.436	0.479	0.489	0.560	0.567	0.594
ΔR^2	0.074	0.403 ***	0.362 ***	0.001	0.012 *	0.083 ***	0.090 ***	0.117 ***
F 值	1.532	13.407 ***	9.137 ***	12.024 ***	12.560 ***	16.691 ***	17.182 ***	14.421 ***
VIF（max）	1.463	1.506	2.100	1.638	1.738	1.516	1.511	2.443

注：* 表示 $p<0.1$，** 表示 $p<0.05$，*** 表示 $p<0.01$。

4 结论、贡献与展望

4.1 研究结论与讨论

4.1.1 创业者认知图式与商业模式创新性的关系

创业者认知图式对于创业活动有着十分重要的影响，这种影响不仅取决于认知图式的丰富程度，更取决于认知图式的类型，不同类型的认知图式往往会导致创业活动的方向与效果差异很大。认知图式来源于先前经验积累，不同类型的经验塑造了不同类型的认知图式。以往创业领域的研究按照多个标准对经验类型进行了区分，有的学者按照工作职能进行区分（Colombo and Grilli，2005），有的学者按照地域或行业相似性进行区分（Toft－Kehler et al.，2014），还有的学者则将经验区分为管理经验与创业经验（Politis，2005）。本文主要根据行业相似性区分了经验类型，并进一步基于新制度理论，界定了一般性图式与特殊性图式两种类型的认知图式。

本文实证分析结果显示，一般性图式不太可能会使创业者设计出高创新性的商业模式，而丰富的特殊性图式则会使创业者倾向于设计出高创新性的商业模式。这一结论与制度创业研究的发现相一致，该领域研究强调位于场域边缘的组织更热衷于制度变革（Maguire et al.，2004）。从制度创业者个体来看，Cliff 等（2006）的研究也发现，如果创业者先前在场域边缘组织或者场域外组织工作，那么他们就会质疑当前场域内的流行经营模式，热衷于采用新型经营模式；如果创业者先前在场域核心组织工作，那么他们仍然会坚持采用并维护当前场域内的流行经营模式。

4.1.2 环境扫描活动与商业模式创新性的关系

新的信息会带来更多的创新机会，也更有助于创新成功，这一点在创新研究领域已经得到了广泛认同。新的信息来自创业者的独特环境扫描活动，这需要他们跳出固有偏见，重视那些与常规认识不相同，甚至看似不合理的环境信息。从不熟悉领域或行业外领域能够直接获得新的信息，加强扫描努力程度与扫描持续程度能够提升获取新的信息的可能性。上述观点在产品创新、技术创新等领域已经得到了充分证实（Li et al.，2013）。在商业模式研究领域，学者们也发现，通过借鉴与修正行业外商业模式做法，创业者能够设计出具有颠覆性色彩的商业模式（Martins et al.，2015）。

本文实证分析结果显示，当创业者越多扫描行业外领域信息、扫描努力程度越高、扫描持续程度越高时，就越有可能设计出创新性较高的商业模式。这些研究发现与先前创新领域研究的结论一致。然而，虽然很多创新领域的研究已经证实，越多扫描不熟悉领域信息，就会越有可能提升产品或技术创新程度，但不熟悉领域扫描与商业模式创新性之间的作用关系在本文中却并未通过数据检验。具体原因可能是，扫描行业外领域信息的创业者通常十分明确需要关注哪些目标行业，但扫描不熟悉领域信息的创业者却很难实现这一点，导致所收集到的信息通常比较杂乱，不容易从中提炼出可行的高创新性的商业模式。

4.1.3 创业者认知图式与环境扫描活动的关系

独特的环境扫描活动对于设计出高创新性的商业模式而言非常重要，那么什么样的创业者更倾向于开展这种活动？创新领域研究很少关注该问题，但创业领域在这一方面却开展了较为深入的探索，相关研究聚焦于分析拥有丰富工作或创业经验的专家型创业者如何看待外部环境，以及由此所带来的创业活动结果。这些研究发现，专家型创业者会基于源自经验的认知图式与外部环境状况的相似程度，采用不同方式来看待外部环境。当两者相似度高时，专家型创业者多依靠直觉进行决策，很少关注外部环境信息，也不会很努力地开展环境扫描活动；当两者相似度低时，直觉式决策不再适用，专家型创业者将会为环境扫描活动投入大量的时间与精力，并进一步通过类别推理、结构化匹配等方式来解读环境信息，做出最终决策（Jones and Casulli，2014；Mueller and Shepherd，2016）。

本文立足于上述观点，实证分析结果与这些研究较为一致。具体来说，一般性图式会导致创业者的扫描努力程度与持续程度降低；特殊性图式会驱使创业者十分关注不熟悉领域的信息与行业外领域的信息，并导致创业者投入较大努力与较长时间来开展环境扫描活动。一般性图式与不熟悉领域扫描及行业外领域扫描的负向关系并未通过验证，原因可能是即使在行业内部，信息技术也会不断催生出大量的新信息，而来自行业外的新信息更是会不断颠覆当前行业秩序，尽管创业者对这些新信息不熟悉，但由于它们会极大地影响本行业的传统营商规则，所以同样需要关注。

4.1.4 环境扫描活动的中介效应

本文实证分析结果显示，扫描努力程度及扫描持续程度在一般性图式与商业模式创新性的关系之间起到了部分中介效应，这说明一般性图式会导致创业者热衷于简化决策，很不情愿花费时间与精力去关注外部信息，这是最终导致他们无法设计出高创新性的商业模式的重要原因。该发现与战略认知相关研究的结论基本一致，如 Hambrick（1982）发现，保守型管理者较少关注环境变迁信息，不太可能做出创新型战略决策。行业外领域扫描、扫描努力程度及扫描持续程度在特殊性图式与商业模式创新性的关系之间起到部分中介效应，说明特殊性图式之所以会驱使创业者设计出高创新性的商业模式，部分原因是由于他们重视环境扫描活动，愿意为环境扫描活动投入大量的时间与精力，十分关注行业外的新信息与新知识，从而使他们更容易生成新的商业模式设计思想。

4.2 理论贡献

第一，基于“前因—结果”导向，更为本质地探讨了新创企业之所以会设计出创新性不同商业模式的原因。阿里巴巴、苹果、Airbnb等借助高创新性商业模式实现快速成长的典型案例引发学者们关于“为何这些企业能设计出高创新性商业模式”问题的思考，相关研究成果有助于将商业模式设计研究推向纵深。当前流行的“过程—结果”导向商业模式设计研究重在描述商业模式设计的过程步骤（Andries et al.，2013），与之相比，“前因—结果”导向研究则注重发掘驱动新创企业设计出不同商业模式的内外在原因，更适合于解答上述问题。然而遗憾的是，当前商业模式设计的前因研究较为混乱，对设计前因的作用机制更是知之甚少。本文基于“前因—结果”导向，关注创业者认知图式这一商业模式设计前因，探讨其对新创企业商业模式设计结果的创新程度产生了什么样的影响，能够弥补现有商业模式设计研究的不足。

第二，区分了创业者关于商业模式的认知图式的类型，并分析了不同类型的认知图式在商业模式设计过程中所发挥的不同作用。认知图式指引人们认识外部环境进而开展各项活动，会极大地影响商业模式设计结果。虽然商业模式领域的学者很早就注意到创业者认知图式的重要性，但相关研究的理论基础较为薄弱，并未详细界定认知图式类别，多是仅强调由认知图式所带来的认知惯性对设计新商业模式的阻碍作用（Chesbrough and Rosenbloom，2002）。实际上，不同创业者所拥有的认知图式并不相同，有的认知图式会带来认知惯性，而有的认知图式则会带给创业者认知柔性，促进他们设计出高创新性商业模式（Amit and Zott，2015）。鉴于此，本文借鉴组织新制度理论，将创业者关于商业模式的认知图式区分为一般性图式与特殊性图式，利用实证数据验证了两种认知图式对新创企业商业模式创新性的差异化影响，这不仅能够克服当前认知视角商业模式研究关于认知图式类别属性的理论认识不足，也有助于更为全面地认识认知图式与商业模式设计结果之间的作用关系。

第三，综合定位视角与认知视角研究观点，系统揭示了创业者认知图式对“认知图式—商业模式创新性”关系的中介效应。结合前文分析，基于“前因—结果”导向，从认知图式出发探讨商业模式设计问题更为合理，但现有研究的分析过程过于微观化，忽视了外部环境影响（Martins et al.，2015）。事实上，环境要素与认知要素均部分决定着商业模式设计结果（Amit and Zott，2015），仅强调环境要素而忽视认知要素容易使研究因过于追求完全理性假设而脱离决策实际，仅强调认知要素而忽视环境要素则又会使研究坠入空想主义深渊。因此，本文参考组织新制度理论，立足于认知视角并综合定位视角研究观点，构建了“认知图式—环境扫描—商业模式创新性”这一分析逻辑，实证检验了环境扫描这种能够充分展现出“认知—环境”互动关系的认知活动在认知图式与商业模式创新性关系中所发挥的中介效应，而非仅仅关注创业者头脑中的商业模式构思过程，可更为系统地展示出商业模式设计过程。

4.3 实践启示

一方面，创业者之所以会设计出创新性不同的商业模式，归根结底还是与自身所储备的知识有关。虽然高创新性的商业模式并不一定是最合适的选择，但如果创业者想依靠高创新性的商业模式来建立竞争优势，而自己又没有相应的经验可供借鉴，就有必要加大权力下放力度，并考虑吸纳行业外的优秀人才加入到创业团队中，为商业模式设计过程提供独特的见解。

另一方面，在互联网信息技术的冲击下，传统行业边界已经变得十分模糊，创业者往往很难精确描述出企业的竞争对手是谁，这就要求他们在关注环境信息时，给予行业外信息特别关注，保障商业模式设计结果既满足当前需求，又能够有效应对时代发展。然而，充分关注并理解行业外信息却并非易事。为此，创业者应当长期保持变革的勇气与坚韧的毅力，积极改变自身的固有认知，打破头脑中已存的关于商业模式的知识体系，通过将知识点与外部环境信息创造性地加以组合编排，设计出高创新性的商业模式，推动新创企业更快更好地发展。

4.4 研究不足与展望

本文存在一些不足，有待未来研究改进。一是样本总量不够多，可能会降低研究结论的代表性。未来研究除了进一步通过补充调研来增加样本数量之外，还可以将资源集中到少数几个行业展开调查，做“小而精”的研究。二是主要委托专业调研公司及孵化器负责人收集数据，与研究人员亲自调研相比，有可能会因理解偏差而造成测量误差。未来研究除了要继续加强培训、提供参考资料、加强过程控制（如随访）、提升研究人员亲自调研比例外，还应当进一步精简问卷，并广泛征集创业者意见，对不易理解的问题表述加以修改。三是主要借鉴 Zott 和 Amit（2007）开发的量表来测量商业模式创新性，但该量表却主要是用于专家学者自己从事的内容分析编码工作，因而可能增大创业者对测量题项的理解难度。未来有必要强化商业模式创新理论分析，开发商业模式创新性测量量表。四是在本文研究基础上，围绕“认知图式—环境扫描—商业模式创新性”逻辑，采用定性分析方法对该逻辑关系加以深入探索，从而更为充分地揭示认知图式对商业模式创新性的影响机制。

参考文献

［1］Amit R., Zott C. Crafting Business Architecture: The Antecedents of Business Model Design［J］. Strategic Entrepreneurship Journal, 2015, 9 (4): 331-350.

［2］Amit R., Zott C. Value Creation in E-business［J］. Strategic Management Journal, 2001, 22 (6/7): 493-520.

［3］Andries P., Debackere K., Looy B. Simultaneous Experimentation asa Learning Strategy: Business Model Development under Uncertainty［J］. Strategic Entrepreneurship Journal, 2013, 7 (4): 288-310.

［4］Aspara J., Lamberg J., Laukia A., et al. Corporate Business Model Transformation and Inter-organizational Cognition: The Case of Nokia［J］. Long Range Planning, 2013, 46 (6): 459-474.

［5］Battistella C., Biotto G., De Toni A. F. From Design Driven Innovation to Meaning Strategy［J］. Management Decision, 2012, 50 (4): 718-743.

［6］Beckert J. How Do Fields Change? The Interrelations of Institutions, Networks, and Cognition in the Dynamics of Markets［J］. Organization Studies, 2010, 31 (5): 605-627.

［7］Chesbrough H. Business Model Innovation: Opportunities and Barriers［J］. Long Range Planning, 2010, 43 (2): 354-363.

［8］Chesbrough H., Rosenbloom R. S. The Roleof the Business Model in Capturing Value from Innovation: Evidence from Xerox Corporation's Technology Spin-off Companies［J］. Industrial and Corporate Change, 2002, 11 (3): 529-555.

［9］Cliff J. E., Jennings P. D., Greenwood R. New to the Game and Questioning the Rules: The Experiences and Beliefs of Founders Who Start Imitative Versus

Innovative Firms [J]. Journal of Business Venturing, 2006, 21 (5): 633-663.

[10] Colombo M. G., Grilli L. Founders' Human Capital and the Growth of New Technology-Based Firms: A Competence-Based View [J]. Research Policy, 2005, 34 (6): 795-816.

[11] Denicolai S., Ramirez M., Tidd J. Creating and Capturing Value from External Knowledge: The Moderating Role of Knowledge Intensity [J]. R&D Management, 2014, 44 (3): 248-264.

[12] Gerasymenko V., De Clercq D., Sapienza H. J. Changing the Business Model: Effects of Venture Capital Firms and Outside CEOs on Portfolio Company Performance [J]. Strategic Entrepreneurship Journal, 2015, 9 (1): 79-98.

[13] Gray B., Purdy J. M., Ansari S. From Interactionsto Institutions: Microprocesses of Framing and Mechanisms for the Structuring of Institutional Fields [J]. Academy of Management Review, 2015, 40 (1): 115-143.

[14] Greenwood R., Hinings C. R., Whetten D. Rethinking Institutions and Organizations [J]. Journal of Management Studies, 2014, 51 (7): 1206-1220.

[15] Greenwood R., Suddaby R., Hinings C. R. Theorizing Change: the Role of Professional Associations in the Transformation of Institutionalized Fields [J]. Academy of Management Journal, 2002, 45 (1): 58-80.

[16] Guo H., Su Z., Katz J., et al. Opportunity Recognition and SME Performance: The Mediating Effect of Business Model Innovation [J]. R&D Management, 2017, 47 (3): 431-442.

[17] Hambrick D. C. Environmental Scanning and Organizational Strategy [J]. Strategic Management Journal, 1982, 3 (2): 159-174.

[18] Hargadon A. B., Douglas Y. When Innovations Meet Institutions: Edison and the Design of the Electric Light [J]. Administrative Science Quarterly, 2001, 46 (3): 476-501.

[19] Jones M. V., Casulli L. International Entrepreneurship: Exploring the Logic and Utility of Individual Experience through Comparative Reasoning Approaches [J]. Entrepreneurship Theory and Practice, 2014, 38 (1): 45-69.

[20] Li Q., Maggitti P. G., Smith K. G., et al. Top Management Attention to Innovation: The Role of Search Selection and Intensity in New Product Introductions [J]. Academyof Management Journal, 2013, 56 (3): 893-916.

[21] Maguire S., Hardy C., Lawrence T. B. Institutional Entrepreneurship in Emerging Fields: HIV/AIDS Treatment Advocacy in Canada [J]. Academy of Management Journal, 2004, 47 (5): 657-679.

[22] Malmström M., Johansson J., Wincent J. Cognitive Constructions of Low-profit and High-profit Business Models: A Repertory Grid Study of Serial Entrepreneurs [J]. Entrepreneurship Theory and Practice, 2015, 39 (5): 1083-1109.

[23] Martins L. L., Rindova V. P., Greenbaum B. E. Unlocking the Hidden Value of Concepts: A Cognitive Approach to Business Model Innovation [J]. Strategic Entrepreneurship Journal, 2015, 9 (1): 99-117.

[24] Morris M., Schindehutte M., Allen J. The Entrepreneur's Business Model: Toward a Unified Perspective [J]. Journal of Business Research, 2005, 58 (6): 726-735.

[25] Mueller B. A., Shepherd D. A. Making the Most of Failure Experiences: Exploring the Relationship between Business Failure and the Identification of Business Opportunities [J]. Entrepreneurship Theory and Practice, 2016, 40 (3): 457-487.

[26] Mutch A. Reflexivity and the Institutional Entrepreneur: A Historical Exploration [J]. Organization

Studies, 2007, 28 (7): 1123-1140.

[27] Osiyevskyy O., Dewald J. Explorative versus Exploitative Business Model Change: The Cognitive Antecedents of Firm-Level Responses to Disruptive Innovation [J]. Strategic Entrepreneurship Journal, 2015, 9 (1): 58-78.

[28] Politis D. The Process of Entrepreneurial Learning: A Conceptual Framework [J]. Entrepreneurship Theory and Practice, 2005, 29 (4): 399-424.

[29] Sarma S., Sun S. L.. The Genesis of Fabless Business Model: Institutional Entrepreneurs in An Adaptive Ecosystem [J]. Asia Pacific Journal of Management, 2017, 34 (3): 587-617.

[30] Sosna M., Trevinyo-Rodríguez R. N., Velamuri S. R. Business Model Innovation through Trial-And-Error Learning: The Naturhouse Case [J]. Long Range Planning, 2010, 43 (2): 383-407.

[31] Spanjer A., Witteloostuijn A. V. The Entrepreneur's Experiential Diversity and Entrepreneurial Performance [J]. Small Business Economics, 2017, 49 (1): 1-21.

[32] Teece D. J. Business Models, Business Strategy and Innovation [J]. Long Range Planning, 2010, 43 (2): 172-194.

[33] Tikkanen H., Lamberg J. A., Parvinen P., et al. Managerial Cognition, Action and The Business Model Of The Firm [J]. Management Decision, 2005, 43 (6): 789-809.

[34] Toft-Kehler R., Wennberg K., Kim P. H. Practice Makes Perfect: Entrepreneurial-Experience Curvesand Venture Performance [J]. Journal of Business Venturing, 2014, 29 (4): 453-470.

[35] Voronov M., Vince R. Integrating Emotions into the Analysis of Institutional Work [J]. Academy of Management Review, 2012, 37 (1): 58-81.

[36] Weber K., Glynn M. A. Making Sense with Institutions: Context, Thought and Action in Karl Weick's Theory [J]. Organization Studies, 2006, 27 (11): 1639-1660.

[37] Zott C., Amit R. Business Model Design and the Performance of Entrepreneurial Firms [J]. Organization Science, 2007, 18 (2): 181-199.

[38] 李东，王翔，张晓玲，等. 基于规则的商业模式研究——功能、结构与构建方法 [J]. 中国工业经济, 2010 (9): 101-111.

[39] 理查德·斯科特. 制度与组织——思想观念与物质利益（第 3 版）[M]. 姚伟，王黎芳，译. 北京：中国人民大学出版社, 2010.

[40] 周浩，龙立荣. 共同方法偏差的统计检验与控制方法 [J]. 心理科学进展, 2004 (6): 942-950.

论文执行编辑：贾良定

论文接收日期：2019 年 12 月 5 日

作者简介：

迟考勋（1985-），山东理工大学管理学院副研究员、硕士生导师。研究方向为商业模式设计。E-mail: chikaoxun@126.com。

邵月婷（1996-），山东理工大学管理学院硕士研究生。研究方向为创业管理。E-mail: shaoyueting@126.com。

How Entrepreneur's Cognitive Schema Affect New Ventures' Business Model Innovativeness

Kaoxun Chi　Yueting Shao

(School of Business, Shandong University of Technology, Zibo, China)

Abstract: Based on neo-institutional theory of organization, this paper empirically analyzes the impact mechanism of cognitive schemas on new ventures' business model innovativeness. The results show that general cognitive schema negatively affects business model innovativeness, while specific cognitive schema positively affects business model innovativeness. Specifically, general cognitive schema reduces the level of effort and sustainability of entrepreneurial environmental scanning activities, which is not conducive to the design of highly innovative business models; specific cognitive schema not only improves the effort level and sustainability of entrepreneurial environmental scanning activities, but also drives entrepreneurs to pay more attention on new information outside the industry, which is conducive to design a highly innovative business model.

Key Words: Cognitive Schema; Environmental Scanning; Business Model Innovativeness; Neo-institutional Theory of Organization

JEL Classification: M10

基于组织学习视角的企业危机管理能力成长模型*

□ 戴万稳　罗庆仙　卢晓航　史冬冬

摘　要：基于对企业危机管理能力理论研究和实践探索现状及问题的分析，本文从组织学习的视角出发，整合员工个人、团队和企业组织之间的跨层次危机管理探索性学习和应用性学习过程，并通过组织学习过程与危机管理能力成长过程之间的跨层次正向增强循环映射，解析了企业危机感知能力、危机预防能力和危机应对能力的螺旋式递进成长机理，提出了企业危机管理能力成长模型。在理论方面，促进了对危机演变过程及企业危机管理能力成长过程的动态复杂性特征的系统思考；在实践方面，提出了全新的企业危机管理能力分析框架，使企业能够通过危机感知、预防、应对能力，以及危中找机能力的持续提升安渡危机，发现并抓住危机情境中潜在的发展机遇，实现从优秀到卓越的飞跃。

关键词：危机管理能力；动态复杂性过程；能力成长模型

JEL 分类：M19，D81

1　引言

没有哪一个企业，能够确保所有的产品和服务全部质量合格，确保所有的管理制度体系都没有漏洞且能够得到完美的执行。任何一个产品或服务的瑕疵，任何一个管理制度设计的漏洞或执行过程中的疏忽，都会让企业置身于危机情境中。危机无论是大还是小，如果处理不当，都会对企业的短期经营产生严重影响，甚至威胁到企业的长期可持续发展，因此危机管理是企业运营管理体系中不可或缺的有机组成部分，有助于保证长期运营和生存。危机管理能力作为支撑企业高质量可持续发展的核心能力引起了研究人员的注意，他们关注如何防止危机事件，并减轻对复杂组织的影响（Hernantes et al.，2013）。

* 国家自然科学基金项目（71972098/71272105/70772032）及国家教育部人文社会科学研究基金一般项目（18YJA630018/09YJC630115）。

先前的研究表明，由于缺乏危机管理能力，许多组织无法预见未来可能引发危机的情况（Barnes and Oloruntoba，2005；Mitroff and Alpaslan，2003）。这在动荡的社会、政治和经济环境中是不利于企业的长期发展的，同时一个组织越复杂，它需要的危机管理能力也越复杂。对于企业来说，危机管理能力不同，危机洗礼的结果也有天壤之别：平庸者在危机中消亡，优秀者安渡危机，卓越者在危机中获得新的发展。

学者对于危机管理能力的探索主要集中在静态和动态视角下。基于静态视角，危机被视为一种突发性事件，危机管理过程和能力则被分解为各种原则的约束和各种方法的应用（Mitroff，1993；Chattopadhyay，Glick and Huber，2001），它们的主要重点是在危机爆发并得到承认之后，各组织如何处理危机（Geraldi，Lee-Kelley and Kutsch，2010），其主要采用案例研究的方法，如挑战者号（Loosemore and Hughes，1998）、Exxon Valdez 油轮漏油事件（Pauchant and Mitroff，1992）等。随着时间和动态环境复杂性的发展，学者们从一个有限的事件焦点转向一种方法，关注在事件发生前的一段时间里缺陷和异常的积累，也越来越多地对各种危机采取更全面的方法，在这类相关动态研究视角下，危机被视为一种动态复杂性过程（情境），危机管理过程被理解为内外部资源和技能的整合，而危机管理能力则被描述成为一种稀有的、无法模仿的、无可替代的资源和核心竞争力（Fink，1986；Comfort et al.，2001；Bryan，2005），并呈现出阶段性的能力划分（Dodgson，1993；Bontis，Crossan and Hulland，2002；郭际，2008；范新华，2010）。然而，关于动态危机管理能力的检验文献依旧有限，缺乏对危机管理能力成长机制的洞察和动态发展的全面了解，而本文的贡献之一就在于此。

令人惊喜的是，目前组织学习文献为危机管理能力作为一种动态能力提供了重要的见解，学习在危机管理中的重要性已在概念和经验研究中得到注意和记录（Carroll et al.，2001；Borodzicz and Haperen，2002）。学者们认为，几乎在危机管理的所有阶段，都可能出现学习的机会；将组织学习纳入危机管理过程中，有利于给组织带来积极的变革（Smith and Elliott，2011；Ning and Li，2018），并且学习机制引导着动态能力的演化（Eisenhardt and Martin，2000）。但是，学者们更多地关注学习在危机发生之时和危机发生之后的作用（Kovoor-Misra et al.，2000；Antonacopoulou and Sheaffer，2013；Chebbi and Puendrich，2015），组织学习、危机管理过程以及能力之间的动态联系没有得到充分的探索或明确的阐述。

本文从组织学习的视角出发，探索动态危机管理能力的成长机制，不同于以往对危机管理能力的阶段性的分离式的静态分析，我们主要关注危机管理能力之间的动态联系和递进式成长。基于企业在危机演变过程中相关知识跨层次的获取、分享和应用，借鉴 Crossan 等（1999）提出的“4I”组织学习框架，我们定义企业的危机管理过程在本质上就是一种聚焦于危机管理知识流的跨层次组织学习过程（戴万稳，2019），并综合危机的阶段理论和动态能力的构成研究，提出了动态企业危机管理能力的具体细分和成长模型。跨层次的探索性学习过程和应用性学习过程支撑着动态危机管理能力的形成和提升，除此之外，我们强调了不同危机管理能力之间的重要关系和相互作用，企业危机感知能力、危机预防能力、危机应对能力和危中找机能力之间呈现出螺旋式递进的关系。

2 危机管理能力

2.1 危机与危机管理

危机的本质究竟是什么？早期学者将危机描述为一个事件，主要采取案例研究的方法，关注企业如何去处理危机（Geraldi，Lee-Kelley and Kutsch，2010；Hllgren and Wilson，2011），而在此后的观点中，危机被认为是复杂的、动态的过程，它改变了组织，甚至威胁到组织的生存，通过分析这些过程，组织可以为危机做一定的准备（Jacques，Gatot and Wallemacq，2007）。针对危机的动态性特征，学者们开始关注危机的演变和发展，如 Fink 提出了危机的生命周期理论，将危机分为潜伏、爆发、扩散、处理与评估阶段（刘静静等，2009）。

继而源于对“事件说”和“过程（情境）说”两种危机本质的争议，在组织危机管理文献中，也确定了两种主要的危机处理方法：事件法和过程法（Roux-Dufort，2016；Simard and Laberge，2018）。在动态过程认知下，危机管理可以被看作一种广泛的努力，是一个系统的预防/缓解、准备、响应和恢复的过程，学者们也开始建立阶段性危机管理模型，如 Heath（1998）提出的危机管理四阶段论（缩减、预备、反应、恢复），Mohsen 和 Ramezan（2006）提出的危机管理五阶段模型（信号侦测、准备预防、损失控制、恢复、学习）和 Augustine（1995）提出的危机管理六阶段论（避免、准备、确认、控制、解决、从危机中获利）等，也有学者从危机信息生命周期的角度，解析了危机信息的产生、处理、传播、应用和保存，强调了在危机管理中信息资源的利用效率（李洪涛，2011）。

总的来说，这些研究基本按照危机生命周期的划分，从危机的动态本质出发研究危机的特性、萌芽和扩散等，研究内容更广，呈现出动态的递进的危机管理过程，强调了危机管理的前期预防、中期处理和后期学习，并且指出动态企业危机管理过程的目标不仅是平息危机，更重要的是通过危机重塑和提升企业核心能力。与此同时，对危机管理能力的认识也经历了从静态到动态的变化发展。

2.2 危机管理能力：静态 vs. 动态

在危机管理中，能力被理解为一组不同的能力和相互关联的实践和资产，在关键事件发生时有助于保护组织的竞争优势和可持续性（George et al.，2002）。事实上，长期以来，企业危机管理能力的形成和成长一直被视为一个“黑箱”，许多学者基于竞争力理论、战略冲突理论和资源基础理论的静态假设，将企业危机管理能力的发展归结于对资源的最优配置和使用，关注更多的是化解危机的手段和策略，预先准备各种应急计划，尽可能地阻止危机的发生、发展，并尽量将损失最小化（Leonard-Barton，1992；Tukiainen，Aaltonen and Murtonen，2010）。但是，近年来市场竞争环境动荡的复杂性对基于静态研究视角的企业危机管理能力发展理论提出了越来越多的挑战，在动荡时期，拥有强大的资源和组织能力是不够的，企业还必须拥有强大的组织程序来开发和更新这些资源和组织能力以适应不断变化的环境，需要从危机的本质出发，重塑企业核心能力，考虑资源重新配置的需要以保证竞争优势的可持续性，这迫使企业不得不从动态复杂性视角审视危机管理能力的成长，促成了企业危机管理动态能力理论的产生和发展（Teece，Pisano and Shuen，1997；Eisenhardt and Martin，2000；Cepeda and Vera，2007；Huang，Shang and Li，2009；Fagerberg and Martin，2016）。基于此，本文认为危机管理能力是一种动态能力，动态能力的概念修正了资源基础理论，不仅市场，组织能力也被概念化为灵活的和动态的，相对于静态能力，它能够使企业通过发展和更新其组织能力来应对变化的市场条件，从而实现和保持竞争优势。

2.3 危机管理能力作为一种动态能力

2.3.1 动态能力

什么是动态能力？动态能力的研究已经是战略管理中一个充满活力的潮流（Di Stefano，Peteraf，and Verona，2010），它试图解释企业为什么以及如何能够成功地适应其环境中的变化。不同学者对于动态能力概念的理解不一，Teece等（1997）将动态能力定义为企业集成、构建和重新配置内部和外部能力以应对快速变化的环境的能力；Zollo 和 Winter（2002）认为动态能力是学习到的和稳定的集体活动模式；Winter（2003）认为动态能力是指能够改变实质性能力或普通能力的更高层次的能力。尽管学者们对动态能力概念的认知存在一定的差异，但大多数学者都认同，即对于处在快速变化环境中的企业来说，动态能力尤其重要，也有部分学者进一步对动态能力的具体构成进行了探究。

Nielsen 和 Anders（2006）将知识管理和动态能力相结合，认为开发、（重新）组合和知识资源利用是三种重要的动态能力，是企业在知识创造或企业收购投资中创造价值的关键；Slater、Olson 和 Hult（2006）认为战略制定过程能力是一种关键的动态能力；Teece（2007）将动态能力分解为感知威胁、塑造机会、抓住机会的能力以及通过保护，增强、合并以及必要时候重新配置企业的无形资产和有形资产来保持竞争优势的能力，并指出这些能力的开发和运用是企业在快速变化环境中成功或失败的核心；Teece（2012）指出创业活动和日常活动都需要建立动态能力，以建立卓越的财务业绩；Nair（2014）也提出企业的风险管理作为一种动态能力能使企业有效地应对2008年的金融危机，因为企业风险管理允许公司重新配置资源、分配资本。

2.3.2 动态危机管理能力

危机管理能力作为一种动态能力，它所涉及的系统、流程和活动与动态能力的属性一致并紧密对应，它涉及危机前感知环境中的机会和威胁，进行资源分配以预防危机；危机应对中资源的重新分配和配置，以适应不断变化的环境；危机后进一步增强改变资源基础的能力。这也可以从目前的研究中看出。

目前对动态危机管理能力的研究主要基于危机是时间和地点上拓展的过程这一本质的认知，将危机管理过程分为不同的阶段，遵循危机之前、之中、之后的演变过程，探索不同阶段的动态管理能力。如 Mitroff、Mason 和

Pearson（1994）将危机管理分为信号侦测、准备与预防、损失控制、恢复及学习五个系统支持，相对应地可将危机管理能力的测量定义为危机侦测能力、危机预防能力、危机控制能力、危机恢复能力和危机学习能力（Bontis，Crossan and Hulland，2002）；李继红（2005）将危机管理能力归纳为认识危机能力、预测危机能力、预防危机能力、处理危机能力和信息反馈能力，提出企业通过加强危机管理能力，可以保持核心竞争力，能够更好地应对危机以及提高绩效；范新华（2010）认为危机管理作为一项系统工程，实际上是十分复杂的，从管理目标、危机意识、执行效果等方面考虑，战略管理能力、危机沟通能力、危机处理能力和企业文化能力四个维度构成了企业的危机管理能力。也有部分学者更深入地探究了危机管理过程某一阶段的动态危机管理能力的增强，主要集中于具体情境下的分析（Najafbagy，2010；Simard and Laberge，2018；Barnes，2004），如前期的练习和演练设计（Grunnan and Fridheim，2017）；危机处理过程中的信息系统的支持等（Vichova and Hromada，2018）。

由此我们可发现，目前对于动态危机管理能力的研究多数是基于危机管理过程阶段论的分析，遵循危机前、中、后的规范模式，我们还不清楚动态危机管理能力具体的成长机制，个人、团队和企业之间是如何配合以构建企业的危机管理能力，使企业安渡危机的。另外，不同危机管理能力之间的动态联系也值得我们深思。不过，前人的研究值得我们借鉴的是：第一，过程分析法定义了不同的危机管理阶段，有助于认识危机的动态本质；第二，危机的动态本质也对企业危机管理能力提出了不同的要求，具有良好动态危机管理能力的企业不仅会在危机发生后做出反应，而且会在危机之前、期间做出反应，学者们普遍强调危机前的感知和准备、危机期间的应对，以及危机后的恢复学习能力，这些能力使企业能够创建、部署和保护开展长期业务的核心竞争力。根据危机的生命周期理论和以往学者对危机管理阶段的划分，并借鉴 Teece（2007）对动态能力的定义和构成分解，本文认为危机管理动态能力包括危机感知能力、危机预防能力、危机应对能力和危中找机能力（戴万稳，2019）。危机感知能力强调危机前的感知威胁；危机预防能力强调的是通过资源配置来增强对环境的适应性；危机应对能力强调企业现有和已经整合的资源被用于企业活动，我们不强调学习置于危机管理的后期，而是认为在危机管理的每个阶段都可能出现学习的机会（Smith and Elliott，2011）；危中找机能力指的是企业在不断变化的危机管理过程中对机会的感知和把握，体现其韧性和灵活性。总之，企业动态危机管理能力不仅包括配置和完善好应对危机的企业资产，还包括在环境发生变化时重新配置这些资产。

3 组织学习与动态危机管理能力

3.1 动态能力的来源

动态能力从何而来？在现有研究中，一些学者指出组织学习是组织建立动态能力的关键（Zollo and Winter，2002；Winter，2003）。Peter（1990）认为学习和创新对于企业保持竞争优势至关重要；Eisenhardt 和 Martin（2000）认为主要的机制可能是重复的练习（和随后的经验）、过去的错误，以及经验的速度；Zollo 和 Winter（2002）指出组织学习文献为动态能力的起源提供了答案，他们认为动态能力来自深思熟虑的学习，主要是通过过去经验的隐性积累、知识的表达和编码三种机制进化而成；Zahra 等（2006）为动态能力的产生和演化增加了几种其他机制，即错误尝试、即兴和模仿，认为从经验中学习对已成立的公司更有意义，而尝试和错误以及即兴过程对新企业更有意义；Romme 等（2010）最近的一项研究表明，刻意学习对动态能力的影响在本质上是复杂和非线性的；Zhou 和 Li（2010）也承认有效的学习机制是动态能力发展的必要条件；Hung 等（2010）从动态能力的角度，建立并实证检验组织过程一致性、组织学习文化与组织绩效之间关系的模型，证实了组织学习文化对动态能力有显著影响，进而影响到组织绩效；Liang 等（2018）以柯达的案例研究为基础，考察了管理认知如何影响组织学习，进而影响动态能力的发展，提出组织模式是动态能力的微观基础。

3.2 通过组织学习提升企业动态危机管理能力

组织学习最初被 Argyris 和 Schon（1978）定义为一个错误检测和校正的过程，之后不同的学者对组织学习的定义有所不同，但主要集中在知识创造和行为改变两个方面，认为在组织的学习过程中，知识是通过协作获得的（George，1991；Casey，2005）。

然而，即使学习已经成为许多危机管理研究者关注的重要问题（Borodzicz and Haperen，2002），但大部分研究依旧集中于在危机之间或之后阶段的间断学习（Chebbi and Puendrich，2015），他们关注组织在多大程度上有能力分析他们在危机事件中的经验，并将其结果作为之后改变的基础。也有学者进一步将组织学习和危机管理过程结合，提出在有效的学习模式下，组织可以提升危机管理能力，成功应对危机。Simmons（2009）发展出组织在危机管理中学习的三阶段方法（适应性学习、单环学习和双环学习），通过对两个危机事件的研究表明三阶段模型能有效提高组织的动态危机管理能力；Wang（2008）通过构建一个集成模型提供了一种战略（组织学习）来提高组织管理危机的能力；Ghaderi（2014）利用 Wang 的框架探究了在旅游危机管理（TCM）框架下这些组织学习的机制，指出旅游组织通过知识获取、传播、利用和反思可以有效管理危机；Antonacopoulou 和 Sheaffer（2013）也提出了从危机中学习（Lic）的概念，引入了一种理解学习、危机以及它们之间关系的方式，认为 Lic 作为一个动态的练习过程，通过改进活动的重复会发现危机中新的可能性；Ning（2018）探究了组织学习能力的三个维度，指出知识获取、转换、应用能力在联合问题解决背景下有利于提高创新能力。这些研究在一定程度上探索了危机管理能力的形成机制，由此可见选择组织学习的视角来探究危机管理中动态能力的构建路径是具有重要的指导意义。然而，这些并没有涉及多层次的危机管理能力，也没有明确指出构成危机管理能力的基础能力。本文将进一步将组织学习与危机管理进行动态结合，探究动态危机管理能力的成长模型。

本文不强调在危机的不同阶段（危机前、危机中、危机后）区分不同类型的学习，这种倾向只会加强对危机和学习的线性和静态的看法（Antonacopoulou and Sheaffer，2013），认为学习贯穿整个危机周期，从危机信息的获取、分享、利用过程可见，对危机的反应本质上就是一种组织学习过程。面临危机时，组织不仅会因为应对危机而陷入困境，还面临学习和知识危机。危机是高度不确定、复杂的，它往往关联着多个利益相关者，因而大量复杂的，甚至是相互矛盾的信息流充斥在整个危机管理过程中，企业的信息处理能力受到极大限制和挑战，并且随着危机复杂动态性的增强，信息的供给和需求也不断变化，组织便需要对这些复杂的信息流进行简化，也就是需要动态的危机管理能力，对危机相关信息进行获取、分享、整合和利用，才能成功进行危机管理，如果组织不能获取和传递所需的信息和知识，那么组织的整个响应系统很可能无法适应其所处的环境的要求。组织学习本身就是一种获取知识的过程，通过学习组织可以有效适应复杂的环境系统。

4 基于“4I”框架的动态危机管理能力成长模型

危机不断在危机周期内发展和变化，组织则通过学习不断搜集和整合危机知识以适应复杂的现实，甚至找到创新的机会（Wilems，2016）。由于危机具有复杂性特征，同时没有一个个体能够掌握组织需要的全部知识，所以参与者之间要相互协调，共享知识才能够满足组织的需求，因而，我们更加关心的是在组织学习视角下危机整体的知识建构，人们如何汇聚他们的信息、专业技能和价值，通过相互的交流和分享使危机信息渐渐清晰并加以利用，进而将个体的知识单元纳入组织的记忆中。目前，学者们已经建立了许多模型来说明组织学习过程（Argyris and Schon，1978；George，1991）。Crossan 等（1999）提出了一个全面的组织学习框架，整合和扩展了以往的组织学习研究，描述了四个相关的（子）过程——直觉、解释、整合和制度化，明确了它们发生在三个层次上，即个体、群体和组织。首先，这个模型直观地说明了学习是如何在不同时间和层次上发生的，个体通过直觉产生新的想法，专家下意识地利用过去获得的知识来识别熟悉的模式，企业家的直觉产生了新的联系。个人也参与了第二个过程，即解释思想和行为。当行动者通过对话、隐喻和意象来分享和塑造前言语直觉时，解释延伸到群体层面。整合是通过相互沟通和调整来发展共同理解和协调行动的过程。制度化将行动常规化，将个人和团体层次的学习嵌入组织层次的结构、系统和程序中。其次，这个模型还在吸收新知识（前馈）和利用已学知识（反馈）之间建立了一种紧张关系。前馈是指较低层次的学习导致或影响较高层次的学习的联系。通过前馈过程，新想法和新行动从个体流向群体再流向组织。相反，反馈过程是指较高层次的学习过程或结果通过连接影响较低层次的学习、制度化的学习，包括系统、结构、策略、产品、过程和文化从组织反馈到团体和个人层面，影响人们的行为和思维。

总而言之，“4I”框架采用了过程学习的观点，认识到学习既有认知的一面，也有情境性的一面，学习被看作知识存量和知识流的组合，个人、团体和组织充当知识库，知识流以前馈和反馈连接的形式跨越三个层次流动。通过“4I”框架，我们可以对复杂的危机管理过程进行分析，通过探索性学习过程（前馈）和应用性学习过程（反馈）认识到跨层次的危机信息的流转结构、理解危机管理的动态本质以及多层次的危机管理能力的形成机制。

4.1 企业危机管理学习过程

模型的第一步，我们需要定义企业危机管理学习过程。基于过程的危机本质，我们认为动态危机管理能力的本质是企业组织与危机环境不断交互。借鉴 Crossan 提出的“4I”框架，本文认为在危机管理过程中，无论是员工个人对潜在危机信号的感知和认识，还是员工个人、团队和组织等层次上所积累的危机管理经验和知识，只有经过跨层次分享和整合，才能在螺旋式递进的探索性学习和应用性学习过程中不断得到精炼、应用和升华（见图 1），使企业组织、团队和员工个人等不同层次上的危机管理能力得到提升（戴万稳，2019；Crossan et al.，1999）。

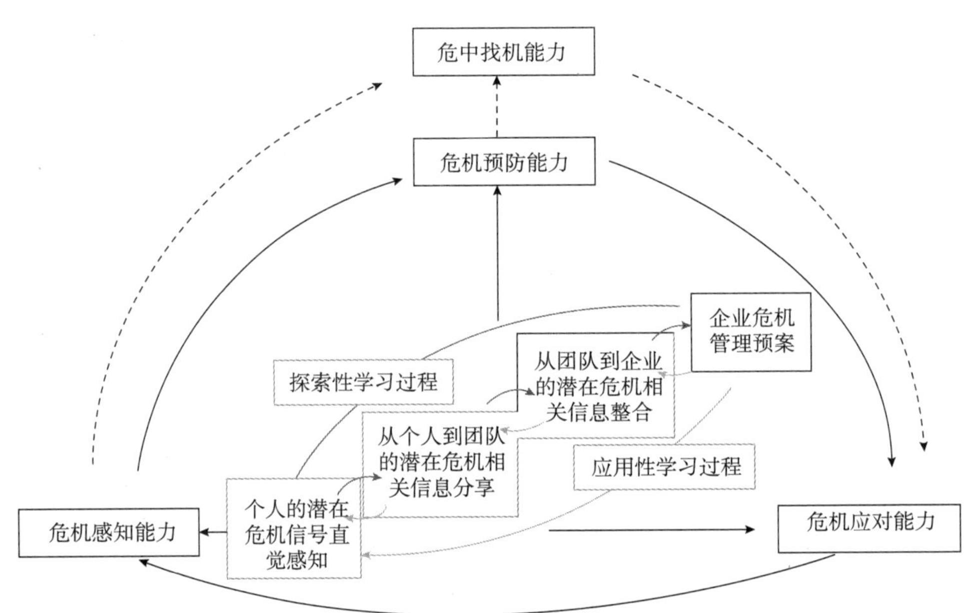

图 1 企业危机管理能力成长模型

4.1.1 *危机管理探索性学习过程*

企业危机管理探索性学习过程跨越员工个人、团队和企业组织等多个层次。基于个人心智模式，员工个人通过直觉感知对潜在危机信号进行甄别，将萃取出的潜在危机相关信息在团队中进行分享，之后在组织层次上进行信息整合，最后使之精练成为企业危机管理知识库的有机组成部分，形成针对特定潜在危机情境的危机管理预案。在这一过程中，企业和团队层次的文化、价值观、组织政治和危机管理氛围，以及员工个人层次的危机管理意识、态度和心智模式，都会影响探索性学习过程的效率和最终预案的形成（Islam，Ahmed and Ahmad，2015；Wilems，2016）。

4.1.2 *危机管理应用性学习过程*

在这一过程中，危机管理预案将得到实践

上的运用。然而，与危机情境的动态复杂性特征相对应的，危机管理预案对于危机预防和应对行动的指导作用从来都是相对的。换言之，没有哪个危机情境的演变会完全吻合危机管理预案的设定路径。在危机应对过程中，无论是企业、团队，还是员工，一方面要基于危机管理预案中关于自身的角色定位而履行危机管理职责；另一方面要审时度势，基于对危机情境演变的判断及时调整危机管理策略和行动，因势利导以达成最优的危机管理绩效，并及时总结经验教训以不断优化和完善危机管理预案。每个员工、团队以及企业组织自身，会在危机管理过程中吃一堑长一智，对过去的危机经历进行反思，对自身的危机管理知识库进行更新（Crossan Lane and White，1999）。

基于这一企业危机管理组织学习过程，接下来我们将进一步探讨企业危机管理能力的形成机制和具体体现。

4.2 企业危机管理能力

4.2.1 危机感知能力

危机感知能力作为动态危机管理能力体系的第一个维度，描述了个人对潜在危机信号的直觉感知。人们必须认识到，危机临近时几乎总是出现“警告信号”，而组织必须识别出危机的早期信号，以便快速做出反应，从而避免危机升级。在相关研究文献中，感知能力被讨论为弱信号的获取和环境扫描（Ansoff，1975；Hiltunen，2008）。正如 Ansoff（1975）所提到的，可以通过系统地感知弱信号来识别不连续性，如在未知实际重要性和范围的情况下关于新问题的信息。Hiltunen（2008）称这种用来寻找微弱信号的活动为环境扫描，这是一种信息获取的活动，包括感知和接触信息；Roux－Dufort（2009）也指出组织缺陷（异常、漏洞等）的潜流累积为危机的发生奠定了基础，再加上管理层对这些缺陷的忽视而导致危机倾向。本文强调这种危机感知是由问题、事件或情况等线索触发，这些线索的含义是模糊的或结果是不确定的，并且发生在个人层面上，而个人层面的技能、知识、能力和其他属性的组合在组织环境的影响下会上升至企业层面，有利于增强企业的危机感知能力（Lengnick－Hall and Beck，2011）。

在危机管理过程中，所有知识都是由员工个人创造的（Nonaka，1994）。员工个人对潜在危机信号的直觉感知，是企业危机管理探索性学习过程的起点。对于企业组织内外部的各种潜在危机信号，最先能够感知到它们的往往是一线员工，他们对潜在危机信号的感知能力对组织有着重大作用。Morgeson 和 Hofmann（1999）认为个体组织成员之间的行动和相互作用支撑着企业集体韧性能力的出现，同样，个人的危机感知能力为企业的危机感知能力提供了一定的基础。Salim（2014）提出建立员工危机管理能力的员工敬业度模型，证明员工能力和敬业度有利于组织在危机中的成功。然而，尽管企业可以根据个人感知到的潜在危机的相关信息进行危机预防和应对，但是个人对于潜在危机信号的感知能力受到自身危机管理经验和知识存量的影响，感知过程会带有很强的主观性，员工个人有待改善的心智模式以及危机管理知识和经验的不足，团队和企业组织内部不良的危机管理氛围，都可能会成为员工个人准确感知潜在危机信号和萃取潜在危机相关信息的障碍。也正是因为这些障碍的存在，员工往往很难找到精确的语言来描述自己对潜在危机信号的直觉感知，只能通过隐喻和想象来与企业和团队中的其他成员进行沟通（Crossan, Lane and White, 1999）。当然，这种隐喻一旦发生，也就意味着从员工个人到团队层次的潜在危机相关信息分享的开始。这也就是说，企业的危机感知能力有助于企业在危机发生前观察和识别到微弱的信号，但还需要进一步的行动发展对应的预防能力，才能将危机线索理解透彻，从根本上解决问题。

4.2.2 危机预防能力

相关学者认为，危机准备过程通过提前预见潜在危机进而采取必要的措施和决定办法来避免危机（Augustine, 1995）。Najafbagy（2010）对伊朗医院的研究表明，各组织对不希望出现的问题所做的准备直接关系到它们的有关能力和它们积极处理这些问题的意愿；Grunnan 和 Fridheim（2017）认为危机管理演习是一种积极主动的活动，旨在加强来自组织各个层次的参与者的危机管理能力；Amran 等（2017）也认为不管组织的规模如何，一个有效的危机管理计划对于确保一个组织的领导人处理一个意想不到的负面事件至关重要。本文认为危机预防能力是指组织应对正在发生或即将发生的危机的准备程度。它在危机相关信息的分享和整合方面起着关键作用，并允许通过协作过程共享积累的知识，进而将危机线索理解透彻，形成一个有效的危机管理程序。从对潜在危机信号的感知到团队层次的潜在危机相关信息分享，再到企业层次的潜在危机相关信息整合，最后上升到企业层面的危机管理预案是组织危机预防能力的形成机制，高效的跨层次的危机信息分享、整合是企业危机预防能力的两个重要方面。一个有效的危机预案的形成是企业预防能力的有力证明，有助于及时和明确地决策，以应对混乱的情况。

（1）从员工个人到团队层次的潜在危机相关信息分享。

潜在危机相关信息的分享，是员工就自己直觉感知所得的潜在危机相关信息向他人进行解释说明的探索性学习过程。这一过程既会受到员工基于自己的心智模式对潜在危机信号进行感知和对潜在危机相关信息进行萃取的结果的影响，也会受到员工个人与团队中其他成员的互动过程和质量的影响（Pavel and Vera, 2016）。由于员工彼此之间在危机管理价值观、态度、经验和知识存量等方面存在差异，所以对潜在危机信号的感知以及对潜在危机相关信息的萃取自然会有所不同。更为值得警惕的是，不同的员工个人基于各自的潜在危机信号感知而萃取出的潜在危机相关信息往往都是片面的，或者是盲人摸象而“信其所见”，或者是刻舟求剑而“见其所信”，难以把握潜在危机情境的全貌和真相。因此，就潜在危机相关信息的分享而言，只有通过团队成员之间基于自我超越的持续对话和反思，才能使团队成员对潜在危机相关信息的表述趋同，在团队层次上形成关于潜在危机情境的知识地图（Crossan, Lane and White, 1999）。

为了高效获取和利用来自员工个人的第一手潜在危机相关信息，企业必须广开言路，让所有员工都能够自由发表意见，畅所欲言自己所看到的、所听到的、所感觉到的和所想到的潜在危机相关信息，以及他们对应对这些潜在危机情境的策略的思考。团队的包容性和关注（Pavel and Vera，2016），危机管理领导者在权力上的支持（Wilems，2016），都有利于促进潜在危机相关信息从员工个人到团队层次的分享，使员工对潜在危机信号的直觉感知得以准确呈现，并为团队中其他成员所接受，形成团队层次上对潜在危机相关信息的共识。

（2）从团队到企业层次的潜在危机相关信息整合。

潜在危机相关信息的整合，是各团队之间通过沟通在企业组织层次上形成对潜在危机情境的共识和一致行动的过程。其与信息分享过程不同，信息分享过程强调的是团队内成员之间对潜在危机情境的理解和共识，而信息整合过程强调的则是企业内各团队和部门之间在危机管理过程中策略和行动的一致性（Crossan，Lane and White，1999）。

在危机演变和发展过程中，时间的紧迫性、资源的不确定性、环境的不稳定性和相关影响因素的动态复杂性，使企业组织层次的潜在危机相关信息整合显得刻不容缓。只有凝聚所有员工的力量进行潜在危机相关信息的搜集、分析和甄别，通过跨团队的高效沟通和从团队到企业组织层次的信息整合，才能使员工个人层次所萃取的潜在危机相关信息和团队层次的潜在危机情境知识地图变得更为明晰，使潜在危机情境的种种诱因及其可能的负面影响和损害得以呈现，也才能使企业组织层次有效管控潜在危机情境演变和发展过程的各种方法变得更为具体（戴万稳，2019）。

（3）企业组织层次的危机管理预案。一旦从员工个人、团队到企业层次的潜在危机相关信息得到归纳整合，就可以基于企业组织层次既有的危机管理知识和经验，针对特定的潜在危机情境形成危机管理预案，使危机管理探索性学习成果固化于企业组织的危机预防和应对制度体系，形成企业的危机管理知识库和危机管理预案。当然，对于某些身居高位的员工个人而言，如危机管理领导者，其对潜在危机情境的感知和认识常常会跳过团队层次的分享而直接作用于企业组织层次的危机管理预案（Byrne，Crossan and Seijts，2018）。

危机管理预案的形成，其实是确保来自员工个人、团队的潜在危机相关信息和知识在企业组织内进行传播、发展和应用的过程，一个良好的危机管理预案正是企业危机预防能力的重要体现。在预案的形成过程中，企业组织层次的规律性学习将取代个体和团队层次的自发性学习（Wu and Cjen，2014）。基于企业组织层次对潜在危机情境演变和发展的认知共识而形成的危机管理预案，界定了包括员工个人和团队在内的所有危机利益相关者在危机管理过程中的角色和作用，理清了彼此之间的关系和责任，赋予了各个利益相关者在危机管理过程中的重要性和意义，也开启了危机管理应用性学习过程。

危机预防能力为有效应对危机奠定了基础，然而它们只能提供有限的控制，企业必须实时地采取重要的行动和决定。因此，组织也需要发展危机应对能力。

4.2.3 危机应对能力

关于危机应对能力，本文认为其既包括实施危机预案的能力、创造性解决问题的能力，也包括反思和学习的能力（Madni and Jackson, 2009）。当危机发生时，组织必须将他们的危机计划付诸行动并制定特别的解决方案。

实施预案的能力通过自上而下的应用性学习过程来体现和提升。在应对危机时，高层管理者将其所形成的危机应对策略和经验通过组织的行为方式反向影响组织内部团队的心智模式。在这个过程中，领导者和中层管理者都能够很好地融合和综合不同的管理团队，执行相应的计划和行动，并将其传达到他们负责监管和控制的部门和团队，通过一系列言语、文字和非言语行为，解释危机策略的意义，一些研究人员已经指出了高层管理团队对于不同部门之间整合的重要性（Smith and Tushman, 2005）。通过团队整合，团队中个人的知识和经验得以更新和发展，个人能够了解组织运营的相关细节、熟悉危机管理的相关工具，以及通盘考察潜在危机信号和系统分析危机演变过程，进而形成新的心智模型，有利于对危机信号的识别和解释。除此之外，企业组织层次的学习也可以直接影响到个人层次学习。组织传达出的战略姿态也为个人感知和解释提供了有利环境，激励组织成员使用和利用公司文化、战略、结构、程序和系统中存储的现有知识进行学习，而领导者的愿景也能通过强烈的企业文化认同感来进一步加深成员对积极的前进方式的理解，组织通过传达采用新方向的重要性来呼吁个人的行动。一个潜在危机，在企业中或许不会直接影响或波及所有部门和所有员工，但是，也很少有危机只会影响到某一个部门或团队。因此，凡是可能被潜在危机殃及，或者是危机应对涉及的相关部门的管理者，都必须了解组织危机预案制定的流程并积极参与进来。制定危机预案可以使企业、团队和员工等各个层次利益相关者的危机管理策略、行动与愿景在最大限度上达成一致，在一定程度上改变危机情境演变的方向和发展的速度，减少危机情境的负面影响和损害，达成危机管理目的。

值得强调的是，在应用性学习过程中，随着危机的动态变化，无论是员工个人、团队，还是企业，几乎所有的核心利益相关者在危机管理过程中的角色定位和作用都会与危机管理预案的设定有所不同。因而，企业一方面需要明确团队和个人各自的责任，另一方面也需要创造开放和自由的组织环境使团队和个人能采取创造性的活动，增强企业创造性解决问题的能力。正如 Kuipers（2019）认为应该采用一种应急视角来看待威胁和危机，应对威胁或危机不存在单一的最佳措施，适当的应对措施取决于当前的危机类型或任务。Weick（1993）在对曼古尔奇火灾的研究中认为，“即兴创作”使组织变得不那么脆弱，因为它允许将组织中已经存在的行为重新组合成新的组合。Bourrier（1996）也认为“非正式的潜在网络，只有在面对不确定性和迅速发展的意外情况时才会激活”，作为“正式等级制度和严格角色的正常模式的补充”。在灾害研究中，类似的组织形式被讨论为紧急（响应）小组（Drabek and MaEntire, 2003）。Faraj 和 Xiao（2006）探讨了在医疗创伤中心（快速反应组织）中除了明确的安排外，对话式的协调事件（认识论争论、联合决策等）对意外事件的响应，有利于操作的成功。Fischbacher-Smith（2014）也认为非正式网络可以发挥重要作用，使危机管理团队成员能够利用其非正式网络中存在的知识和资源基础，缓解危机，防止危机进一步升级。这些都表现了创造性的危机应对能力，通过协调和对意外情况的把握，可以有效地完成危机管理实践。

另外，在根据危机演变不断改变应对策略的同时，还需要不断进行反思和学习。其一方面指的是企业利用自己的危机经验不断更新企业的知识库，另一方面指的是根据新知识采取行动并不断改变，知识库和行动变化会从企业组织层次逐渐下达传播到个人层次，促使团队和个人心智模式的改变。Hilden 和 Tikkamäki（2013）提出了反思是组织学习动力的观点，承认其作为一种自我信念的解构和变革性学习的元素而具有显著的特征，通过反思，组织可以将经验转化成为短期或是长期切实可行的工作结构，如斯堪的纳维亚炼油厂在发生意外事故后提高了自身的安全性能。相互作用和协作对于从失败中学习至关重要，知识交换是从失败中学习的重要影响因素，内部沟通和交流的强化、适当的环境干预有助于企业在反思学习过程中克服组织、团队或是个人层次对改变的抗拒（Jones，2006）。

4.2.4　危中找机能力

随着对危机本质的动态思考的增多，对危机的认识也逐渐上升到既具有威胁又具有机会的程度，越来越多的研究人员认为，尽管危机会产生负面影响，但它们可能会成为积极改变和学习的触发点，可能为组织成员提供一个独特的机会来改变他们的行为和思维方式，甚至挑战组织的价值和规范。危中找机能力贯穿于整个组织危机学习过程中，企业在与环境的交互中，通过对危机信息的获取、了解和利用，会产生创造性的想法和行动，这也解释了为何面对同一危机，有的企业却能转危为机，有的却只能是勉强渡过难关。

在探索性学习过程中，个人、群体和企业通过对危机信息的直觉感知、解释说明、整合，形成创新性的危机认识，而在应用性学习过程中，随着危机的演变，解决方案也会得到创造性的使用，通过大胆的尝试，企业可能会找到危机中的机会，并且成功地转危为机。实际上，在整个危机管理过程中，探索性和应用性学习过程会被不断地触发，随着危机的变化，跨层次的认知和行动处于不断更新中，这就孕育了转危为机的机会。正如 Cohen 和 Levinthal（1990）认为，一个公司的创新能力与其能否认识、吸收并应用新的外部信息的价值息息相关；Meeus 等（2001）也阐述了组织学习是创新过程的关键组成部分，组织学习不仅能使企业更好地完成范式内的改进，如持续改进，而且还能实现突破性创新；Drazin 等（1999）提出多层次模型，认为创造性过程是由对在复杂组织中进行的任何项目中不可避免地出现的危机的反应产生的意义建构阶段所驱动的；Dougherty 等（2000）指出集体感知的形成有利于组织理解意外问题，因为它积极地让参与者参与到由破坏性或意外事件产生的矛盾和信念结构中。在企业危机管理学习过程中，通过跨层次的交流，企业会形成一个广泛和多样化的知识库，可以帮助组织针对危机制定多种方案，并决定最合适的解决方案，个性、技能和视角的多样性可以增强组织的创造力，从而提高组织决策和解决问题的能力。

本文认为，基于动态的系统管理思维，危机过程学习框架表现了组织理解危机信息的新方式，组织在不断的信息获取和理解中得到创新性的想法，从而增强了危中找机能力。

4.3 危机管理能力的关系和互动

作为企业高质量可持续发展的核心能力之一，危机管理能力是在危机管理过程中企业及其员工和团队的心理和行为的综合表现。包括危机感知能力、危机预防能力、危机应对能力和危中找机能力在内的所有危机管理能力的成长，依赖于企业探索性学习过程和应用性学习过程。危机感知能力、危机预防能力和危机应对能力的正向增强循环，构成了企业危机管理能力成长的主体，能够确保企业安渡危机。

4.3.1 危机管理学习过程的相互作用

危机管理的探索性学习过程和应用性学习过程密切相关，表现出强烈的依赖性，并呈现出正向增强循环的关系。一方面，在危机管理探索性学习过程中，潜在危机相关信息跨越员工个人、团队和企业组织等层次被萃取、分享和整合，经过跨层次危机管理经验知识精炼，形成针对特定潜在危机情境的危机管理预案，对员工、团队和企业组织在危机管理过程中的角色和作用进行清晰的定位（Crossan et al.，2017），探索性学习过程的发展，会促进应用性学习过程的开始，使组织能够快速并成功地采取行动；另一方面，应用性学习过程为进一步的学习、反思和改变奠定了基础，也就是说，应用性学习过程将促进新一轮探索性学习过程的开始。

4.3.2 危机管理能力之间的动态关系

企业危机管理学习过程包含了认知和行为两个维度，跨越了个人、团队和组织三个层次，整个过程的完成依赖于认知能力和行为能力之间的相互作用，以及跨层次的团结协作。危机感知能力、危机预防能力、危机应对能力和危中找机能力之间是一种正向增强的循环关系。

危机感知能力越强，即员工个人对潜在危机信号的感知和甄别会越发积极和主动，感知数量和质量也就越高，随着探索性学习过程的发展，分享的高速度和高质量也就能进一步提高危机潜在信号在企业组织层次进行整合的效率，再与组织中的危机管理经验知识相结合，更有助于形成切合潜在危机情境的危机管理预案，提升企业的危机预防能力，并使员工个人、团队和企业组织等多个层次对潜在危机情境演变过程动态复杂性的认知更为深刻，在不断的沟通和交流中有效提升危中找机能力，发现新的发展机遇（Crossan，Lane and White，1999）。具有一定针对性的危机管理预案，可以在一定程度上增强企业和核心利益相关者对具有动态复杂性的危机演变过程进行管控的信心，坚定危机管理的战略方向，协调员工个人、团队和企业组织等多个层次上的危机管理策略和行动，使之在最大限度上形成危机管理合力，与危机预案中设定的危机管理方向和目标相一致（Pavel and Vera，2016），同时危中找机能力将会提升企业在应对过程中的灵活性，也就是提升了企业的危机应对能力，此时危机感知能力、预防能力和应对能力形成一个正向增强循环；而企业组织、团队及员工个人能够基于对危机管理实践中所发现的问题的反思开始新一轮的探索性学习过程，在应对过程中有关危机情境演变的知识和经验将会丰富企业的知识库，为其危机感知能力的提升奠定基础，推进其开始进一步的循环。

总的来说，目前研究危机管理能力的模型很少，本文提出企业管理能力成长模型包含认知和行为两个维度，跨越了个人、团体和组织三个层次，对于理解跨层次的团结协作，以及个人、团队能力如何聚焦到组织层面，强化组织危机管理能力提出了一定的见解。以往对危机管理能力的研究，将危机管理能力划分为不同阶段的能力，但没有更深入地探讨这些能力之间的关系及其动态发展过程。本文从组织学习的视角出发，探究了危机管理能力的形成机制，明确了企业危机管理学习过程的成功依赖于认知能力和行为能力之间的相互作用，危机感知能力、危机预防能力、危机应对能力和危中找机能力表现出强烈的相互依赖性，感知能力实际上为预防和应对能力的增强奠定了基础，而预防能力也促进了应对能力的提升，应对危机为反思、学习和改变奠定了基础，又促进组织开始新一轮的探索，这让我们更深刻地理解了为什么同样做了危机准备的组织在危机中会有不同的表现。

5 主要讨论

曾任洛克希德—马丁公司 CEO 的普林斯顿大学教授 Augustine（1995）认为，“危机之中既包含着导致失败的根源，也孕育着成功的种子，发现、培育以便收获这个潜在的成功机会就是危机管理的精髓”。虽然所有的危机之中都蕴含着新的发展机遇，但是，只有基于动态的系统管理思维，企业才有可能发现和抓住危机演变过程中潜在的新的发展机遇，收获危机管理的成功。

目前对动态危机管理能力的研究大多是基于危机管理阶段的分离式的研究，这些研究采取了危机的过程视角，从危机管理的阶段出发探究企业不同阶段的危机管理能力，对后来的研究具有一定的借鉴作用，但它们并没有关注到多层次的危机管理能力以及危机管理能力之间具体的动态联系。本文的主要贡献是基于对跨层次危机管理探索性学习过程和应用性学习过程的解析，从组织学习的视角提出了以“4I”框架为基础的企业危机管理能力系统分析框架，理清了危机感知、危机预防、危机应对和危中找机能力四个危机管理能力维度之间的动态复杂性关系，使企业持续提升危机管理能力以及高质量进行危机管理成为可能。

首先，根据危机生命周期、前人对危机管理能力的阶段划分，以及学者对动态能力构成的分解，将危机管理能力划分为四个基础能力——危机感知、危机预防、危机应对、危中找机能力，大致遵循危机前、中、后的演变发展过程，危中找机能力着重强调了机遇的把握，能够使企业转危为机。

其次，借鉴了“4I”组织学习框架，从危机信息流的探索性学习过程和应用性学习过程出发，探究跨越个人、团体、企业层次的危机管理能力的形成机制，弥补了目前研究中组织学习视角下多层次危机管理能力探索不足的现状。

最后，对于不同危机管理能力之间的动态联系进行了一定的探究和分析，不同于以往的静态分离式分析，指出危机感知能力、危机预防能力、危机应对能力和危中找机能力之间是一种正向增强的循环关系。

就企业危机管理实践而言，通过建立企业危机管理学习过程的模型，企业能够更好地认识危机信息并采取行动，无论是探索性学习过程还是应用性学习过程，整个过程的连续性和效率越高，就越有助于企业危机管理能力的提升，发挥危机管理能力在企业高质量可持续发展中的核心作用。在社会经济环境复杂性加剧的背景下，本文提出的企业管理能力成长模型有利于促进企业了解员工个人、团队、企业层次上的相互配合是如何增强企业组织在危机中的韧性的，明确应该激励员工个人改善心智模式以主动感知和甄别潜在危机信号，引导员工个人、团队和企业组织的自我超越以高效萃取、分享、整合和精炼潜在危机相关信息；建立危机管理共同愿景，确保潜在危机相关信息从员工个人到团队、从团队到企业组织的跨层次分享和整合；将形成的针对特定潜在危机情境的危机管理预案在危机管理实践中持续优化。这一系列举措有利于为各个层次上危机管理能力的提升提供环境、认知和行为因素，充分发挥各个层次上的人的作用，进而提高企业的整体能力。

就未来的理论研究和实践探索而言，一方面，可以从知识管理的视角，聚焦于危机管理知识流在企业组织中的产生、分享和精练过程，探索员工、团队和企业层次危机管理能力提升的促进和障碍因素，例如组织政治和团队氛围等；另一方面，从危机感知、危机预防到危机应对的企业危机管理能力的成长是一个渐进的过程，但如何在这个过程中通过危中找机以实现企业危机管理能力从量变到质变的飞跃呢？尽管已经有少数学者开始探索这一过程，但答案都是相对模糊的，这一重要问题无疑值得投入更多的关注和努力。

参考文献

[1] Amran Rasli, Maqsood Haider, Chin Fei Goh, et al. Keeping the lights on: A conceptual framework for understanding crisis management capability in the public sector [J]. Global Business and Organizational Excellence, 2017.

[2] Ansoff H I. Managing strategic surprise by response to weak signals [J]. California Management Review, 1975, 18 (2): 21-33.

[3] Antonacopoulou E P, Sheaffer Z. Learning in Crisis: Rethinking the Relationship Between Organizational Learning and Crisis Management [J]. Journal of Management Inquiry, 2013, 23 (1): 5-21.

[4] Argyris C., Schon D. A. Organizational learning: A Theory of Action Perspective [M]. Reading, MA: Addison Wesley, 1978.

[5] Augustine N R. Managing the Crisis You Tried to Prevent [J]. Harvard Business Review, 1995, 36 (6).

[6] Barnes P H. Crisis Management Capabilities in Maritime Trading Systems [Z]. Annual Conference of the Australia - New Zealand International Business Academy (ANZIBA), 2004.

[7] Barnes, P., Oloruntoba, R.. Assurance of security in maritime supply chains: Conceptual issues of vulnerability and crisis management [J]. Global Security Risks and International Competitiveness, 2005 (12): 519-540.

[8] Bontis N, Crossan M M, Hulland J. Managing An Organizational Learning System By Aligning Stocks and Flows [J]. Journal of Management Studies, 2002, 39 (4): 437-469.

[9] Borodzicz E, Haperen K V. Individual and group

learning in crisis simulations [J]. Journal of Contingencies and Crisis Management, 2002, 10 (3).

[10] Bourrier M. Organizing maintenance work at two American nuclear power plants [J]. Journal of Contingencies and Crisis Management, 1996, 4 (2): 104-112.

[11] Bryan W. T. System Thinking Applied to Crisis Management: The Eleven Allegories as an Analysis Tool [M]. Dissertation, Walden University, 2005.

[12] Byrne A., Crossan M. M., Seijts G. The Development of Leader Character through Crucible Moments [J]. Journal of Management Education, 2018, 42 (2): 265-293.

[13] C. Roux-Dufort. Delving into the Roots of Crises: The Genealogy of Surprise [M] // The Handbook of International Crisis Communication Research, 2016.

[14] Carroll, John, S, et al. Driving Organizational Change in the Midst of Crisis [J]. Mit Sloan Management Review, 2001.

[15] Casey A. Enhancing individual and organizational learning: A sociological model [J]. Management Learning, 2005, 36 (2): 131-147.

[16] Cepeda G., Vera D. Dynamic Capabilities and Operational Capabilities: A Knowledge Management Perspective [J]. Journal of Business Research, 2007, 60 (5): 426-437.

[17] Chattopadhyay, P, Glick, WH, Huber, GP. Organizational actions in response to threats and opportunities [J]. Academy of Management Journal, 2001, 44 (5): 937-955.

[18] Chebbi H, Puendrich A P. Learning crisis unit through post-crisis: characteristics and mechanisms [J]. The Learning Organization, 2015, 22 (4): 198-214.

[19] Christopher S. Crisis Management & Organizational Learning: How Organizations Learn from Natural Disasters [J]. Ssrn Electronic Journal, 2009.

[20] Cohen W M, Levinthal D A. Absorptive capacity: A new perspective on learning and innovation [J]. Administrative Science Quarterly, 1990: 128-152.

[21] Comfort L K, Sungu Y, Johnson D, et al. Complex Systems in Crisis: Anticipation and Resilience in Dynamic Environments [J]. Journal of Contingencies & Crisis Management, 2001, 9 (3): 144-158.

[22] Crossan M. M., Byrne A., Seijts G., Reno M., Monzanj L., GANDZ J. toward a Framework of Leader Character in Organizations [J]. The Journal of Management Studies, 2017, 54 (7): 986-1018.

[23] Crossan M. M., Lane H., White R. E. An Organizational Learning Framework: From Intuition to Institution [J]. Academy of Management Review, 1999, 24 (3): 522-537.

[24] Di Stefano G, Peteraf M, Verona G. Dynamic capabilities deconstructed: A bibliographic investigation into the origins, development, and future directions of the research domain [J]. Industrial and Corporate Change, 2010, 19 (4): 1187-1204.

[25] Dodgson, M. Organizational Learning: A Review of Some Literatures [J]. Organization Studies, 1993, 14 (3): 375-394.

[26] Dougherty D, Borrelli L, Munir K, et al. Systems of organizational sensemaking for sustained product innovation [J]. Journal of Engineering and Technology Management, 2000, 17 (3-4): 321-355.

[27] Drabek T E, McEntire D A. Emergent phenomena and the sociology of disaster: lessons, trends and opportunities from the research literature [J]. Disaster Prevention and Management: An International Journal, 2003.

[28] Drazin R, Glynn M A, Kazanjian R K. Multilevel Theorizing about Creativity in Organizations: A

Sensemaking Perspective [J]. Academy of Management Review, 1999, 24 (2): 286-307.

[29] Eisenhardt K M, Martin J A. Dynamic Capabilities: What are they? [C]. CCC/Tuck Conference on the Evolution of Firm Capabilities, 2000.

[30] Fagerberg J., Martin S. Global dynamics, capabilities and the crisis [J]. Journal of Evolutionary Economics, 2016, 26 (4): 765-784.

[31] Faraj S, Xiao Y. Coordination in fast-response organizations [J]. Management Science, 2006, 52 (8): 1155-1169.

[32] Fink, S., Crisis Management: Planning for the Inevitable [M]. New York: American Management Association, 1986.

[33] Fischbacher-Smith D, Fischbacher-Smith M. What Lies Beneath? The Role of Informal and Hidden Networks in the Management of Crises [J]. Financial Accountability & Management, 2014, 30 (3): 259-278.

[34] Fischbacher-Smith D, Fischbacher-Smith M. What lies beneath? The role of informal and hidden networks in the management of crises [J]. Financial Accountability & Management, 2014, 30 (3): 259-278.

[35] George P. Huber. Organizational Learning: The Contributing Processes and the Literatures [M]. INFORMS, 1991.

[36] George, Gerard, Zahra, Shaker A, Wood, D. Jr. The effects of business-university alliances on innovative output and financial performance: a study of publicly traded biotechnology companies [J]. Journal of Business Venturing, 2002, 17.

[37] Geraldi J G, Lee-Kelley L, Kutsch E. The Titanic sunk, so what? Project manager response to unexpected events [J]. International Journal of Project Management, 2010, 28 (6): 547-558.

[38] Ghaderi, Z., Som, A. P. M., & Wang, J. Organizational learning in tourism crisis management: an experience from malaysia [J]. Journal of Travel & Tourism Marketing, 2014, 31 (5): 627-648.

[39] Grunnan T, Fridheim H. Planning and conducting crisis management exercises for decision-making: the do's and don'ts [J]. EURO Journal on Decision Processes, 2017, 5 (1-4): 79-95.

[40] Heath R. L. Crisis Management for Managers and Executives [M]. London: Financial Times Management, 1998.

[41] Heath, Robert. Working under pressure: Crisis management, pressure groups and the media [J]. Safety Science, 1998, 30 (1-2): 209-221.

[42] Hernantes J, Rich E, Lauge A, et al. Learning before the storm: Modeling multiple stakeholder activities in support of crisis management, a practical case [J]. Technological Forecasting and Social Change, 2013, 80 (9): 1742-1755.

[43] Hilden S, Tikkamäki K. Reflective practice as a fuel for organizational learning [J]. Administrative Sciences, 2013, 3 (3): 76-95.

[44] Hiltunen E. Good sources of weak signals: a global study of where futurists look for weak signals [J]. Journal of Futures Studies, 2008, 12 (4): 21-44.

[45] Hllgren M, Wilson T L. Opportunities for learning from crises in projects [J]. International Journal of Managing Projects in Business, 2011, 4 (2): 196-217.

[46] Huang Pei-lun, Shang Hang-biao, LI Haifeng. Organizational Capabilities: The Study on the Static and Dynamic perspective of RBT [J]. Chinese Journal of Management, 2009, 6 (8): 1104-1110.

[47] Hung R Y Y, Yang B, Lien B Y H, et al. Dynamic capability: Impact of process alignment and organiza-

tional learning culture on performance [J]. Journal of World Business, 2010, 45 (3): 285-294.

[48] Islam T., Ahmad I., Ahmad U. The influence of organizational learning culture and perceived organizational support on employees' affective commitment and turnover intention [J]. Nankai Business Review International, 2015, 6 (4): 417-431.

[49] J. -M. Jacques, L. Gatot, A. Wallemacq. A cognitive approach to crisis management in organizations [J]. Avian Diseases, 2007, 52 (3): 520-525.

[50] Jones O. Developing absorptive capacity in mature organizations: The change agent's role [J]. Management Learning, 2006, 37 (3): 355-376.

[51] Kovoor-Misra, Sarah, Nathan, Maria. Timing is everything: The optimal time to learn from crises [J]. Rev. Bus, 2000 (21): 31.

[52] Kuipers S. Editorial: The Contingency Perspective to Crisis Management [J]. Risk, Hazards & Crisis in Public Policy, 2019, 10 (3): 266-274.

[53] Lengnick-Hall C A, Beck T E, Lengnick-Hall M L. Developing a capacity for organizational resilience through strategic human resource management [J]. Human Resource Management Review, 2011, 21 (3): 243-255.

[54] Leonard-Barton D. Core Capabilities and Core Rigidities: A Paradox in Managing New Product Development [J]. Strategic Management Journal, 1992, 13 (S): 111-125.

[55] Liang, Wang, Eric, Ping, Hung, Li et al. (2018). Does deliberate learning lead to dynamic capability? the role of organizational schema for kodak, 1993-2011. Journal of Strategy & Management.

[56] Loosemore M, Hughes W. Reactive Crisis Management in Constructive Projects—Patterns of Communication and Behaviour [J]. Journal of Contingencies & Crisis Management, 1998, 6 (1): 23-34.

[57] Madni A M, Jackson S. Towards a conceptual framework for resilience engineering [J]. IEEE Systems Journal, 2009, 3 (2): 181-191.

[58] Meeus M T H, Oerlemans L A G, Hage J. Sectoral Patterns of Interactive Learning: An Empirical Exploration of a Case in a Dutch Region [J]. Technology Analysis & Strategic Management, 2001, 13 (3): 407-431.

[59] Mitroff I I, Mason R O, Pearson C M. Radical surgery: what will tomorrow's organizations look like? [J]. Academy of Management Perspectives, 1994, 8 (2): 11-21.

[60] Mitroff, Ian I, Alpaslan, Murat C. Preparing for evil [J]. Harvard Business Review, 2003, 81 (4): 109-115.

[61] Mitroff, Ian I. Crisis Management: A Diagnostic Guide for Improving Your Organization's Crisis-Preparedness [J]. Jossey-Bass Publishers (San Francisco), 1993.

[62] Mohsen Karimi Mehr, Ramezan Jahanian. Crisis Management and Its Process in Organization [J]. Mediterranean Journal of Social Sciences, 2016.

[63] Morgeson F P, Hofmann D A. The structure and function of collective constructs: Implications for multilevel research and theory development [J]. Academy of management Review, 1999, 24 (2): 249-265.

[64] Nair A, Rustambekov E, McShane M, et al. Enterprise risk management as a dynamic capability: A test of its effectiveness during a crisis [J]. Managerial and Decision Economics, 2014, 35 (8): 555-566.

[65] NAJAFBAGY D R R. Crisis management, capabilities and preparedness: the case of public hospitals in Iran [J]. World Hospitals and Health Services: The Official Journal of the International Hospital Federation, 2010, 46 (4): 7-12.

[66] Nielsen A P. Understanding dynamic capabilities

through knowledge management [J]. Journal of Knowledge Management, 2006.

[67] Ning L, Li J. Joint problem solving and organizational learning capacity in new product innovation [J]. R&D Management, 2018, 48 (5).

[68] Nonaka I. A dynamic theory of organizational knowledge creation [J]. Organization Science, 1994, 5 (1): 14-37.

[69] Pauchant, Thierry C, Mitroff, Ian I. Transforming the crisis-prone organization : preventing individual, organizational, and environmental tragedies [M]. Jossey-Bass Publishers, 1992.

[70] Pavel K., Vera K. Approaches to changing organizational structure: The effect of drivers and communication [J]. Journal of Business Research, 2016, 69 (11): 5169.

[71] Peter S. The leader's new work: Building learning organizations [J]. Sloan Management Review, 1990, 32 (1): 7-23.

[72] Rasli A, Haider M, Goh C F, et al. Keeping the lights on: A conceptual framework for understanding crisis management capability in the public sector [J]. Global Business and Organizational Excellence, 2017, 36 (6): 54-61.

[73] Romme A G L, Zollo M, Berends P. Dynamic capabilities, deliberate learning and environmental dynamism: A simulation model [J]. Industrial and Corporate Change, 2010, 19 (4): 1271-1299.

[74] Ron N, Lipshitz R, Popper M. How organizations learn: Post-flight reviews in an F-16 fighter squadron [J]. Organization Studies, 2006, 27 (8): 1069-1089.

[75] Roux-Dufort C. The devil lies in details! How crises build up within organizations [J]. Journal of Contingencies and Crisis Management, 2009, 17 (1): 4-11.

[76] salim Saji D B. Employee Engagement and its Role during Crisis Management: A Conceptual Model [J]. European Journal of Business and Management, 2014, 6 (19): 113.

[77] Simard M, Laberge D. Development of a crisis in a project: A process perspective [J]. International Journal of Managing Projects in Business, 2018, 11 (2).

[78] Simmons C. Crisis Management & Organizational Learning: How Organizations Learn from Natural Disasters [J]. Ssrn Electronic Journal, 2009.

[79] Slater S F, Olson E M, Hult G T M. The moderating influence of strategic orientation on the strategy formation capability-performance relationship [J]. Strategic Management Journal, 2006, 27 (12): 1221-1231.

[80] Smith W K, Tushman M L. Managing Strategic Contradictions: A Top Management Model for Managing Innovation Streams [J]. Organization Ence, 2005, 16 (5): 522-536.

[81] Smith, Denis, Elliott, Dominic. Exploring the Barriers to Learning from Crisis [J]. Management Learning the Journal for Critical Reflexive Scholarship on Organization & Learning, 2011, 38 (5): 519-538.

[82] Teece D J. Dynamic capabilities: Routines versus entrepreneurial action [J]. Journal of Management Studies, 2012, 49 (8): 1395-1401.

[83] Teece D. J. Explicating dynamic capabilities: the nature and micro foundations of (sustainable) enterprise performance [J]. Strategic Management Journal, 2007, 28 (13): 1319.

[84] Teece D. J., Pisano G., Shuen A. Dynamic Capabilities and Strategic Management [J]. Strategic Management Journal, 1997, 18 (7): 509-533.

[85] Tukiainen S, Aaltonen K, Murtonen M. Coping with an unexpected event [J]. International Journal of Managing Projects in Business, 2010.

[86] Vastveit K R, Boin A, NjåO. Learning from incidents: Practices at a Scandinavian refinery [J]. Safety Science, 2015 (79): 80-87.

[87] Vichova K, Hromada M. Information Support of Crisis Management [M]//Crisis Management-Theory and Practice, 2018.

[88] Wang J. Developing organizational learning capacity in crisis management [J]. Advances in Developing Human Resources, 2008, 10 (3): 425-445.

[89] Wang L, Li E P H, Ding X S. Does deliberate learning lead to dynamic capability? The role of organizational schema for Kodak, 1993-2011 [J]. Journal of Strategy and Management, 2018.

[90] Weick K E. The collapse of sensemaking in organizations: The Mann Gulch disaster [J]. Administrative Science Quarterly, 1993: 628-652.

[91] Wilems J. Organizational Crisis Resistance: Examining Leadership Mental Models of Necessary Practices to Resist Crises and the Role of Organizational Context [J]. Voluntas, 2016, 27 (6): 2807-2832.

[92] Winter S G. Understanding dynamic capabilities [J]. Strategic Management Journal, 2003, 24 (10): 991-995.

[93] Wu I. L., Cjen J. L. Knowledge management driven firm performance: the roles of business process capabilities and organizational learning [J]. Journal of Knowledge Management, 2014, 18 (6): 1141-1164.

[94] Zahra S A, George G. Absorptive Capacity: A Review, Reconceptualization, and Extension. [J]. Academy of Management Review, 2002, 27 (2): 185-203.

[95] Zhou K Z, Li C B. How strategic orientations influence the building of dynamic capability in emerging economies [J]. Journal of Business Research, 2010, 63 (3): 224-231.

[96] Zollo M, Winter S G. Deliberate learning and the evolution of dynamic capabilities [J]. Organization Science, 2002, 13 (3): 339-351.

[97] 戴万稳. 危机管理之道 [M]. 南京: 南京大学出版社, 2019.

[98] 范新华. 企业危机管理能力的静态与动态评价 [J]. 统计与决策, 2010, 000 (004): 176-178.

[99] 郭际. 企业危机管理能力及其评判研究 [D]. 南京: 南京航天航空大学博士论文, 2008.

[100] 李洪涛. 基于生命周期理论的危机信息资源管理研究 [J]. 信息系统工程, 2011, 000 (005): 59-62, 69.

[101] 李继红. 中国企业走出危机管理误区的对策思考 [J]. 齐鲁学刊, 2005, 5: 18.

[102] 刘静静, 席西民, 王亚刚. 基于和谐管理理论的企业危机管理研究 [J]. 科学学与科学技术管理, 2009, 030 (001): 138-142.

论文执行编辑: 贾良定

论文接收日期: 2020 年 1 月 17 日

作者简介:

戴万稳 (1970-), 男, 江苏海安人, 南京大学商学院副教授。研究方向为企业危机管理、组织学习与学习型组织构建。E-mail: wwdai@ nju. edu. cn。

罗庆仙 (1996-), 女, 广西河池人, 南京大学商学院硕士研究生。研究方向为危机管理。E-mail: 2581030442@ qq. com。

卢晓航 (1996-), 女, 内蒙古通辽人, 南京大学商学院硕士研究生。研究方向为组织学习。E-mail: Lxh17th@ 163. com。

史冬冬 (1993-), 男, 江苏宿迁人, 南京大学商学院硕士研究生。研究方向为危机管理。E-mail: shi2d@ sina. com。

A Growth Model of Enterprise Crisis Management Capability Based on Organizational Learning

Wanwen Dai　Qingxian Luo　Xiaohang Lu　Dongdong Shi

(School of Business, Nanjing University, Nanjing, China)

Abstract: Based on the analysis of the status quo and problems of theoretical research and practical exploration of enterprise crisis management capabilities, this paper integrates the cross-level crisis management exploratory learning and applied learning processes among individual employees, teams and enterprise organizations from the perspective of organizational learning. Through the cross-level positive reinforcement circular mapping between the organizational learning process and the crisis management capability growth process, the paper analyzes the spiral progressive growth mechanism of enterprise crisis perception ability, crisis prevention ability and crisis response ability, and proposes a "capacity growth model" of enterprise crisis management. This model can not only help promote the systematic thinking on the dynamic complexity of the crisis evolution process and the growth process of enterprise crisis management ability, but also propose a new analysis framework for enterprise crisis management capabilities, which facilitates crisis perceiving, preventing and acting ability in the enterprises, helping them achieve a qualitative leap in crisis management by discovering and grasping potential new opportunities in crisis situations through the improvement of creative capabilities.

Key Words: Crisis Management Ability; Dynamic Complexity Process; Capacity Growth Model

JEL Classification: M19, D81

著作权使用声明